KB220782

이 책의 저자인 고창진 박사는 제주에서 나고 자랐고, 지금도 제주에서 목회를 하고 있는 토박이 제주인입니다. 그는 누구보다 제주를 사랑하며, 특별히 고향 제주가 복음을 통하여 더 행복한 지역이 될 수 있기를 간절히 기도하는 목회자입니다. 그런 그가 애정을 담아 쓴 이 책이 제주를 건강하고 복된 도시로 만드는 데 귀하게 사용되리라 생각하니 참으로 기쁩니다.

그는 이 책의 모태가 된 박사학위논문을 시작하면서 "왜 제주에 들어온 타 종교들에 비해 개신교의 성장이 부진하며, 제주 개신교회에 토착민 비율이 저조한가?" 하는 질문을 던졌습니다. 이를 토대로 진행된 이 책의 기본 가설은 '제주인과 제주 문화에 대한 이해가 부족한 상황에서 선교가 진행되었기 때문'이라는 것입니다. 이런 관점에서 제주인의 민간신앙과 제주 사회문화의 특이성 등을 고찰하고 제주 사회문화에 적합하면서도 실제적인 선교 방안을 제시하였습니다.

제주의 사회문화에 대한 기존 연구들을 광범위하게 수집하고 깊이 있게 분석하여 써 내려간 이 책은 목회자와 신자들의 선교에 대한 이해의 폭을 확장해 줄 것입니다. 특히 타지에서 온 목회자들이 제주 사람을 이해하고 그들에게 맞는 건강한 목회를 수행하는 데 큰 도움을 줄 것입니다. 또한 제주 시민들과 제주 지역의 사회문화를 이해하고 연구하고자 하는 이들에게도 좋은 안내서가 될 것입니다. 이 책의 일독을 강력하게 권합니다.

안승오 | 영남신학대학교 선교신학 교수

독특하고 다양한 문화와 신화를 간직한 제주도는 모두가 좋아하고 잠시라도 머물고 싶어 하는 환상의 섬입니다. 또한 친숙하고 잘 알려져 있는 듯하면서도, 실제로는 상당히 많은 사람들에게 전혀 낯선 섬이기도 합니다. 그 이유는 특수한 지역적 상황과 육지에서 멀리 떨어진 지정학적 여건 등으로 인해 제주도만의 고유한 문화가 형성되어 있고, 외부 문화와 외부인에 대한 선입견 혹은 견제와 배제 성향이 비교적 강한 편이기 때문입니다. 그래서인지 2023년은 제주도에 개신교 선교가 시작된 지 115년이 되었으나, 복음화율이 다른 어느 지역보다 낮고 토착민 복음화율은 2-3퍼센트에 불과합니다.

이 책의 저자인 고창진 목사는 제주도 태생으로 그 땅을 사랑하는 마음이 특히 강해서 대학 시절 몇 년을 제외하고는 평생 제주도를 떠나지 않고 생활하며 근 30년간 제주에서 사역하고 있습니다. 그는 누구보다도 제주도를 잘 알고, 그곳에 그리스도의 복음을 전하고자 하는 열정이 강합니다. 이러한 이유에서 그는 제주 사회문화의 장벽을 넘어 복음을 효과적으로 전하고, 특별히 제주 토착민의 복음화율을 높일 수 있는 방안이 무엇인가를 오랫동안 고민해 왔습니다. 그러던 중 박사학위논문을 쓰면서 '제주 사회문화 관점에서 본 기독교의 선교 방향'에 관해 심도 있는 연구를 진행하게 되었습니다.

이 책에서 그는 복음이 제주 민간신앙과 제주인의 의식세계와 제주 토속문화 가운데서 어떻게 수용되고 확장되었는지, 또한 그 과정에서의 긍정적인 요인과 부정적인 요인이 무엇이었는지, 향후 실제적이며 효과적인 제주 선교 방향은 어떠해야 하는지를 현지인의 관점에서 서술하고 있습니다. 그리고 제주 민간신앙과 제주인의 의식세계, 제주만의 독특한 문화와 사회구조의 분석과 진단을 통해 제주 사회문화의 관점에서 제주 개신교 선교 방안을 제시합니다. 제주 선교에 소명이 있는 분, 제주 복음화에 관심이 있는 분이라면 반드시 읽어야 할 참으로 가치 있는 책입니다.

최홍진 | 호남신학대학교 총장

고창진 박사의 심대한 노력이 깃든 이 연구서를 매우 기쁜 마음으로 추천합니다. 조직신학을 연구하는 제주 출신 학자로서 저에게는 떠나지 않는 일종의 부채 의식이 있습니다. 그것은 바로 제주의 문화와 환경을 반영한 제주를 위한 제주의 신학을 모색해야 한다는 의무감입니다. 누구의 강요가 아닌 제 양심의 고발이겠지요. 제주인이라는 정체성 때문만은 아닙니다. 제주의 많은 무속신앙을 접하면서 가졌던 그리스도인으로서의 정체성 때문만도 아닐 것입니다. 어릴 적 기이하리만큼 특이했던 신앙체험과 교회생활의 그림자가 늘 제 의식에 어른거렸기 때문도 아닙니다. 이 모든 것이 복합적으로 작용했겠지요. 어찌 보면 심층에 있는 신앙적 트라우마의 무의식적 의식의 현상이 아닌가도 생각해 봅니다.

또한 마음의 부채 의식을 깨운 한 분의 선생님 때문이기도 합니다. 그분은 얼마 전 작고하신 현길언 선생님입니다. 저의 고등학교 국어 선생님이자 닮고 싶은 인생 선배였습니다. 뛰어난 소설가이며 참신한 성경해석자였고, 무엇보다 고향 제주 의식을 가졌던 품격 있는 신앙인이었습니다. 그분과 함께 있으면 늘 제주에 대한 부채 의식이 기어 나오곤 했습니다.

그러던 차에 고창진 박사의 글을 만나게 되었습니다. 처음부터 끝까지, 후주와 참고 문헌까지 한숨에 읽었습니다. 오랜만에 만난 제주에 관한 좋은 분석이었습니다. 제주인의 문화, 종교, 의식, 풍습, 그리고 교회의 선교 역사, 선교적 노력, 앞으로의 과제 등 많은 내용이 풍부히 들어 있었습니다. 선교나 교회의 위기가 무조건 교회 잘못이라는 자학적 분석이 아니라 문화적 접근이어서 참 좋았습니다.

제주인이면서 미처 알지 못했던 '쿰다문화'에 대한 공부도 저에게는 큰 소득이었습니다. 저의 신학을 '통전적 신학'이라 생각해 왔는데, 앞으로는 '쿰다신학'이라 불러야겠습니다. 무엇보다 글의 행간마다 제주에 대한 그의 안타까움과 애정이 묻어 있어 크게 공감이 되었습니다. 단순히 학문적·객관적 연구라기보다 마음의 고백처럼 느껴졌습니다. 마치 글에 감정이 실려 있는 것처럼 말입니다. 제주 사람이 쓴 제주 선교학이어서 더 그런 듯합니다.

추천의 글을 쓰는 이 순간에도 그의 연구는 저에게 제주 신학에 대한 부채 의식을 자극하는 도전으로 다가옵니다. 그의 연구와 저의 부채 의식이 궨당인 듯하여 반가운 마음도 듭니다. 그래서 저는 그의 선교학을 '공감과 애정의 제주 선교학'이라 칭해 봅니다. 제주 선교를 연구하고 고민하는 모든 이에게 일독을 권합니다.

김도훈 | 장로회신학대학교 조직신학 교수

사회문화 관점에서 본

제주 기독교와 선교

사회문화 관점에서 본

제주 기독교와 선교

상생과 공존을 위한
제주 개신교
선교 방안

고창진 지음

사자와어린양

머리말

이 책은 '사회문화 관점에서 본 제주 개신교 선교 방안'을 담고 있습니다. 이 주제는 제주 선교에 대한 오랜 담론에서 기인하였습니다. 그간 선행된 여러 대동소이한 고찰들이 주로 제주를 바라보는 외지인의 시각과 관점에서 분석·이해되어 왔고, 그로 인한 일련의 경향이 제주 선교에 대한 통속적인 인식으로 고착화되어 있다는 개인적인 안타까움이 늘 있었습니다.

특히 저는 제주에서 나고 자란 제주 토박이로서, 제주 선교에 관한 연구가 제주의 지리와 환경, 제주인의 의식과 기질, 더 나아가 제주 역사와 사회문화에 드리워진 복잡하고 미묘한 관계를 깊이 이해하지 못한 채 이루어지고 있다고 생각했습니다. 그 결과, 제주 개신교를 육지와 동일한 선교적 측면에서 단면화하는 우를 범해 왔고, 이는 제주에 들어오는 이들의 목회적 해석과 적용에도 상당한 영향을 끼쳤습니다.

제주는 오랜 세월 동안 다양한 신화와 무속이 자리매김해 그 영향력이 강한 곳입니다. 더불어 제주는 고립과 단절과 배제라는 이름으로 구분되어 왔으며, 오랫동안 소외와 아픔의 상처를 지닌 채 살아왔습니다. 이러한 곳에 이기풍 목사를 통해 1908년 복음이 전해졌고, 2023년 현재 제주 개신교 선교 115년이 되었습니다. 오늘날 이기풍 목사를 '선교사'로 일컫는 것도 제주가 본토와 다른 이질적인 문화를 가지고 있음을 입증합니다.

이러한 점을 종합적으로 고려해 볼 때, 그간 제주 선교는 복음의 궁극적 수용자인 제주 토착민을 이해하지도 배려하지도 못했음을 발견할 수 있습니다. 이는 신자 수와 교세 확장 등 숫자로 표현되는 복음화를 기치로 삼은 소위 개종주의 선교가 남긴 난점이기도 합니다. 물론 그로 인한 선교적 영향도 결코 무시할 수 없을 것입니다. 제주도에 유입된 외래종교 중 개신교가 단연 확연하게 교세를 확장하며 정착했다는 점에서 이러한 전략은 소기의 성과를 거두었음에 분명합니다. 그런데 유사한 시기와 과정을 통해 복음이 유입된 다른 여느 지역과 비교해 볼 때, 제주 개신교의 복음화율이 현저하게 낮고 신앙 토착화도 심각한 불균형을 이루고 있다는 점에서 재고의 여지가 충분합니다. 아울러 타 지역에 비해 천주교는 사회문화적으로 호감을 얻으며 계속 성장하고 있는데 개신교는 그렇지 않다는 점도 주목해야 합니다.

저는 제주 출신 목회자의 한 사람으로서 제주에 부합한 개신교적 선교의 재정립을 늘 강조해 왔습니다. 이는 과거로부터 이어져 만연한 개종주의 선교 전략과 방식에서 벗어나야 한다는 뜻이며, 다소 편향성을 띨 수 있는 외부의 평가와 이해를 선교적 근거로 삼는 것이 아니라 제주와 제주인에 대한 통전적 이해와 인식을 기반으로 하는 접근이 선교의 밑거름이 되어야 한다는 말이기도 합니다.

이러한 고민 가운데 저는 다음과 같은 질문을 통해 제주에 적합한 선교 방안을 찾아보고자 노력했습니다. '어떻게 제주의 본래 모습을 들여다볼 수 있을까? 또한 제주 사회문화가 어떻게 형성되어 왔으며, 그 속에서 살아온 제주인의 참모습과 기질은 무엇인가? 그들의 역사적 아픔과 상처는 무엇이며 어떻게 다가갈 수 있을까?'

이에 대한 질문과 고민을 통해 제주 사회문화에 대한 이해와 인식, 공감을 갖게 되었으며, 이것은 제주 사회문화에 대한 다양한 분석과 숙고와 함께 제주 개신교 선교 방향에 대한 깊은 성찰로 이어졌습니다. 그리고 미주장로회신학대학교 박사과정을 밟으면서 논문으로 연결 짓게 되었고, 많은 분들의 지지와 응원 덕분에 단행본으로까지 출간하게 되었습니다.

이 책은 제주에 관한 포괄적 접근, 적절한 반응과 상호작용을 통해, 제주 사회문화의 관점에서 오늘날 적합한 개신교 선교 방향을 궁구하고 제주형 맞춤 선교 방안을 마련하고자 하는 첫걸음입니다. 글쓴이로서 아쉬운 점은 이 책이 제주 사회문화의 연대와 공존을 통한 선교적 접근에 머물고 있다는 점입니다. 이러한 저의 한계를 극복하고 제주 사회와의 연대와 공존을 넘어 구체적인 전도 방안을 모색하는 연구가 나오기를 기대합니다. 또한 하나님의 형상을 회복하고 영적 성숙과 기독교적 시민교양을 갖춘 열정적 그리스도인들이 제주 사회 곳곳에 세워지는 연구 작업과 더불어 학술적 토대가 마련되기를 간절히 소망합니다. 아무쪼록 이 책이 제주 개신교가 지금의 환경과 상황을 극복하고 성장하는 데 자그마한 용기와 도전과 힘이라도 줄 수 있기를 기대합니다.

이 책을 출판하기까지 많은 분들의 도움이 있었습니다. 저의 질문과 고민이 논문으로 나올 수 있도록 희생적으로 지도해 주신 안승오 교수님, 그리고 이 책을 먼저 읽고 추천사를 써주신 최홍진·김도훈 교수님, 단행본으로 출간되도록 열정으로 편집해 준 이현주 사자와어린양 대표님, 함께 응원하고 격려해 주신 믿음의 동역자들에게 감사를 드립니다. 시간을 내어 연구할 수 있도록 배려와 조언과 협력을 아끼지 않은 제주신광교회 교역자님들과 성도님들께 마음 다해 감사를 드립니다. 그리고 묵묵히 함께 해 준 가족들, 사랑하고 감사합니다.

저녁노을의 시간에 신광교회 뜰에서

고창진

차례

3장 제주인의 의식세계 분석

4장 제주 사회문화의 특이성

5장 제주 사회문화 관점에서 본 개신교와 천주교

6장 제주 사회문화 관점에서 본 개신교 선교 방안

일러두기

이 책은 미주장로회신학대학교 박사학위논문 "제주 사회문화 관점에서 본 기독교와 선교 방향 연구"를 기초로 수정·보완한 것입니다.

1장

서론

제주에 대하여

제주는 우리나라를 대표하는 국제적 관광도시이면서, 독특하고 다양한 신화와 문화를 가진 섬이다. 이러한 외형적 화려함과 평가에도 불구하고 제주는 많은 부분에서 지금껏 소외되어 왔는데, 섬이라는 지리적 특성이 크게 영향을 미쳤기 때문이다. 제주는 오랫동안 한국 사회에서 고립과 단절, 배제라는 이름으로 구분되어 왔다.[1] 이를테면 제주 사회에서 인식하고 바라보는 일상의 외부세계는 바로 '육지'로 표현되는, 제주도를 제외한 한반도이다. 여기서 주목할 점은 '육지'라는 표현이 제주 사회에서는 보편적으로 인식되고 있는 용어라는 사실이다. 이는 육지에 살고 있는 사람들이 다른 지역에 대해 보편적이고 일상적인 용어를 가지고 있지 않다는 점에서 볼 때 제주만의 매우 의식적인 문화적 산물임을 알 수 있다.[2] 유철인은 '육지'라는 말에 대한 제주도민들의 일반적인 인식이 다음과 같이 표현된다고 말한다.

> 육지라는 말에 대한 제주도민들의 일반적인 인식을 살펴보면, '섬의 반대 개념, 제주도를 제외한 지역, 보다 넓은 세상, 정치·경제·문화적 문명지'와 같이 '내재적인 배타성'을 지니고 있음을 볼 수 있다. 중요한 것은 이러한 내외 집단의 구별 의식은 특정 사회가 외부로부터 고립되는 정도가 높을수록 일반적으로 강화되어 고립된 주변 문화(지역문화)의 특이성으로 나타난다는 것이다.[3]

제주도는 섬이라는 특수한 지역적 상황과 한반도에서 멀리 떨어진 지정학적 여건, 그리고 섬 안에서 살아가는 사람들의 사회적 환경이 토착화되면서 제주만의 고유한 문화를 갖게 되었다. 이러한 내재적 배타성은 외부 문화와 외부인에 대한 선입견 혹은 견제와 배제의 형태로 제주 사회에 오랫동안 뿌리내려져 왔다. 그들의 의식구조와 생활양식의 밑바탕에는 제주인만이 가지고 있는 독특한 사고방식과, '궨당문화'와 '쿰다문화', 그리고 제주인만의 기질과 지역사회적 구조가 있다. 제주의 사회문화 속에 녹아 있는 견제와 배타성, 그리고 이질감[4]은 제주 토착민의 복음화율을 2-3%[5] 미만에 머물게 한 주요 요인 가운데 하나이다.

제주특별자치도와 통계청의 자료[6]를 종합해 보면, 2005년 제주의 인구는 55만 9,747명으로, 전입 인구보다 전출 인구가 많아 순 유입 인구가 감소했지만, 그 후 귀촌, 이주, 한달살이 등으로 인해 지속적으로 인구가 유입되었고, 2015-2017년까지 순 유입 인구가 14,000명대를 유지하다가 2017년을 기점으로 그 증가세가 서서히 둔화되고 있다.

〈표 1〉 **제주의 인구변화와 개신교인 추이**[7] (단위: 명)

연도	인구	순유입(전입-전출)	그리스도인	종교 없음(%)
2005	559,747	-805	42,235	47
2015	641,335	14,257	58,258	56.1
2017	678,722	14,000	-	-
2018	662,981	8,853	-	-
2019	696,691	2,936	-	-

인구 증가가 정점에 달하던 2017년을 전후로 조사된 자료[8]를 살펴보면, 토착민이 아닌 타지에서 출생하여 거주하는 도민이 23.5%로 나타났다(〈표 2〉 참고). 이는 제주도민 4명 중에 1명이 이주민임을 말해 주고 있다.

한 가지 주목해야 할 점은 인구 유입으로 인해 인구수가 지속적으로 증가하는 동안 개신교인 수도 2005년 4만 2,235명에서

〈표 2〉 제주도민의 출생지 조사[9]

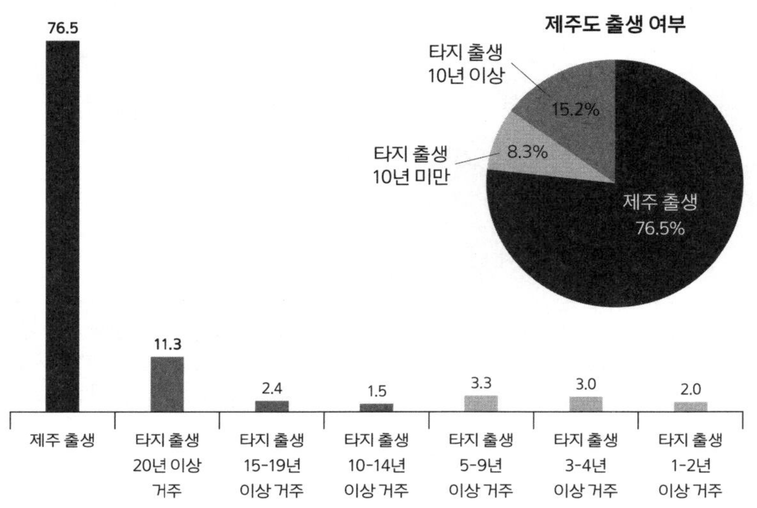

2015년에는 5만 8,258명으로 증가[10]했다는 점이다. 이는 지속적인 인구 유입 시기와 상황이 제주 복음화율을 단기적으로 끌어올리는 주요 원인이 되었다고 해도 과언이 아닐 것이다. 2015년 통계청 종교인구 조사[11]를 통해서 알 수 있듯이, 전체 종교인구 비율이 감소하고 있는 반면, 제주 지역의 무종교인 비율은 지속적으로 증가하고 있다. 이런 가운데 제주 개신교인이 증가했다는 것은 토착민이 새로이 개신교 신앙을 받아들였다기보다는 지속적인 인구 유입에 따른 증가로 보는 것이 타당하다.

이는 제주 사회의 다변화와 개신교의 성장 그리고 다소 높아진 복음화율에도 불구하고, 제주 토착민이 여전히 주변인으로 머무는 실정을 고민하게 하는 지점이다. 어쩌면 오랜 세월 내재된 견제와 배타성을 해소하지 못하고 있는 상황에서 터전을 비집고 들어온 낯선 이들의 신앙과 삶의 방식, 가치와 태도가 토착민들에게 이질감을 더욱 극대화하는 자극제가 된 결과가 아닌가 싶다. 결국 이것은 1세대 제주 토착민 그리스도인들의 신앙이 대물림되지 못하도록 작용한 결정적인 장애요인으로 분석된다.

그리고 이러한 결과에는 교회공동체로부터의 부정(否定) 경험을 무시할 수 없다. 예컨대 타지에서 온 목회자와 지도자들은 제주만이 가지고 있는 의식구조와 문화를 타지인의 관점에서 바라보다 보니 잘 이해하지 못하고 열등한 문화로 여겨 심지어 토착민들을 거부하고 정죄했다. 제주도를 목회지로 결정함에 따라 이곳에 왔다가 어느 정도 시간이 흐르면 다시 육지로 옮기는 이들의 반복적인 행위와 이에 따른 단절 경험이 제주 개신교인들에게는 큰 아픔과 상처로 남아 있기도 하다. 물론 제주인들이 다른 지역 사람들에 비해 타지인을 좀 더 넓게 포용하거나 협력하지 못하는 면도 일정 부분 있겠지만, 이런 경험이 반복됨에 따라 외부인을 쉽게 받아들이지 못하는 제주인들만의 사회구조와 문화가 생성되게 되었다. 이러한 것들이 복음사역을 저항[12]하는 요인이 되어 깊은 장벽을 만들었다고 볼 수 있다.

한편 타지인의 시선에서는 제주인의 배척성처럼 느껴지는 부분이 사실은 제주인의 타지인 포용 방식이라는 점이 재조명되고 있는데, 그 대표적인 예가 앞으로 설명하고자 하는 제주의 '쿰다문화'이다. 필자는 이러한 현실과 상황을 기반으로 제주 사회문화에 적합한 제주 개신교 선교 방안을 함께 고민해 보고자 한다.

연구 배경

2023년은 제주도에 개신교가 들어온 지 115년이 되는 해이다. 하지만 제주 개신교 복음화율은 다른 어느 지역보다 여전히 낮은 편이다.[13] 특히 최근 10여 년 동안 제주 지역 종교인구 변동 현황을 살펴보면, 제주에 유입된 외래종교[14]는 약진을 이어 가고 있지만, 개신교의 경우는 답보 상태에 머물러 있다. 일례로 제주도에서 규모가 가장 큰 대한예수교장로회(통합) 제주노회 교세 통계는 〈표 3〉과 같다. 더군다나 개신교에 대한 이미지도 계속해서 실추되고 있는 상황이다.[15]

그뿐만 아니라 제주도는 도널드 맥가브란(Donald A. McGavran)이 말하는 '인간집단 운동'(People Movement)[16]이 일어나기 어려운 구조를 가진 지역이며, 또한 궨당[17] 구조의 사회에서는 개별 구원도 쉽게 일어나기 어렵다. 그렇다면 이러한 여건에서 어떻게 제주 사회문화 장벽을 넘어 복음을 전하고, 특별히 제주 토착민의 복음화율을 높여 갈 수 있을까? 필자는 이러한 문제의식에서 연구를 출발하고자 한다.

이를 위해 먼저, 제주를 향한 복음사역이 제주 민간신앙과 제주인의 의식세계와 제주 토속문화 가운데서 어떻게 수용되고 확

〈표 3〉 대한예수교장로회(통합) 제주노회 교세 통계[18] (단위: 명)

연도	원입 교인	교인 수
2017	12,273	37,925
2018	12,129	37,225
2019	12,351	37,409
2020	9,437	32,575

장되었는지, 그리고 그 과정에서의 긍정적인 요인과 부정적인 요인이 무엇이었는지 살펴보고자 한다. 또한, 앞으로 제주 선교를 어떻게 진행해 나가야 할지, 그에 따른 실제적인 선교 방안으로는 무엇이 있을지를 현지인의 관점에서 풀어 가려고 한다. 특히 제주 민간신앙과 제주인의 의식세계, 제주만의 독특한 문화와 사회구조 분석과 진단을 통해 제주 사회문화의 관점에서 제주 개신교 선교 방안을 제시하는 데 그 목적을 두고 내용을 이어 가겠다.

문제 제기

제주 개신교회 첫 선교사로서 1908년 파송받은 이기풍 목사는 그야말로 제주 개신교 역사의 시발점이다. 그는 제주 지역의 선교와 교회 설립 등 개신교를 공식화하는 일에 지대한 영향을 끼쳤다. 그래서 오늘날 한국 교회를 비롯해 많은 사람들이 '제주

기독교' 하면 자연스럽게 이기풍 목사를 떠올린다. 제주에 교회를 최초로 설립[19]한 이기풍 목사는 제주 선교에 긍정적인 영향을 미친 것으로 평가받고 있다.

그러나 제주 개신교 역사는 이기풍 목사만으로는 설명되지 않는다. 제주 개신교 역사에는 이기풍 목사는 물론 그를 도왔던 여러 사람들[20]과 요인이 있었다는 점을 기억해야 한다. 6·25전쟁은 이기풍 목사 선교 이후 제주 부흥의 제2의 기점으로, 이때 많은 피난민(디아스포라)이 제주로 유입되었다. 당시 피난민 중에 개신교인은 9,663명이었고, 목사는 180명에 달했다. 이들은 제주의 기존 교회에 합류하여 협력하거나 새로운 교회를 개척하는 등 제주 지역의 교회와 제주 사회에 긍정적인 영향을 주었다.[21]

그리고 근래에는 유명 연예인들이 제주에 입도하고, 귀촌·귀농 현상의 흐름을 타고 타지에서 제주 지역으로 많은 사람이 유입되어 각 지역으로 흩어져(제2의 디아스포라) 정착하게 되었다. 이들 중에 개신교인이 적지 않게 포함되어 있었고, 자연스레 지역교회로 흡수되면서 제주 교회의 성장에 직·간접적인 영향을 주고 있다.

하지만 이러한 외부 요인의 영향으로 성장해 온 제주 선교 역사를 바라볼 때, 분명한 한계와 문제점을 직시하게 된다. 그것은 시대마다 제주 사회문화에 대한 수용성과 함께 저항성이 두드러지게 대립했다는 것이다.[22]

역사적으로나 지정학적으로나 오랫동안 척박한 변방의 땅

으로 기록되어 온 제주는, 특히 조선 유배인들의 글에 저주의 땅으로 자주 등장한다. 이기풍 목사가 처음 입도한 시점을 전후로는 12만 6,028명가량이 제주에 살고 있었고, 그 이후로 굵직한 문명사적 격변을 겪어 내며 오늘에 이른 제주는 현재(2022년) 약 69만 7,269명[23]이 거주하고 있다. 제주는 이제 국제자유도시로서 동북아시아의 지정학적 요충지이자 평화의 섬이라는 이미지를 얻게 되었다.

그런데 선교사적 측면에서 제주의 위치는 어떠한가? 이기풍 목사를 기점으로 115년에 이른 2023년 현재 제주 개신교는 유사한 선교사적 상황과 전래를 지닌 다른 지역에 비해 여러모로 상당히 뒤처져 있다. 다른 것은 차치하더라도 특히 이를 뒷받침하는 제주 복음화율은, 종교 자료가 포함된 통계청 인구총조사 자료(2015년)[24]를 기준으로 할 때 인구 대비 약 9.9%에 머물고 있다. (그런데 이러한 통계 수치 또한 두 가지 측면을 고려해 분석해야 한다. 타 지역에서 유입된 인구 가운데 개신교인이 많아 제주 자체의 복음화율이 증가하고 있다는 긍정적인 측면과 제주 사회가 지닌 특수한 지리적 여건과 사회문화 환경으로 인해 타 지역에 비해 복음화율이 저조하다는 부정적인 측면이다.)

그러나 이보다 심각한 문제는 100년이 훌쩍 넘는 시간 동안 제주 사회에 개신교가 존재해 왔지만, 타 종교에 비해 실제로 제주에 끼친 영향력이 아주 미비하다는 점이다. 예를 들어, 제주의 9.9% 개신교 인구 가운데 제주 토착민 개신교인 비율은 약 2-3%에 불과하다. 이것이 바로 제주 선교의 역사와 업적에 집중하느라 직면하지 못한 제주 개신교의 한계이며, 지금의 제주 개신교가 마주하고 있는 현실이다.

그렇다면 선교 역사에 비해 토착민 복음화율이 이렇게 저조한 이유는 무엇일까? 이기풍 목사가 입도하였을 때, 제주에는 타 지역과는 다른 진기한 풍속이 많이 있었다. 이런 제주도의 풍속은 나름대로 토착 전통에 기반한 현지인의 문화였다. 그러나 이러한 제주 땅에 파송된 이기풍 목사는 이를 제대로 인지하지 못한 것으로 보인다.[25] 이기풍 목사가 제주의 이질적 원리나 관습, 문화에 대한 전 이해가 부족하여 이원론적 관점에서 그들과 대립하고 충돌하며 지나왔음을 유추할 수 있는 대목이다. 문화적 대립과 갈등은 옳고 그름의 문제로 접근할 것이 아니라 있는 그대로 이해하고 받아 주되 변용을 고려해야 한다는 점을 되짚어 볼 때, 이러한 태도는 아쉬움이 많이 남는다. 물론 기독교 복음은 어떤 지역, 어떤 사람을 만나도 불변하는 것이 자명하다. 그러나 그 진리가 현장에 적용될 때에는 각 지역과 사람에게 맞게 발전되어야 하고, 각각의 신앙공동체의 삶과 문화에 적합한 것이어야 한다.[26] 그러나 초창기 제주 선교 현장에서는 이러한 점을 간과했던 것으로 보인다. 개신교가 제주 선교에서 좋은 결과를 얻지 못한 이유에 대해 한국일은 서성환의 책을 인용하여 다음과 같이 정리하였다.

첫째 개신교는 역사 속에서 겪는 제주인의 고통과 아픔에 깊이 참여하지 못하였고, 둘째 그것은 개신교가 제주 사회에 책임 의식을 가진 실천적 종교로 자리하지 못하였음을 보여 주며, 셋째 민간신앙에서 표출된 제주인의 정서와 관심사를 배타적으로 대하였고, 넷째 개신교는 제주 사회와 제주인의 마음에 다가가지도, 정착하지도 못한 외부 종교로 머물렀다는 사실로 결론지을 수 있다.[27]

한국일이 서성환의 글을 인용하여 제주 선교 문제를 제기한 부분은 높이 평가할 일이다. 그러나 필자는 현지인의 관점에서 이를 어느 정도 수용하면서도 전적으로 동의하지는 않는다. 왜냐하면 복음사역이 활발하게 일어나서 성장한 지역도 있지만, 여전히 제주와 비슷한 저성장 지역도 있기 때문이다.[28]

필자는 제주 선교의 가장 강력한 도전으로, 교회 지도자들이 제주 목회(선교) 현장에 지속적으로 머물지 않고 떠나간 것[29]과, 제주 사회구조와 토속문화의 토대 위에 강력한 진(陣)[30]인 기존의 뿌리 깊은 제주인의 의식세계와 의식구조, 그리고 제주인의 깊은 상처를 치료하며 함께해 온 민간신앙[31]과 고등종교(습합된 외래종교)가 제주인의 마음 깊은 곳에 자리 잡고 있었다는 점을 지적하고 싶다. 서정민도 제주 선교의 장애요인으로 "제주도에서 신봉되는 다수의 토착신, 독특한 생활풍속, 무속적 생활 체질, 조상숭배 등과 함께 기독교회에 대한 배타적 기피 현상, 기독교 전도자에 대한 뿌리 깊은 반감" 등을 꼽았다.[32]

정리하자면, 그 당시 이기풍 목사의 사역은 선교지와 선교

대상에 대한 이해가 부족했던 것이 사실이다. 하지만 이보다는 제주 지역에서 끝까지 선교사역을 이어 가지 못한 지속성의 문제, 목회자들이 짧은 시간 안에 목회지를 떠남으로써 목회 현장에 맞는 지속적인 선교 방안을 마련하지 못하고 목회자와 성도 간에 단절이 이어짐으로써 선교적 접근 및 방식, 양육과 협력 면에서 여러모로 미흡했던 점을 지적할 수 있겠다.[33] 이는 도널드 맥가브란이 말하는 사회구조[34]에 대한 이해가 부족하여 생긴 결과이다.

사실 이것은 비단 과거의 문제가 아니다. 제주 기독교의 선교사적 영향은 지금도 계속 이어져 오고 있다. 예나 지금이나 제주 개신교인의 상당수는 타 지역에서의 유입이나 신앙공동체 내에서의 대물림이 그 기틀을 이루고 있다.[35] 제주 사회는 끊임없이 성장하고 있고 다양한 인구 유입과 함께 다문화사회로 들어섰다. 이러한 때에 제주의 종교인구는 전체 제주 인구 중에 절반에도 미치지 못한다. 이것은 제주 개신교 선교에 많은 가능성이 있으며 다양한 접근이 필요함을 역설한다. 제주 사람들은 여전히 체계적인 종교와 신앙 없이 민간신앙의 영향권 아래 살고 있다. 그러므로 이들에 대한 종교적·심적 이해와 더불어 제주 사회문화에 대한 연구와 분석 없이는 토착민 복음화를 필두로 하는, 좀 더 온전한 제주 복음화는 어불성설일 것이다. 찰스 E. 밴 엥겐(Charles E. Van Engen)은 찰스 크래프트(Charles H. Kraft)의 글을 인용하여 교회와 주변 문화의 관계를 다음과 같이 정리하였다.

> 새로운 세대와 문화가 자신의 문화적 형태 안에서 하나님의 의미를 전달할 적절한 교회를 만들어 가는 것이 매우 중요하다. 책을 번역할 때 그 사회에 맞는 문장을 쓰는 것과 같이 다른 곳에서 수입하여 잘 맞지 않는 것보다 교회는 현대 문화 상황에 맞는 독창적인 제품을 만들어 피동적인 방관자들에게까지 영향을 주어야 한다. 우선순위는 원래 문화 속에서 의미하던 것과 동일한 수신자 문화(receptor culture)에 전달하는 것이다. 번역에서와 같이 교회의 문화를 바꾸는 데에도 동일한 원리를 적용할 수 있다.[36]

이처럼 개신교가 문화 속에 있는 것같이 제주 교회도 제주 사회라는 세대와 문화 안에 있다. 그러므로 제주 사회문화에 대한 깊은 이해를 함양하고, 이를 바탕으로 복음을 전달하기 위한 적절한 선교 전략과 방법을 깊이 연구하고 실현해 나가야 할 것이다.

연구 목적

이 책의 목적은 제주의 민간신앙, 제주인의 의식세계, 제주 사회문화의 특이성, 제주 사회문화의 관점에서 개신교 역사를 고찰함으로써 제주 사회문화에 적합한 개신교 선교 방안을 제시하는 데 있다. 이를 수행하기 위해 다음과 같은 질문을 제기했다.

첫째, 제주 민간신앙의 형성 배경과 그 특징은 무엇이며, 민간신앙과 외래종교, 무속신앙과 문화는 어떤 관계성이 있는가?

둘째, 제주인의 삶과 기질, 의식세계와 정신은 무엇이며, 어떻게 형성되어 왔고 어떻게 설명될 수 있는가?

셋째, 제주 사회문화의 특이성 가운데 토속문화의 특징은 무엇이며, 농촌지역의 사회구조 속에 있는 권력구조는 무엇인가? 그리고 여성의 역할과 가족 공동체의 특징은 어떻게 설명할 수 있는가?

넷째, 제주 사회문화의 관점에서 본 개신교와 천주교의 역사는 제주 사회문화에서 어떻게 유입·확장되어 왔으며, 긍정적인 면에서 성장한 사례는 무엇이며 부정적 원인에는 어떤 것이 있었는가? 제주 사회문화 관점에서 제주 개신교 선교 역사의 한계점은 무엇인가?

다섯째, 위의 것들을 분석하고 종합할 때, 제주 사회문화에 적합한 개신교 선교 방안은 무엇인가?

선행 연구

제주의 민간신앙, 제주인의 의식세계와 사회문화의 특이성을 분석하고, 이를 토대로 제주 사회문화에 적합한 개신교 선교 방안을 제시하기 위해 관련 문헌과 연구 자료를 살펴보았다.

첫째, 제주 민간신앙과 불교·유교·도교 같은 외래종교의 습합 과정을 통해 형성된 민속문화의 형태에 관한 연구 자료를 살펴보았다. 조성윤 외의 《제주 지역 민간신앙의 구조와 변용》,[37] 윤용택의 "기후 환경적 측면에서 본 제주 민간신앙",[38] 진성기의 《제주도학》,[39] 현용준의 《제주도 마을 신앙》,[40] 유요한의 "제주 토착종교와 외래종교의 충돌과 질서 형성 과정에 관한 연구: 개종주의(Proselytism) 비교 전략을 중심으로"[41] 등이다.

조성윤은 제주도만의 독특한 무속과 민간신앙이 타 지역보다 강하게 전승되어 올 수 있었던 요인을 설명하는데, 특히 제주의 자연환경과 그것에 직간접적으로 연관되어 있는 제주 사람들의 생업 구조를 꼽는다. 윤용택 역시 제주의 무속과 민간신앙이 제주 섬의 기후·환경적인 특수성과 함께 서로 상관관계에 있음을 피력하고 있다. 이러한 연구 자료를 통해 필자는 제주의 지리적·자연적 여건과 생활방식, 그리고 그것이 고스란히 드러나고 있는 생업 전반에 걸쳐 무속과 민간신앙이 자리하고 있음을 발견하게 되었다. 또한 사회구조적 의미들이 개인의 신앙과 의식이 제한된 지리적 상황 안에서 소단위로 집단화되었고, 그 집단화는 다시 확장되어 전체의 미풍양속이나 사회적 규범 등으로 이어지고 있음을 볼 수 있었다.

무당과 무가(巫歌, 본풀이)에 대한 진성기의 연구와 마을신앙에 대한 현용준의 연구 자료를 보면, 제주에서의 무당과 무가, 민속과 민간신앙이 단순히 종교적 제의나 행위에 그치지 않음을 알 수 있다. 이것은 개인의 종교적 기원과 염원의 단계를 넘어 공동체적 제의와 관념과 문화로 발전하는 양상을 지니고 있다. 이러한 연구 자료를 통해 필자는 제주의 무속과 민간신앙이 마을주민 전체의 복리와 안녕을 위한 의례이자 단합을 위한 매개이며, 동시에 마을과 공동체의 세계관과 전통을 대변하는 문화적 콘텐츠의 일환으로 유지·지속되어 왔음을 이해하게 되었다. 또한 무속과 민간신앙에 대해 좀 더 넓은 시야를 가지는 데 도움을 받았다.

한편 유요한은 토착종교로 대표되는 제주도민의 무속과 민간신앙의 토대에서 이른바 주요 종교들이 어떠한 방식으로 유입되고 형성되어 왔는지를 설명한다. 유요한은 각 종교의 특징과 개종주의 설득 방식의 비교 전략을 통해 제주 사회에 영향을 준 종교로 개신교·불교·유교를 지목하고, 불교와 유교는 토착종교를 수용의 관점으로 개신교는 공격적 개종주의 포교 방식으로 전개했음을 서술한다. 이는 제주와 제주 토착종교 및 문화에 대한 개신교의 접근 방식에 대한 필자의 이해와 맥락이 같다. 따라서 제주의 민간신앙과 제주인의 의식세계와 사회문화의 특이성을 분석하고 연구하여 제주에 적합한 기독교 선교 방안을 제시하고자 하는 필자의 착안을 뒷받침한다고 볼 수 있다.

둘째, 제주 사회문화와 그에 기초한 제주인의 의식세계와 사고방식에 관해 연구한 문헌과 연구 자료를 살펴보았다. 신행철의 《제주 사회와 제주인》,[42] 김항원의 《제주도 주민의 정체성》,[43] 이영권의 《제주 역사 기행》,[44] 송성대의 "제주인의 해민정신, 그 시대적 위상",[45] 강봉수의 "제주 정체성으로서 '제주정신'에 대한 연구 성과와 제주문화문법",[46] 윤용택의 "제주섬 생태문화의 현대적 의의”[47]와 홍기돈의 “제주 공동체문화와 4·3항쟁의 발발 조건”[48] 등이다.

신행철은 제주인의 의식세계를 들여다보면서, 전통적 의식은 어떠하고 어떤 의미를 가지고 있는지, 그리고 농촌 마을의 형성에는 어떤 역사적 변동과 사회적 특성, 생활상의 전통성을 가지고 있는지, 어떤 권력구조(리더십 구조)가 숨어 있으며 그 권력구조의 유형과 사회적 성취는 무엇인지를 말하고 있다. 김항원은 제주도 주민의 정체성에 관하여 설명하면서, 정체성의 의미 및 형성에서 시작하여 언어와 민속, 사회문화와 정치경제의 특성과 정체성, 그리고 제주도 주민의 정체성에 대한 전반적인 내용을 다루고 있다.

이영권은 선사시대부터 현대사의 비극인 제주 4·3사건까지의 제주 역사를 다루면서 중앙의 역사나 지배자의 역사가 아닌 민중과 변방의 시선으로 제주 역사를 살펴보고 있다. 송성대는 제주 섬을 사례로 하여 가치 도출 이전에 섬 주민의 정신생활 ‘현상’에 대한 ‘과학적’[49] 연구를 시도했다. 특히 제주인의 홀로서기 정신, 자유정신, 평등정신과 함께 제주 해민(海民)의 출현과 이동 문화, 그리고 특수성과 보편성 등을 기술하고 있다. 강봉수는 제주인의 의식세계의 특징을 문화문법을 활용해 평등성·현세성·합리성·온정성(호혜성)·묘합성(융합성)으로 구분하였고, 각각의 범주에 따라 평등성에는 사무정신, 저항정신, 열등의식 등을 포함시키고, 현세성에는 자연외경, 자족, 자조, 자강, 조냥정신(절약

정신), 이어도정신 등을 포함시켜 예로 들었다. 또한 합리성에는 근면, 검소, 실용, 자주, 자율, 정의 등의 정신을 포함하였으며, 온정성(호혜성)으로는 수눌음정신, 상부상조, 인정 등을 들었다. 마지막으로 묘합성(융합성)에서는, 제주인의 공존, 평화, 혼저옵서예 정신을 제시하였다. 또한 윤용택은 제주의 생태문화에 깃든 제주 사람들의 정신과 의식세계에 대해 함축적 의미를 제시하였으며, 홍기돈은 자연환경과 문화형성의 정치적 배경과 특징, 그리고 4·3사건 이후 근대에 오면서 강화된 제주의 공동체 의식에 대하여 연구하였다.

셋째, 제주 민속문화의 특성과 향토적 특성에 관한 문헌과 연구 자료를 살펴보았다. 김혜숙의《제주도 가족과 궨당》,[50] 김희정과 최낙진의 "지역신문 광고에 나타난 지역사회의 인적 네트워크 특성",[51] 김창민의《호적중초와 19세기 후반 제주도 마을의 사회구조》,[52] 김준표의 "다문화 사회의 정체성 트러블과 제주의 쿰다 문화",[53] 양진건의 "유배문화와 제주도: 제주교육의 기저에 대한 이해를 위해"[54] 등을 살펴보았다.

김혜숙은 제주도의 가족·혼인·친족에 대한 연구를 통해 제주도에서는 친족을 '궨당'이라고 부르며, '궨당'을 통해 제주도 가족과 친족의 성격과 제주인의 정체성이 드러남을 강조하였다. 김희정과 최낙진은 제주 지역에 만연해 있는 연고주의 연결망이라 할 수 있는 '궨당' 네트워크의 특성을 파악하고 그 특성을 설명하고 있다. 김창민은 '궨당'으로부터 파생되는 또 다른 측면에

주목하였는데, 그것은 마을의 형성과 마을 내 권력구조 등에 '궨당'이 중요한 역할을 했다는 점이다. 신행철 역시 제주인의 의식세계와 제주 지역 농촌의 권력구조(리더십 구조) 유형을 연구하며 이를 뒷받침하고 있다. 이는 '궨당'이 제주 사회구조의 핵심요소임을 보여 주며, 선교에도 동일하게 작용해 복음에 대한 수용과 저항을 판가름하는 시금석이 됨을 인식시켜 준다.

김준표는 제주 사회의 폐쇄성과 이질성의 특징을 '궨당문화'와 '쿰다문화'로 규정하고, 특별히 제주어의 사전적 의미와 구전을 통해 '쿰다문화'를 자세히 정리하였다. 아쉽게도 '쿰다문화'가 타지인에게 미치는 영향력에 비해 이 자료 외에 더 정리된 문헌이 없어 구전에 의존할 수밖에 없는 현실이다. 양진건은 유배지로서의 제주도를 살피면서 유배의 이해와 성격 등을 넘어 유배문화의 영향과 활용에 대한 다양한 주제를 다루고 있다.

넷째, 제주 개신교 역사와 그 형성 과정, 제주 천주교에 대한 연구 자료와 문헌을 살펴보았다. 박정환의 "제주도 개신교 자생적 신앙공동체의 생성과 성장에 관한 연구: 1904-1930",[55] 김창현의 "이기풍 목사의 선교와 신학: 제주 선교를 중심으로",[56] 그리고 제주 기독교 통사(通史)인 강문호·문태선의《제주 선교 70년사》,[57] 박용규의《제주기독교회사》,[58] 차종순의《제주 기독교 100년사》,[59] 제주노회의《제주 교회 인물사》,[60] 이사례의《순교보》[61] 등이다. 또한 천주교 통사로는《제주 천주교회 100년사》[62] 등을 살펴보았다.

박정환은 제주도 토착문화의 전통 가운데서 제주 선교의 역사적 흐름을 연구하였는데, 제주도 기독교 신앙공동체가 어떻게 생성·성장하였는지, 그 과정에서 '궨당'문화와 신앙이 어떻게 갈등하였는지를 살피고 있어, 신앙의 역학 관계를 파악하는 데 유효하다. 김창현은 이기풍 목사를 통한 제주 선교 과정에서 나타난 긍정적·부정적 평가를 비교·분석하였다. 제주노회의《제주교회 인물사》는 제주 기독교 초창기 인물을 살펴보고 있다. 앞에 언급한 제주 기독교 통사는 제주 기독교 선교와 교회 역사, 그리고 이에 함축된 의미를 개괄적으로 파악하는 데 도움을 주었다. 아울러 제주 천주교 통사는 제주 천주교의 선교 역사를 평가하는 데 도움이 되었다.

마지막으로, 제주 선교 전략에 관한 자료를 살펴보았다. 서정민의 "기독교 선교가 제주 지역사회에 미친 영향",[63] 고민희의 "제주 기독교의 선교 양태에 관한 비교 연구: 제주 천주교와 개신교 선교 역사를 중심으로",[64] 이아브라함병옥의 "선교문화방법론으로 본 이기풍의 선교 평가",[65] 한국일의 "제주 궨당문화와 제주 선교: 에큐메니칼 선교 관점에서",[66] 서성환의《제주 선교 100년, 어제와 오늘과 내일》,[67] 김영동의 "제주도 궨당문화에 대한 창조적 긴장의 문화 신학적 선교"[68] 등이다.

서정민은 제주 선교의 의미를 분석하고 연구하면서, 한국 교회가 최초의 해외선교사로 이기풍 목사를 제주로 파송한 것 그리고 천주교와는 다른 선교 방향에서 사역을 펼친 점에서 그 의미를 찾는다. 그러면서 개신교 선교의 과정에서 불순한 목적도 있었다고 지적한다. 고민희는 개신교 선교 역사 가운데서 특별히 부정적인 요인과 이미지가 제주 기독교 복음화율에 영향을 주었다고 한다. 이아브라함병옥은 폴 히버트(Paul G. Hiebert)와 찰스 크래프트의 '상황화 이론'을 토대로 이기풍 목사가 제주 선교에서 성장할 수 있었던 요인을 밝히고 있다. 한국일과 김영동은 선교신학적 관점에서 제주 선교 현장을 분석하고 진단하여 제주 선교를 위한 선교신학적 토대와 그에 따른 다양한 선교 전략을 제시하였고, 서성환은 제주 선교에서 미흡했던 요인을 비롯하여 타종교와 개신교 선교의 비교를 통해 제주 선교를 위한 실제적인 선교 전략을 제시하고 있다.

이상의 연구 자료를 통해 필자는 많은 연구자가 제주 개신교에 대해 다양한 선교적 접근을 하고 있다는 것을 알게 되었다. 또한 선교적 장단점과 함께 현재 제주 개신교가 직면하고 있는 한계를 직시하고, 지역사회와 공존하며 협력할 수 있는 통전적 선교 관점에서 실제적인 대안을 고민하게 되었다.

필자는 이상의 연구를 종합하고 분석하는 데서 한 걸음 더 나아가 사회문화 관점에서 제주 개신교 선교 방안을 다음과 같은 목적을 두고 정리하고자 한다.

첫째, 제주 민간신앙과 사회문화의 구조를 넘어 그 안에 있는 제주인의 뿌리 깊은 의식세계와 사고방식, 농촌지역의 권력

구조를 분석하고 연구한다.

둘째, 제주 개신교 선교 역사 가운데 나타난 교회성장 요인 및 그 한계점과 함께 부정적 이미지로 비친 원인은 무엇인지 분석하고 진단한다.

셋째, 제주 사회문화 안에서 답보 상태에 놓여 있는 제주 개신교의 현 상황을 들여다보고 어떻게 돌파할 수 있을지 실천적 과제를 탐색한다.

넷째, 타지에서 유입된 개신교인들과 목회 현장으로 파송된 목회자들과의 공존과 협력의 길을 모색한다.

다섯째, 위의 네 가지 요인의 근거를 통해 제주의 사회문화에 적합한 개신교 선교 방안을 제시한다.

연구 방법 및 범위

제주의 민간신앙과 사회구조, 그리고 그 가운데 생성되어 온 토착문화에 내포된 제주인의 의식세계를 이해하기 위해, 우선 제주 사회학적·문화인류학적 맥락과 관련된 문헌을 중점적으로 살펴보고자 한다. '궨당문화'와 '쿰다문화'와 같은 제주 고유의 토착문화를, 현지인의 삶과 정신에 부합하도록 도출해 내기 위해 제주 민속학과 더불어 현지의 구술 자료를 포함하겠다.

제주 기독교 선교 역사 연구를 위해서는 제주 기독교사와 문명사를 서사적 맥락에서 통합적으로 바라보되 다음 두 가지 관점으로 구분하고자 한다. 하나는 타지인의 시각에서 기록된 연구 문헌이고, 다른 하나는 통사를 통해 드러난 현지인의 시각이다. 제주 기독교 선교 역사는 지금까지 연구된 문헌을 기반으로 살펴보되 좀 더 심층적인 이해와 분석을 위해 제주 교회의 구전과 회고록을 반영하고자 한다. 또한 제주 기독교사의 주요 인물과 사건에 대해서는 구술[69]과 미시사적[70] 연구 방법론을 이용하여 서술하고자 한다.

마지막으로, 제주 사회문화에 적합한 개신교 선교 방안을 제시하기 위해, 기존에 연구된 논문과 문헌, 그리고 제주 지역의 학술지를 살펴 이론적 준거를 뒷받침하고 논지를 개진하려고 한다. 아울러 필자의 개인 경험도 녹아 내려 한다. 필자의 가족문화는 민간신앙, 유교, 불교의 습합에 의한 혼합적 종교관과 문화를 지니고 있었다. 또한 제주 토착민으로서 개신교로 개종한 후 오랫동안 캠퍼스사역과 청년사역, 교회사역을 해왔다. 이러한 경험적 고민과 지식을 담아 실제적이면서도 통전적인 접근을 시도하고자 한다.

이 책은 이와 같은 연구 방법을 적용하면서 다음과 같이 전개할 것이다.

1장은 이미 살펴본 대로 연구 배경과 문제 제기, 연구 목적, 선행 연구와 연구 방법 및 범위에 대해 서술했다. 이어서 이후 주요 용어에 대해 간단히 설명하고자 한다.

2장에서는 제주의 민간신앙을 이해하기 위한 형성 배경 및 그 기반 위에 습합되고 혼재되어 형성된 주요 외래종교들을 살펴볼 것이다. 이어서 제주인의 일상과 정서에 깊이 자리한 무속신앙의 유형과 특징, 문화 등을 살펴볼 것이다.

3장에서는 지금까지 살펴본 배경을 통해 제주인의 의식세계를 분석해 보겠다. 제주인의 기질과 삶의 특징, 제주인의 의식구조를 살펴볼 것이다.

4장에서는 민속문화·향토·역사 및 사회구조적으로 제주 사회문화의 특이성을 살펴볼 것이다. 특별히 선교의 수용과 저항의 관점에서 제주 농촌지역사회의 권력구조 및 제주 사회구조 안에 있는 궨당문화와 쿰다문화, 여성의 역할과 가족·공동체의 특징을 살펴볼 것이다.

5장에서는 이러한 제주 사회와 문화 가운데 혼입된 외래종교로서 개신교와 천주교가 각 세대에 어떻게 수용·확장되었는지, 긍정적인 면에서의 성장 사례는 무엇이고 부정적 이미지 요인은 무엇이었는지 등을 살펴볼 것이다.

6장에서는 지금까지의 내용을 종합하여 제주 사회문화에 적합한 개신교 선교 방안을 모색할 것이다. 제주 사회문화에 대한 올바른 인식과 공존, 상생 방안, 개신교적 문화 공간 및 접근 방식 창출에 대하여 생각해 보고 그에 부합한 방안을 제시할 것이다.

주요 용어 정의

민간신앙

민간신앙은 사전적 의미로 "민간에서 예로부터 전하여 내려오는 신앙"을 뜻한다. 일반적으로 "종교적 체계를 갖추지 못하고 민간에게 전승되어 내려오는 여러 가지 신앙의 형태"로 정의하고 있는데, 여기서 민간(民間)은 '사람과 사람 사이', 나아가 '사람과 사람이 모여 이룬 공동체'를 의미한다. 따라서 '민간신앙'이란, '각각의 사람과 공동체의 관계로부터 자연적으로 발생한 신앙적 가치나 행위'를 뜻하며, 그것이 구전되고 관습화되어 이르게 된 일련의 신앙적 형태라고 할 수 있다. '민간신앙'은 말 그대로, 특별한 사람에 의해서가 아니라 평범한 사람들 사이에서 발생한 것으로, 믿고 배워 계승된 종교적 현상을 총칭한다.

제주의 민간신앙

제주의 민간신앙은 주로 자연신 계통과 인신(人神) 계통으로 분류된다. 신의 출처나 계보 유형에 따라서 '하늘에서 내려오는 신', '땅에서 솟아나는 신', '바다에서 올라오는 신', '인간사회에서 태어나는 신', '육지부에서 건너오는 신' 등으로 분류하고 있다. 제주 민간신앙의 특징 가운데 하나는 '당'(堂) 신앙인데, 신당(神堂)은 본향당(本鄕堂), 일뤠당, 여드레당, 해신당으로 분류한다. 본향당이 마을공동체의 신을 모시는 성소라면, 나머지 셋은 주변

신앙 성소이다. 이러한 신앙은 외래종교인 유교와 불교와 도교 등과 함께 대립과 습합 과정을 거치면서 혼합되어 제주만의 민간 신앙과 전통문화의 형태로 다양하게 발전해 사회문화 전반에 뿌리를 내리고 있다. 또한 친족, 마을 사람, 같은 당을 섬기는 사람들은 마을공동체로서의 궨당과 지역사회와도 연결되어 있다.

조상제사

제주도는 '제사'를 '식께'[71]라고 부른다. 제주의 제사는 조상 숭배뿐만 아니라 다양한 가신(家神)에게 숭배하는 형태이다. 정식 제사 이외에 '까마귀 모르는 식께'가 있는데, 남모르게 지내는 제사를 의미한다. '미혼의 사망자'나 '대가 끊긴 조상'에 대한 제사를 일컫는다. 제사를 통해 조상과 자손은 '이승'과 '저승'이라는 공간을, '앞 세대'와 '뒤 세대'라는 시간적 한계를 뛰어넘는다. 따라서 부모는 자신의 분신인 자손을 통해 죽음 이후에도 영속적으로 존재할 수 있으며, 조상은 후손에게 복을 주기도 하고 화를 내리기도 하기에, 복과 화를 가늠하는 기회가 곧 제사이다.[72] 그러면 제사를 지내는 사람들은 그리스도인들을 어떻게 생각했을까? 그들은 예수를 믿는 사람이 제사에 오면 귀신(조상)이 도망간다고 생각해 그리스도인 식구들이 제사에 오는 것을 싫어했다. 교회에 다니는 가족으로 인해 조상과의 관계가 단절되고 집안에 불행이 닥칠지도 모른다고 생각했던 것이다.

궨당문화

제주 사회를 구성하고 있는 독특한 현상 가운데 하나가 '궨당문화'이다. '궨당'은 한자어 '권당'(眷黨)에서 그 어원을 찾기도 하지만, 사회적 의미로 '친족을 총칭하는 개념'으로 사용하고 있다.[73] 이때 친족을 친가(성가), 외가, 처가, 시가로 나누는데, 이러한 구분은 다른 지역과 동일하다. 친족을 일컫는 다른 명칭은 '일가'와 '방상'이 있는데, 일가는 주로 친가 쪽 궨당(성펜궨당)을 말하며 외가 쪽 궨당은 '외펜궨당'이라고 한다. '방상'은 부계 근친을 지칭한다. 이러한 제주의 궨당은 주로 제주 사람들의 결혼과 가족제도, 장례, 제사와 명절, 노동, 마을공동체의 연합 등을 통해 구체적으로 살펴볼 수 있다. 궨당의 주된 내용은 생존을 위한 연대 의식과 조상제사라는 결속력과 상호부조 등으로 요약할 수 있다. 또한 제주의 많은 마을이 본향당 같은 당을 섬기는데, 이 같은 당을 함께 모시는 집단을 '궨당'으로 설명하기도 한다.[74]

쿰다문화[75]

제주 사회를 구성하는 문화 가운데 하나인 '쿰다'는 숨어 있는 문화라고 할 수 있다. 제주어에 '드르쿰다'라는 말이 있는데, 이는 '드르'와 '쿰다'의 합성어이다. '드르'는 들[野]을 말하고 '벵뒤'라고도 한다. 이 '드르'의 된소리인 '뜨르'는 '넓은 들판', '벌판' 등을 뜻하고, 이를 토대로 그 의미를 풀어 보면 '드르'는 '들', '넓은 들판' 등으로 이해할 수 있다. 그리고 '쿰다'는 '품는다'는 뜻이 있는데, 현재는 일상에서 사용하지 않고 사전에만 남아 있다. 따라서 '드르쿰다'는 '들판처럼 품는다', '널리, 두루 품는다'는 뜻으로 이해할 수 있다. 제주인의 배려와 포용이 숨어 있는 쿰다문화이지만 외부인은 이를 무관심과 냉대함으로 느낀다.

제주 지역사회

제주 지역사회는 도서성과 척박한 농토, 농가 규모의 협소성과 주변성, 피억압적 역사성을 갖고 있다. 도서성은 지리적 고립성, 지역적 한정성, 협소성으로 특징지어지며, 제주인들은 농토의 척박성과 협소성 때문에 전래한 유교적 영향에도 불구하고 소가족제도를 유지하여 왔고 농촌의 영농조직을 형성하였다. 또한 제주 사회는 주변부 사회이며, 중앙에 종속된 저발전 사회로 머물러 왔다. 제주 지역사회는 공업 입지가 불리하기 때문에 도시화가 덜 되고 농업사회적인 성격이 강하게 남아 있으며, 동질성이 유지되는 지역공동체 성격이 강한 사회라고 볼 수 있다.[76]

개신교

개신교는 '프로테스탄트'(protestant) 교회를 말한다. 이는 16세기 종교개혁을 통해 천주교(가톨릭)로부터 분리된 종교집단 또는 분파로, 천주교는 '구교'라 칭하며 그로부터 개혁을 통해 생겨난 '신교'를 '개신교'라고 부른다. 하지만 일반적으로 천주교와 개신교 모두를 '기독교'로 통칭하기 때문에 이 책에서는 천주교와 구분이 꼭 필요한 곳에서만 '개신교'로 표기하겠다. 특별히 구분할 이유가 없는 곳에서는 기독교와 개신교를 동일한 의미로 사용하고자 한다.

2장

제주 민간신앙의 이해

제주 민간신앙의 형성 배경

제주 민간신앙의 형성 배경을 알아보기 위해, 민간신앙의 정의와 형태, 유형, 그리고 민간신앙의 형성과 보편적 개념을 먼저 살펴보고자 한다.

민간신앙의 정의

'민간신앙'은 앞의 용어 정의에서 설명한 대로 "민간에서 예로부터 전하여 내려오는 신앙"[1]을 뜻한다. '민간'은 '사람과 사람 사이', 나아가 '사람과 사람이 모여 이룬 공동체'를 의미하며, '민간신앙'은 각각의 사람과 공동체의 관계로부터 자연적으로 발생한 신앙적 가치나 행위가 구전되고 관습화되어 이르게 된 일련의

신앙적 형태이다. 민간신앙은 믿고 배워 계승된 종교적 현상을 총칭하는 것이다.[2]

민간신앙은 고등종교라 불리는 여느 종교와 달리, 한 시조에 의해 창시된 것이 아니며 초월적인 존재나 초자연적인 자연과 현상에 대하여 유형·무형의 방식을 통해 의식적으로나 무의식적으로 모방되면서 다음 세대로 이어지는, 이른바 "민간인의 자연적 신앙 또는 민간인이 신앙하는 자연적 종교"[3]라고 설명할 수 있다. "종교적 행위는 배워진다"는 말이 있는데,[4] 이 말은 종교적 지식과 의례, 믿음 등이 종교적 사회화의 과정을 통해 교육되어짐을 의미한다. 또한 인간은 자신이 속한 사회의 언어와 종교를 배우는 '타고난 학습 본능'(innate instinct for learning)[5]을 가지고 태어난다. 이를 토대로 볼 때, 민간신앙은 구전을 기반으로 '종교적 사회화 과정'을 통해 다음 세대에게 종교적 감정과 의식, 믿음을 전하는 신앙을 의미하며 자연이나 초월적 존재에 대한 외경과 그 속에 깃든 정신과 삶의 방식 등을 전승함으로써 오늘에 이르게 되었다고 할 수 있다.

민간신앙의 형태와 유형

종교의 기원에 따라서 그 형태를 구분하면, 이른바 '자연종교'[6]와 '계시종교'[7]로 나눌 수 있다. 민간신앙의 경우는 전자인 자연종교의 범주에 속한다고 할 수 있다. 그중에서도 특별히 문화적 관점에서 볼 때, 원시적이고 미개한 종교 형태인 '자연숭배'에 좀 더 가깝고 유사하다. 따라서 우리가 흔히 영혼숭배로 일컫는 애니미즘(animism)이나 샤머니즘(shamanism) 또는 무속신앙과 같이 신비적이고 주술적인 형태의 신앙이 여기에 포함된다. 주로 그 신앙의 대상 및 특성 또는 경향 등에 따라 (1) 자연숭배, (2) 신명숭배, (3) 조령숭배, (4) 풍수신앙, (5) 도참(圖讖)신앙, (6) 점괘신앙, (7) 주력신앙, (8) 신선신앙, (9) 금기신앙, (10) 샤머니즘 등으로 구분한다.[8] 자연종교로서 민간신앙은 '계시종교'나 '고등종교'라 일컬어지는 기독교, 불교, 이슬람교 등과는 달리, 해당 종교를 세운 창시자를 알 수 없고, 교리 등을 명확하게 정리해 놓은 경전이 없으며, 교회나 사원 등 포교나 종교 활동을 위한 유형의 조직이 제대로 구성되어 있지 않은 것이 일반적이다.[9]

물론 민간신앙에도 신가(神歌)와 같은 교리가 있고, 의례가 드려지는 신당(神堂)이 존재하기도 한다. 하지만 비교종교학적 관점에서 볼 때, 그 내용과 규모 그리고 전반적인 형태 면에서 민간신앙은 '계시종교'에 비해 상당 부분 원시적이고 미흡하다. 따라서 민간신앙은 계시종교의 형태와 달리, 그 신앙과 행위 형태가 직접적이고 신비적인 요인이 많으며, 지극히 현세적인 면모를 지니고 있다. 또한 사람과 공동체의 삶과 구전 전통 그리고 다양한 관습이 일상과 문화적 형태에 밀접하고 복잡하게 혼재되어 있다. 따라서 그 형태도 다양하게 구분되는데, 예컨대 종교적 신념(신화)과 실행(의례·주술)에 대한 것, 집단적인 것과 비집단적인 것, 사회적 차원에 의한 것(가정신앙·동족신앙·마을신앙), 시간에 의하여 반복되지만 일회적인 것(세시풍속과 통과의례), 전문적인 것과 비전문적인 것(무속·조상숭배), 혈연과 지연의 것(제사와 동제), 행위의 단순성과 복잡성에 의한 것(금기·주술·풍수·제사·굿), 조직성과 비조직성의 것(주술·신흥종교) 등으로 구분할 수 있다.[10] 이처럼 민간신앙은 유사하고 동일한 배경과 흐름 안에서도 각각 여러 형태와 접목되어 '민속신앙' 또는 '토속신앙', '고유신앙' 등으로 불리기도 한다.[11]

민간신앙의 형성과 보편적 개념

민간신앙의 형태와 유형은, 가정과 지역사회 또는 국가에 따라 조금씩 차이를 보인다. 그러나 그 기틀을 이루는 관념에는 어떤 특정한 대상에 대한 공통된 인식(신관, 자연관, 세계관 등)과 신앙적 이해가 비교적 일관되게 존재한다. 이는 주로 다음과 같이 네 가지 형태로 드러나는데, '천신신앙'(天神信仰), '산신신앙'(山神信仰), '수신신앙'(水神信仰), '칠성신앙'(七星信仰)이다.[12] 이러한 개념은 대부분의 민간신앙에 보편적으로 내재된 사상으로, 민간신앙 형성에 중요한 기반이 된다. 이 신앙 개념을 간략히 언급하면 다음과 같다.

① **천신신앙:** 태양을 숭배하는 신앙으로, 고대인의 하늘에 대한 외경심으로부터 생겨난 것으로 보인다. 하늘 자체를 신격화하거나 하늘에 있는 초인적인 신격을 믿음으로써 생겨났다. '천신'은 보편적이면서 지고하고 추상적인 존재로서 그 모습을 드

러내지 않는 존재로[13] 개념화된다. 우리나라의 천신신앙은 '단군신화'에서 찾아볼 수 있으며, 신라의 시조라고 할 수 있는 '박혁거세' 탄생설화에서도 그가 '천자이거나 알에서 태어남으로써 천자임을 과시하는 것'이라는 해석[14] 등을 통해 발견된다.

② **산신신앙:** 산악 자체를 신성하게 생각하거나 그 산의 주인이라 생각하는 산신이나 신령을 섬기는 믿음을 일컫는다. 사람들의 일상적인 터전에서 볼 때 산은 세상과 떨어져 있고, 동시에 구름에 잠긴 신비스러운 분위기를 자아내기에 그 자체로 신앙이 비롯된다고 본 것이다.[15] 이는 천신신앙과 마찬가지로 산과 관련된 정령과 신에 관한 고대인의 관념과 신앙으로부터 유래되었다고 볼 수 있다. 특히 우리나라 사람들의 산신신앙에 관한 면모가 어떠했는지는, "그 나라의 풍속은 산천을 중요시하여 산과 내[川]마다 각기 구분이 있어서 함부로 들어가지 않는다", "범에게 제사를 드려서 그것으로 신으로 섬긴다"는 기록을 통해 가늠해 볼 수 있다. 이러한 산신신앙 역시 단군신화 이후 우리나라에 가장 깊이 뿌리내린 토착신앙으로,[16] 민간신앙의 기반을 형성하고 있다고 해도 과언이 아닐 것이다.

③ **수신신앙:** '수신'은 산신과 같이 고대 선사시대부터 숭배되어 왔으며 자연이나 자연현상을 신격화하는 것으로, 그 구체적인 대상은 용(龍)이다. 용 신앙은 우리나라의 고유 언어인 '미리, 미르'에서 찾아볼 수 있다. 그리고 이 '미르'의 어원은 '밀-'로서 '물'[水]의 어원과 같다. 따라서 용은 수신으로 연결되는 것이

다. 이처럼 수신인 용은 항상 비바람과 함께 나타나 물을 다스린다는 사람들의 관념을 기반으로, 바람과 비, 물과 가뭄 등을 지배하는 농경의 신으로 추앙되었다. 한편 이러한 용 신앙은 본래 뱀 신앙에 근거한 지신(地神)의 관념에서 확장되어 수신이 되고, 또 다시 수신에서 농경의 신으로 확장되어 가는 것을 볼 수 있다. 그뿐만 아니라 정치·사회·문화적 변화에 따라 다양한 요소에 용이 결부되어 전개되었음을 볼 수 있다.[17] 주로 천신이 군주를 나타낸다면, 수신은 배우자의 모습으로 나타나기도 한다.[18]

④ **칠성신앙:** '칠성'은 북두칠성을 줄인 말이다. 고대의 사람들은 북두칠성이 인간의 길흉화복과 장수무병을 좌우한다고 믿었다고 전해지는데, 이는 고대의 일월성신 신앙에서 기인한다. 특히 우리나라의 경우에는 별 신앙에서 유래했다고 여겨진다.[19] 이러한 칠성신앙 역시 초월적 자연인 미지의 천체에 대한 조상들의 호기심에서 유래하였다고 볼 수 있다.

이로써 민간신앙은 가장 근원적인 원시시대로부터 자연과 초자연적인 현상 또는 초월적 존재에 대한 인간의 사고를 바탕으로 시작되었음을 알 수 있다. 또한 그로부터 파생된 공통된 신앙적 관념이 그 기틀을 이루며 구전을 통하여 학습되고 관습화되었음을 발견할 수 있다. 그리고 이러한 민간신앙의 기본사상과 양태는 제주의 민간신앙에서도 고스란히 드러난다.

제주 민간신앙의 신유형을 보면, 앞서 언급한 천신, 산신, 수신, 칠성신앙의 요소를 모두 포함하고 있다. 제주 민간신앙의 신은 주로 자연신 계통과 인신(人神) 계통으로 분류되거나 신의 출처나 계보 유형에 따라서 '하늘에서 내려오는 신', '땅에서 솟아나는 신', '바다에서 올라오는 신', '인간사회에서 태어나는 신', '육지부에서 건너오는 신' 등으로 분류된다.[20]

제주의 사람들 역시 미지의 하늘을 우러러보며 살았다. 동서남북 어디서나 구름에 맞닿은 한라산을 마주하며, 사면이 바다로 둘러싸이고 본국과도 멀리 떨어진 척박하고 열악한 섬이라는 자연환경에서 살아남아야 했다. 이를 극복하기 위해 제주인들은 다양한 방면에서 무한의 능력을 지닌 신 또는 신적 대상을 찾고 위하지 않을 수 없었다. 이처럼 제주의 민간신앙의 형성과 그 배경을 살펴보면, '자연과 인간', '인간과 삶의 자리'라는 공통분모가 상관관계를 맺고 있음을 알 수 있다.

제주 민간신앙과 종교

우리나라의 많은 지역이 그러하듯, 제주 역시 무속신앙을 중심으로 하는 민간신앙이 신앙의 근간을 이루어 왔다. 특히 제주는 1만 8,000 신들의 섬이라고 불릴 만큼 민간신앙 중심이라고 해도 과언이 아니다.[21] 외래종교가 전래되기 시작하면서 종교 간의 만남은 주로 갈등과 대립의 형태로 나타났고, 일정 부분에서는 상호작용이나 습합이 일어나 육지와는 사뭇 다른 종교적 특징을 가지고 자리매김하게 되었다.

이제 제주에 전래된 많은 외래종교 가운데서 제주 사회문화와 깊은 관련이 있는 '불교', '유교', '도교'를 그 범주로 한정하고, 이러한 외래종교가 제주의 민간신앙과 어떠한 관계를 맺고 형성·발전해 왔는지 살펴보고자 한다.

불교의 제주 유입과 민간신앙

불교는 우리나라에 4세기경에 들어온 것으로 알려져 있다. 제주에는 불교가 13세기에 유입된 것으로 보이는데, 1273년 제주가 몽골(원나라)의 지배로 직할지가 되었던 시기를 기점으로 추측한다.[22] 몽골의 침략과 이후 약 100년 동안의 통치 기간을 통해 티베트 불교 양식으로 대표되는 몽골의 불교가 제주도에 들어온 것이다. 당시 제주에 주둔했던 몽골 관원과 군인 1,700명이 큰 불교 사찰들을 건축했고, 그때 세워진 법화사에서 일하던 노비가 280명, 수정사에도 130명의 노비가 있었음을[23] 감안하면, 몽골인들이 들여온 불교 세력과 규모가 상당히 컸음을 짐작할 수 있다. 그러나 이러한 불교의 교세는 몽골의 제주 지배가 끝나면서 급격히 약화되었고 조선중기 이후에는 명맥만 유지하게 된다.

조선의 설립과 함께 중세를 지배했던 불교가 해체되고, 유교는 신유학의 형태로 현실세계의 독점적인 이데올로기가 되었다. 제주에서는 태종 때에 법화사 280명 수정사 130명의 노비를 각각 30명으로 줄여 규례에 따라 경작에 관한 전농시(典農寺) 관아로 옮겨 소속하게 했다.[24] 제주의 불교는 원나라 불교의 영향을 배

제주 관음사의 안봉려 승려 상

제하고 무속에 적응된 상황으로 귀환된 것으로 보인다.

오랜 시간이 흘러 일제강점기 이후 제주 불교는 화북 출신의 승려 '안봉려'가 1908년 관음사를 창건하면서 급속히 성장하였다.[25] 이후 불교는 제주도에서 가장 교세가 강한 종교가 되었고, 이는 자연스레 민간신앙의 약화를 불러왔다. 그도 그럴 것이, 불교는 민간신앙에 익숙해 있던 사람들에게 비교적 부담 없이 접근할 수 있었는데, 이는 불교의 포교 과정에서 민간의 대중적인 신앙을 용인하고 의례를 포용하였기 때문이다.

이렇게 점차 교세를 확장하던 제주 불교는 1960년대에 들어서면서 급속한 성장세를 보인다.[26] 이는 근대화운동을 통해 무속신앙을 비롯한 미신적 토착종교인 민간신앙이 격하되고 무시되면서, 불교로 전향하는 이들이 더욱 늘어났기 때문이다.[27]

불교의 유입과 성장으로 민간신앙 중심이었던 제주의 종교 지형에도 변화가 일어났다. 실제로 불교가 왕성해지면서, 과거 민간신앙에서 심방(무당)이 수행했던 의례를 승려가 대신하게 되었고, 민간신앙의 의례를 불교식으로 대체하는 일들도 일어났다. 이는 앞에서도 언급한 바와 같이 불교가 민간신앙과 의례를 용인하고 접목하였기 때문에 가능한 일이었다. 또한 사회·문화 발달과 맞물려 전개된 근대화운동의 영향을 무시할 수 없는데, 이로써 원시적이거나 미신적 형태의 제사를 수행하며 토착신들에게 기원하는 것보다 불경을 암송하고 부처에게 기원하는 것이 더 발전적이고 체계적인 종교라고 자연스럽게 인식하고 판단하게 되었다. 이처럼 제주 불교는 민중의 삶에 자연스럽게 융합되고 포용되면서 자리하게 되었다.

제주에 들어와 습합된 불교의 특징을 정리하면, 첫째, 제주에는 티베트 불교 양식이 전래되었고 제주어에 몽골어가 지금도 잔존해 있는 것을 볼 때, 티베트 불교 양식이 제주의 민간신앙 안에 스며들었다고 볼 수 있다.[28]

둘째, 제주의 민간신앙 의례가 불교식으로 변형되어 수행되는 사례를 많이 찾을 수 있다는 점이다.[29] 유요한은 이러한 사례를, 김동섭 외《한국의 가정신앙: 제주도 편》에서 인용하여 다음과 같이 기록하고 있다.

> 장례를 비롯하여, 집안 곳곳에 있는 가신들에게 제사하고 기원하는 안택굿, 건축의례인 성주풀이, 집안의 행운을 빌기 위해 집터를 관장하는 토지의 신에게 토신제 등의 가정의례들이 불교와 토착종교가 혼합된 형태로 불교 승려에 의해 진행된다. … 몇 마을에서는 바다의 신 요왕['용왕'을 일컫는 제주 방언]에게 제사하며 해상의 안전과 풍어를 기원하는 공동체 의례인 '요왕제'를 승려가 집전하기도 한다.[30]

셋째, 불교 의식 중 산신제와 칠성제가 갖는 특징이다. 제주 불교는 육지에 비해서 칠성제와 산신제를 아주 성대하게 진행한다. 제주에서는 '칠성신앙과 산신신앙'[31]이 다른 지방보다 강조되고 있는데, 제주가 가진 자연환경과 지리적 여건이 중요한 역할을 한 것으로 보인다. 대표적으로 1,950m에 달하는 높이와 웅장함을 통해 신령한 기운을 드러내는 한라산, 매년 춘분과 추분 무렵 위도 35도 이하인 남해안과 제주도에서만 관측 가능한 수명장수를 상징하는 '남극노인성'이 그것을 말해 준다. 이는 무속신앙이 불교와 연계되어 전승된 예이다.

넷째, 재(齋) 공양과 음성 공양이 갖는 특징이다. '재'란 죽은 자를 위해 영혼 천도를 올리거나, 복 또는 국가의 안녕을 기원하고 무운(武運)을 위해 올리는 불교적 예배 의식을 말한다. 음성 공양은 내용에 따라 범음(梵音), 범패(梵唄)라고도 하는데, 이는 재를 올리기 위해 부처님께 바치는 음악으로, 인간의 염원을 부처님께 전달하는 데 사용된 의식요(儀式謠)이다. 이러한 범음과 재 공양은 제주 불교문화의 근간을 이루며, 구전되어 내려온 문화 형태로 자리하고 있다. 또한 주목할 만한 것은 다른 지방에 비해 사자천도의례(死者薦度儀禮)가 매우 중시되었다는 점이다. 제주는 이 의식을 매우 장엄하게 진행한다. 따라서 육지에서는 소멸된 시왕각배[32]를, 제주에서는 시왕각청[33]으로 이어 가고 있고, 생전예수재[34]의 경우에도 욕불(관불)[35] 의식이 전승되고 있다. 한편 태징이나 목탁을 치면서 염불하는 안채비의 경우, 육지에 비해 매우 느린 편이며 제주 지방만의 굿 음악을 가지고 변이시켜 부른다. 이처럼 제주 불교는 그 의식과 의식요 등에서 육지와 다른 제주적인 변형이 이루어져 있다.

다섯째, 불교 미술문화가 갖는 특징이다. 제주 하면 흔히 떠올리는 이미지 중에 하나가 '돌하르방'이다. 그런데 이 돌하르방 또한 불교미술(조각)에서 발견할 수 있다. 정성권에 따르면, "일부 돌하르방 조성 시기는 몽골의 탐라 지배기와 관련이 높다. 제주 읍성 중 하나인 대정현성 돌하르방 중 4기는 13세기 후반부터 14세기 전반기에 제주도 목장을 관장했던 몽골제국의 킵차크 한국[남러시아에 성립한 몽골 왕조] 출신 하치(목동)가 만들었을 가능성이 크다"며, "하치들이 고향의 돌궐계 석인상을 모방해 제주도에서 석상을 만든 것이 돌하르방의 기원"이라고 하였다.[36] 이후 이 석상은 대정현성이 축성되면서 성문 앞을 지키는 수호신이 되었고, 15세기 성문 앞에 석인상을 세우는 유행은 제주 읍성에 영향을 주어 복신미륵을 건립하게 한 것으로 보인다. 또한 18세기에 들어와, 제주목사[37] 김몽규는 대정현성과 정의현성 돌하르방과 육지 석장승 등을 참고로 하여 준수하고 당당한 제주 읍성 돌하르방을 새롭게 창안하였다고 하니, 그 영향을 간과할 수 없을 것이다.

유교의 제주 유입과 민간신앙

민간신앙 중심의 제주에 외래종교가 유입되면서 본격화된 종교 간의 만남은 주로 대립과 갈등 구조로 이어졌다. 그 대표적인 예가 유교이다. 유교는 조선 정부가 파견한 지방관과 함께 제주에 본격적으로 유입되었다. 조선 태조의 명에 따라 태조 원년

(1392년)에 최초로 제주 향교를 설치했으며, 태종 18년(1418년)에 대정향교와 정의향교가 추가로 설치된 기록이 이를 증명한다.[38]

유교가 제주도에 정착하는 과정은 조선시대 유교가 지배층으로부터 대중에게 보급되고 차차 뿌리를 내리는 과정의 일부로 이해할 수 있다. 당시 조선의 건국을 도운 사대부는 불교 교의를 비난하고 불교의 영향을 축소하려 했다. 또한 유교 지배층은 민간신앙의 무속 의례를 천하게 여기고 경시하며 무당을 적대시했다. 최종성에 따르면, 조선전기 유학자들에게 "불교는 벽이단론(闢異端論)의 대상으로서 정통론적 반(反)혼합주의의 목표"였고, 무속종교는 "음사론(淫祀論)의 대상으로서 정통행적 반(反)혼합주의의 대표적인 표적"이었다고 한다.[39] 유교를 정통으로 내세우면서 불교와 민간신앙의 무속적 토착종교를 어느 정도 용인하는 듯한 이중적인 태도를 보였던 것이다.

한편 '중앙집권'은 영토에 대한 이념적·정치적·행정적 통제를 넘어 사회와 문화적 균질과 동일화를 추구하는데, 유교를 통치이념으로 삼은 중앙정부의 방침이 제주라고 해서 예외일 수 없었다. 특히 유교로의 교화가 부단히 추진되었는데, 그 정점에서 역할을 감당했던 것이 중앙에서 지방으로 파견하는 관료들이었다. 이 점에서 조선의 관료, 특히 지방관은 주자학이라는 국가 통치이념의 보급자, 행정적 통제·관리자, 사회경제적 보호자인 동시에 지식과 문화의 전파 및 육성자였다. 유교적 세계관을 지닌 지배계층과 국가 이념화를 통하여 제주에 파견된 지방관은 유교 교육을 강화하였고, 유교로의 대체를 주도하였다. 따라서 제주도 내의 무속신앙을 비롯한 민간신앙은 유교로 대체되기 시작했고, 관혼상제와 부락 및 가신신앙[40]의 형태도 점차 유교식으로 변화되었다.[41] 특히 유교의 전래에 따라 마을 제의가 당제(堂祭)와 포제(酺祭)로 분리된 것은 중요한 변화 중 하나였다.

그러나 앞서 언급한 바와 같이 이 과정이 순탄하게 진행된 것은 아니다. 유교를 지배층의 종교 이념으로 표방하였으나 오랜 세월 제주에 토착화된 민간신앙의 영향을 강제로 벗겨 내기에는 무리가 있었다. 그리하여 결국 민간신앙과 외래종교인 유교의 충돌이 일어나게 되었다. 숙종 28년(1702년) 제주목사로 부임한 이형상이 신당과 사찰을 파괴한 사건이 그 예이다. 이형상에 따르면, 18세기 초 제주의 심방(무당)은 1,000명 정도나 되었다고 한다. 당시 제주 전체가 9,200가구에 불과했던 것을 고려하면 민간신앙의 심방 수가 매우 많았음을 짐작할 수 있다.[42] 충실한 유학자로 알려진 이형상은 1년 3개월의 재임 기간 동안 민간신앙을 억압하여 129개의 신당을 파괴했고 무속 의례를 금지하였으며, 심방 285명에게 강제로 전업하여 농업에 종사하도록 명령하였다. 민간신앙에 대한 이러한 처사는 무속신앙으로 대표되는 민간신앙에 대한 조선시대 유학자들의 평가와 관념에서 기인하는데, 무속 의례를 비(非)유교 의례인 음사(淫祀) 중에서도 가장 낮은 종류로 간주한 것에서 비롯되었다. 이는 제주에 유배와 유교의 지식과 예법을 전하고자 했던 김정의 기록을 통해서도 알 수 있다.

제주의 습속은 음사를 숭상한 탓에 예법에 어두웠다. 선생이 '상장제의'(喪葬祭儀)를 서술하여 인도하고 가르치자 백성의 풍속이 크게 바뀌었다. 섬에서 문교(文教)가 흥기된 것은 이때부터이다.[43]

김정의 시각에서 제주는 민간신앙의 음사가 만연한 곳이었고, 이는 척결의 대상이었던 것이다. 이에 유교의 주자학을 통해 상장(喪葬) 예법(禮法)의 주입을 통해 개선해 나아가고자 했던 것이다. 또한 제주도를 방문했던 유학자들이 기록한 문집을 보면, 한결같이 제주민들의 특징으로 "음사를 숭상한다"는 점을 지적하고 있다.

사당의 귀신을 지독하게 숭상하며, 남자 무당[男巫]이 매우 많다. 재앙과 불행한 일이 닥치면 사람들을 위협하여 재물을 마구 빼앗는다. 제주 지방의 명절 초하루와 보름, 7일 17일 27일과 같은 삼칠일(三七日)에는 반드시 짐승을 죽여 희생으로 삼아 신당에서 제사를 지낸다. 음사가 300개를 넘는데도 점점 증가하며, 요사스러움과 거짓이 날로 높아 간다. 사람이 병이 걸려 심해져도 약 먹기를 두려워하며, 귀신이 화를 낸다고 하면서 죽을 지경이 되어도 깨닫지 못한다. 풍속에 뱀을 몹시 꺼리며, 신으로 모신다. 보았을 경우에는 술을 뿌리고 주문을 외우지만, 감히 잡아 죽이지 못한다.[44]

그러나 제주 지역의 민간신앙에 대한 억압과 평가는 오래 지속되지 못했다. 이형상의 뒤를 이어 부임한 이희태 제주목사는 신당을 다시 지을 수 있도록 하였고 무속 의례도 허용해 주었다. 사실 대부분의 지방관은 민간신앙의 의례를 허용했을 뿐 아니라, 적극적으로 후원하거나 주도하였다. 무속 의례 중에 하나인 '입춘굿'은 조선시대 말까지 목사들의 후원을 받아 관청 건물과 마당에서 실시되었고, 정의현 관아 내부에는 조선시대 현감이 지었다는 '관청할망당'이라는 신당이 지금도 남아 있다.[45]

이처럼 유교 국가인 조선의 지방관이 통치한 제주에서 민간신앙은 대립과 충돌을 겪으면서도 그 명맥을 유지할 수 있었다. 이는 앞서 설명한 불교와 같은 맥락으로 이해할 수 있다. 그 이유는 민간신앙에 익숙한 제주 사람들이 유교적 의례와 사고방식에 친근감과 유대감을 가지고 있었기 때문이다.[46] 사실 유교의 세계관도 민간신앙의 세계관과 크게 충돌할 정도로 다르지 않았으며, 유교 의례 체계 역시 민간신앙의 무속 의례를 통제하며 인정할 수 있을 정도의 유연성이 있었다. 이에 대해 보데윈 왈라번(Boudewijn Walraven)은 "유교의 우주론은 유교와 대중 종교를 조화롭게 화합할 근거를 제공할 수 있는 요소를 포함하고 있다"라고 말하였다.[47] 이처럼 민간신앙과 유교의 우주에 대한 이해가 유사했기 때문에, 유교를 이념으로 삼은 조선 정부는 민간신앙과 무속을 무시하면서도 사람들이 심방을 찾아가고 의례에 참여하는 것을 용인할 수 있었던 것이다.[48] 이는 유교 중심의 질서 속에 민간신앙을 위치시키고 유사성을 인정함으로써, 대중에게 자연

제주 납읍 금산공원 내에 있는 포제단[49]

스레 유교 의례에 참여하는 데 거부감을 가지지 않도록 하였음을 알 수 있다.

정리하자면, 제주의 유교는 다른 지역과는 다른 특징이 있다. 유교 의례와 토착종교 의례가 공존하고 있는 사례를 살펴보면, 첫째, 지금도 유교식 공동체 의례인 '포제'(酺祭)를 행하는 여러 마을에서 토착종교 공동체 의례도 같이 시행한다.[50] 몇몇 마을의 포제는 마을의 당신(堂神)에게 제사를 지내는 절차를 포함하고 있다.[51] 마을공동체 의례인 포제를 유교식으로 진행하면서도 마을주민들은 사람과 곡물의 화복을 주관하는 포신(酺神)과 토지신(土地神) 외에도 마을의 토착 당신(堂神)을 배제하지 않은 것이다. 물론 다른 지역도 포제를 지내고 있지만, 제주는 그 어느 지역보다 공동체적으로 큰 영향력이 있게 행하고 있으며 최근에는 마을마다 복원사업이 더욱 활발히 진행되고 있다.

둘째, 제주도의 많은 가정이 유교식으로 제사를 지내면서도 조상뿐만 아니라 제주의 토착 가신(家神)에게도 제물을 바친다.[52] 제주도 전통 방식의 제사에서는 제관 중에서도 초헌관을 맡은 장손이, 대문에 머물면서 마루방 앞쪽을 지킨다고 믿는 문전신에게 음식상을 바친다. 이는 육지의 유교 제사에서는 볼 수 없는 절차이다. 부엌인 '정지'의 '조왕신'에게는 주부가 모든 제물을 조금씩 사발에 담아 숟가락으로 부엌의 솥 뒤에 떠 던지는 식으로 바친다. 지금은 점점 드물어지고 있지만, 어떤 가정에서는 뒷마당에 모셔진 '밧칠성'과 고팡에 자리한 '안칠성'에게 제사 중 음식

을 바치기도 한다.[53]

셋째, 유교 의례와 토착종교 의례가 공존하는 대표적 사례는 제주의 상례문화가 갖는 특징이다. 제주는 전통적인 유교식 제례 형식을 중시하면서 장례를 치른다. 예를 들어, 일포(장사를 지내기 전에 문상객을 받는 날로 출상하기 전날을 의미한다)에만 손님을 맞이하고 문상을 하는 것, 장례비용의 공동분담, 장사 지낸 날 귀양풀이를 하는 것 등이다. 이러한 상례문화는 조선시대 이후 유교 의례와 무속 의례가 혼합되고, 지역적인 문화 풍토의 영향을 받아 생겨나 지금까지 이어지고 있는 전통이다. 특히 무속 의례인 귀양풀이의 경우, 제주 지역에서는 당연히 해야 하는 의례로 비중 있게 행해져 왔다. 이는 무속신앙과 유교의 조상숭배 사상이 혼합되고 민간신앙과 유교에 따른 의례가 공존하고 있는 것이라 할 수 있다. 유교 의례가 공식적인 절차라면, 민간신앙의 요소는 비공식 절차 및 의식으로서 전승되고 있는 것이다.[54]

넷째, 상·제례의 비용을 자식들이 공동으로 분담하는 것도 하나의 특징이다. 장례의 주관은 맏상제가 담당하지만 장례비는 여러 상제가 적절하게 분담해 처리한다. 이는 재산을 상속할 때, 장자 상속보다는 공동 분배하는 전통에 영향을 받은 것이라고 할 수 있다. 이와 관련한 또 다른 특징은 딸들도 평등하게 비용을 분담하는 점이다. 제주에서는 여성의 혼인과 출가가 친가로부터의 분리를 의미하지 않는다. 출가 이후에도 친가와 밀접한 관계를 유지한다. 또한 제주에서는 여성이 노동과 생산 활동에 적극적으로 참여하고 경제력을 확보하고 있는데, 이러한 문화와 전통이 배경이 되어 딸도 친가의 상례에 공동으로 비용을 분담하는 문화가 만들어졌다.

다섯째, 친족공동체를 기반으로 하는 농촌사회에서 상례[55]를 유지하고 있으며, 전통적으로 수행해 온 종교적·사회적 기능을 하고 있다[56]는 점도 들 수 있다.

이처럼 무속과 유교의 만남은 갈등을 넘어 민중의 삶에 자연스럽게 융합되고 서로 포용하고 있으며, 이것이 제주 종교 지형에서 발견되는 유교의 특징이다.

도교의 제주 유입과 민간신앙

도교는 크게 두 가지로 분류할 수 있다. 하나는 우리 민족의 고유신앙을 원류로 보는 것이고, 또 다른 하나는 중국의 민간신앙을 원류로 보는 견해이다. 그러나 중국의 도교가 고대에 국가적으로 유입되기 전에도 이미 그 사상이 우리 민족의 고유한 신앙에 영향을 주고 있었음을 발견할 수 있다. 궁극적으로 이러한 도교가 종교로서 체계화된 시기는 고구려 영류왕 7년(624년)경으로 본다.[57] 도교는 현세의 삶에 지친 일반 민중에게 다양한 형태로 인식되었다. 타 종교가 주로 사후 세계에 대해 강조점을 두지만, 도교는 현생에서의 불로불사(不老不死)를 추구하고 신선설(神仙說)을 지향한다.[58]

도교는 한반도에 전래된 이래 교단을 조직하고 종교적 제의나 포교활동을 하지 않았다. 도교가 한반도에서 하나의 독자적인 종교 교단으로 조직화되지 못하고 포교활동도 하지 못한 이유는, 도교가 한반도에 전래될 무렵인 삼국시대에 도교와 유사한 토착 신앙이 이미 존재함으로써 자연스럽게 서로 융화되었기 때문이다.[59] 이는 도교가 교단을 성립해야 할 필요성을 갖지 못한 이유이다. 나아가 이미 밝혀진 바와 같이 중국의 토착종교인 무격이 중국 도교의 기층을 이루고 있었기에 한반도 전래에서 저항을 받지 않을 수 있었다.

이러한 도교는 우리나라의 민간신앙과 결합해 큰 영향을 주었다. 고조선의 단군신화를 보면, 우리 조상들에게도 자생적인 '신선사상'이 있었던 것으로 보인다. 단군신화는 건국신화 형태를 취하고 있으나 고대 종교현상과 문화의 원형을 이해하게 하는 중요한 실마리를 제공한다. 단군신화의 요지는 천제의 자손 단군이 나라를 세우고 다스리다가 은퇴하여 산신이 되었다는 것이다. 여기에서 고대인의 하늘에 대한 신앙, 즉 천신신앙의 성격과 또한 산신의 양태를 찾아볼 수 있다.[60]

우리말에서 '환'(桓)이란 '광명'을 나타내고 '환인'은 광명한 하늘의 신을 표시하기 위하여 그 음에 가까운 '환님'을 사용한 것으로 보는 견해가 있는데,[61] 우리 민족 고유의 하늘신을 불교적 천신인 '천제' 곧 '천제석환인'으로 그 개념을 정립시킨 것으로 볼 수 있다. 다시 말하면, 토착신인 하늘신에 불교적 이름을 빌려온 것이며, 불교가 일반화되면서 불교적 용어로 표기한 것이다.

이는 곧 토착신앙에서의 천상 개념이 불교의 천상 개념을 빌려 체계화되었음을 보여 준다.

천신환인의 아들인 환웅은 풍백(風伯), 우사(雨師), 운사(雲師)를 거느리고 지상으로 강림한다. 바람[風]·비[雨]·구름[雲]은 원시 농경사회에서 가장 중요한 자연현상이다. 농경사회로 발전된 고대국가 사회에서 자연현상을 주관할 뿐만 아니라, 곡물을 지상으로 가지고 내려온 존재로서 환웅은 지고한 신으로 신앙된다. 따라서 단군신화는 곡물 재배민의 농경신화, 환인은 농경과 가장 밀접한 관계를 지닌 태양신 즉 천신이고, 환웅의 지상으로의 강림은 곡물 재배민의 원초적 파종의 신화적 투사로 보기도 한다.[62] 따라서 환웅의 자손인 단군은 산신이 되는데, 이 산신은 천신의 자손이고 천신을 대행하고 있다. 단군은 한민족의 시조이며 산신이라는 점에 주목해야 한다.

한편 이러한 사상은 그 시기를 정확히 파악할 수는 없으나 중국에서 자연스럽게 전래된 도교와 결합하면서 무교의 형태로 자리 잡게 된 것으로 보인다. 신라의 화랑도가 '유불선 삼도를 포함하고 있다'는 기술에서도 알 수 있듯이, 도교의 영향은 삼국시대에 이미 사람들의 삶의 일상이 되었다고 해도 과언이 아니다. 또한 지금의 서울 삼청동(三淸洞)의 유래가 도교신인 태청(太淸)·상청(上淸)·옥청(玉淸)의 삼청성신(三淸聖神)을 모셨던 곳에서 비롯되었다고 한다.

이러한 도교의 영향은 우리나라의 민간신앙의 큰 기틀을 이루었으며 제주도에도 지대한 영향을 끼쳤다. 중국의 서복이 불로초를 구하기 위해 삼신산 중 하나인 이곳 제주를 방문했었다는 전설은 익히 잘 알려져 있다. 또한 예로부터 제주의 한라산[63]은 신성시되어 왔으며 정상의 백록담도 태고의 신비로움을 드러낸다. 옛 지리지 등에 나타난 한라산과 백록담에 대한 설명을 통해서도 그러한 면은 잘 부각된다. 이런 이유로 옛사람들은 한라산을 신성하게 여기면서도 매우 동경해 누구나 한번쯤 오르고 싶어 했다고 한다.

고도가 높아 은하수[雲漢]를 끌어당길 만하다는 의미의 한라산은, 정상부가 평평하여 '두무악'(頭無岳), 꼭대기가 둥글어서 '원산'(圓山)이라고도 했으며, 정상부에 못이 있어서 사람이 떠들면 구름과 안개가 일어나 지척을 분간할 수가 없다고 묘사되기도 했다. 이러한 한라산은 인간이 감히 침범할 수 없는 신선이 사는 곳으로 여겨져 왔다. 한라산 유산 기록[64]을 보면, 과거 우리 조상들은 백록담의 외형상 모습뿐만 아니라 신선과 백록을 신비로움의 대상으로 표현했다. 이에 따르면, 백록담은 하얀 사슴들이 물을 먹는 곳이요 맑고 깨끗하여 티끌기가 전혀 없어 신선이 사는 곳으로 인식되었다. 아울러 백록담을 사방으로 둘러싸고 있는 산봉우리들이 가지런하게 배열되어 백록담은 참으로 천해의 성곽이었다.

제주의 민간신앙의 관점에서 도교의 영향을 살펴보면, 첫째, 한라산 백록담에서 기우제가 행해졌고 지금도 행해지고 있는 것을 들 수 있다. 기우제는 도교의 영향이라고 볼 수 있다. 강수량이 부족해 사람들이 가뭄 피해에 시달리게 되면 기우제를 드렸다. 이는 삼국시대, 고려시대, 조선시대에 걸쳐 벼농사를 짓는 농민뿐만 아니라 화전민(火田民), 어민(漁民)에 의해 행해졌다. 《신증동국여지승람》(新增東國輿地勝覽)에는 60개소 내외의 기우제 관련 명소가 올라 있다. 하천의 소(沼)나 산봉우리, 바위, 우물 등에 마련된 제단에서 기우제를 지냈다.[65]

둘째, 한라산에서는 장수를 관장하는 남쪽 하늘의 수성(壽星, 노인성)[66]을 볼 수 있다는 전설이 있는데, 이 역시 앞에서 언급한 도교인 칠성신앙의 영향을 드러내고 있다고 할 수 있다. 이는 서귀진(현 서귀포시 서귀동에 있는 조선시대의 유적)에서도 볼 수가 있다. 제주목사였던 이원조는 1841년 가을에 자신이 직접 관측한 것을 토대로 '남남동쪽에서 떠서 남남서쪽으로 지는데, 고도가 지면에서 21도 정도의 높이에서 보인다'고 설명하였다. 또한 한라산 유산 기록에 따르면, 심연원과 이지함이 노인성을 보았다고 전해지기도 하고, 세종 때는 역관 윤사웅을 파견하여 한라산에서 관측하게 했으나 구름 때문에 보지 못했다고 전해진다.[67]

이처럼 수명장수를 관장하는 노인성에 대한 관심과 신앙의 영향인지, 삼국시대 이래로 고려와 조선시대에 이르기까지 이곳에서는 도교 성격의 제사가 치러졌다. 이는 별에 대한 신앙을 표현한 것으로, 조선 태종 때까지만 해도 매해 봄과 가을에 두 차례 제사를 지내기도 했다.[68] 그리하여 당시 제주에는 장수하는 이가 많았다고 전해지는데, 이는 노인성을 볼 수 있는 곳이어서 장수하는 이가 많다는 것으로 이해되기도 했다.

셋째, 영주십경 중 제3경 '영구춘화'로 유명한 방선문(訪仙門) 역시 도교의 영향을 받은 것으로 알려져 있다. 이는 '신선이 사는 곳으로 들어가는 문'이라는 의미를 가지고 있다. 도교의 관점에서 신선은 높은 산 위에 사는 죽지 않는 초인으로 옛 선조들은 이 방선문을 통해 한라산 정상에 올랐을 것이라 여겼다. 이는 심신을 수양하고 도를 닦으면 신선이 되어 장생불로할 수 있다는 도교적 믿음에서 기인한 것이다.

넷째, 제주의 민간신앙이 도교에 영향을 받은 것 가운데 가장 대표적인 사례는 신구간(新舊間)일 것이다. 제주인들은 이사, 집수리, 변소개축 등을 이 '신구간'에만 해야 한다고 생각해 왔다. 즉 제주인들은 대한 후 5일에서 입춘 전 3일 사이에 옥황상제의 명을 받아 지상(地上)의 일을 관장하던 신(舊官)들이 하늘로 올라가고 새로 임명받은 신(新官)들이 내려오므로, 이 기간(新舊間)에는 지상에 신이 없기 때문에 신이 두려워 못 했던 일들을 해도 아무런 탈이 없다고 믿는 것이다. 그러나 평상시에 그러한 일들을 했다가는 동티, 즉 동토(動土, 잘못해서 탈이 생기는 것)가 나서 그 집에는 큰 가환(家患)이 닥치고 액운을 면치 못하게 된다고 한다.[69]

제주 민간신앙과 문화

민간신앙이 다른 어느 지역보다 제주에서 오랫동안 영향을 끼치며 성장·유지될 수 있었던 이유는, 무당(심방)과 무가(본풀이)의 상호관계성 및 민간신앙과 외래종교의 결합과 문화 형태를 통해 살펴볼 수 있다. 여기서는 민간신앙이 지금까지 제주 사회에 영향을 끼칠 수 있었던 여러 요인에 대해 알아보고자 한다.

제주 민간신앙의 심방과 관념

제주는 바람이 강하고 비가 많이 내리며 재해가 많다.[70] 이러한 배경 때문에 제주 사람들은 대부분 민간신앙을 통해 그것을 이해하고 문제를 해결해야 했다. 이는《신증동국여지승람》의 기록에서도 확인할 수 있다. "제주에는 옛날부터 산의 숲, 하천과 못, 언덕, 무덤, 물가 등의 나무나 돌에 신사를 만드는 풍속이 있다."[71]

윤용택에 따르면, 1960년경 제주에는 300여 개 신당과 400여 명의 심방(무당), 500여 편의 무가(巫歌),[72] 그리고 1만 8,000 신이 남아 있었다고 한다.[73] 그리고 이 신들은 모두 한라산 영실당을 기점으로 하여 온 섬에 흩어져 있다고 한다.[74] 또한 민간신앙에 대한 제주도민의 의식을 조사한 결과, '미신'(46%), '전통문화'(29%), '전통신앙'(23%) 등으로 인식하고 있었다.[75] 사고가 나서 외상후스트레스 등으로 인해 넋을 잃을 경우, 제주도민의 40%는 무당[76]을 불러 넉(넋)을 들여야 한다고 생각하며, 25%는 장례를

제주 민간신앙 중 해녀 제사와 굿[77]

치르고 난 후에 망자의 영혼을 보내는 이른바 '귀양풀이'[78]를 해야 한다고 생각하는 것으로 나타났다.[79] 제주의 경우, 대부분의 마을에 한두 개의 신당을 두고 있었으며, 신의 성격은 천신, 산신, 농경신, 산육신, 해신 등 다양하게 존재했다.[80] 이는 민간신앙의 영향이 제주도민의 일상 가운데 밀접하게 자리해 왔으며, 오늘날까지도 여전히 남아 있음을 보여 주는 예이다.

제주에 많은 신과 신화, 의례가 존재하는 것은 민간신앙의 공통된 특징으로, 인간의 의지로는 어찌할 수 없는 열악한 자연환경이 주원인이라고 할 수 있다. 섬이라는 특수한 환경에서 학습되고 반복된 일상을 통해 관습처럼 풍속화되어 오랫동안 하나의 문화현상으로 체득되었음을 간과할 수 없다. 이런 이유로 민간신앙은 지금의 제주인의 삶과 정신에 적잖은 영향을 주는 세계관과 사회현상으로 작용하고 있는 것이다. 이에 대해 하순애는 지역성에 따른 민간신앙의 특이성에 대해 다음과 같이 말한다.

> 제주도는 민간신앙의 내용이나 민간신앙에 밀착된 정도에서 한국 민간신앙의 일반적 양상으로 이해하기 어려운 측면이 있다. 말하자면 민간신앙이 지역사회마다 지역적 변수를 지닌다고 하더라도, 제주도는 일반적인 지역적 변수의 수준을 넘어서는 지역적 특이성을 드러낸다는 것이다.[81]

그는 이어 "제주도의 민간신앙은 최근까지 지역민의 종교로서 그 생활세계를 지배해 왔고 현재에도 그 영향력의 범위가 아주 넓게 잔존하고 있다는 점에서 다른 지역과는 두드러지는 차별성을 보인다"라고 주장하며, 제주 지역에 346개의 당이 존재하는데 다른 지역에서는 찾아볼 수 없는 현상이라고 덧붙인다.[82] 또한 전승되어 내려오는 무가의 수만 해도 500여 편인데, 이토록 방대한 양의 무가가 근래까지 전승되고 있다는 것은 그만큼 당 신앙 내지 민간신앙이 생생히 살아 있다는 증거로 볼 수 있다. 제주도의 민간신앙은 그 형식과 내용 면에서 육지와는 전혀 다른 양상을 띠면서 제주 사람들의 생활문화를 지배하고 있다. 또한 하순애는 "제주도는 자연마을마다 마을 수호신을 모신 본향당 외에 마을주민의 삶과 관련된 서로 다른 기능을 분할하고 있는 당이 공존하고 있다"라고 설명하면서, 그 예로 '일뤠당, 여드렛당, 산신당, 개당' 등을 언급한다.[83] 한 마을에 10개 넘는 당이 존재할 정도로 민간신앙은 제주도 사람들에게 '몸에 밴' 삶과 생활인 것이다.

조성윤은 제주 사회에 대해 언급하면서 제주는 "지금도 여전히 무속이 강하게 뿌리를 내리고 일상적인 삶의 기반이 되어 있는 지역사회"[84]라고 말한다. 해방 이후 지역별 종교분포를 살펴보면, 개신교와 천주교를 합친 기독교 인구가 전국적으로 급속히 증가하지만 제주는 전국적인 수치의 절반에도 미치지 못하는 실정이었다. 한편 제주에는 불교 신자가 압도적으로 많은데, 앞에서 언급한 바와 같이 민간신앙의 뿌리와 깊이 연관되어 있다고

수호신을 모시는 제주 와흘 본향당

볼 수 있다.

제주 민간신앙에 이러한 특이성이 나타나는 가장 큰 이유는 섬이라는 지리적 환경의 영향으로, 하순애는 "삶을 위협하는 자연의 힘을 시시때때로 경험해야 하는 사람들로서는 그 불안심리를 종교적으로 승화시키고자 하는 사회심리가 강하게 작용하기 때문"이라고 한다.[86] 그리고 한국일은 하순애의 글을 인용하여 제주도 사람들이 가지고 있는 민간신앙의 신관은 대부분 "재신앙적 성격"이라고 언급한다.[87] "신을 잘 모시지 않으면 벌을 받는다는 공포감"이 이들 신앙 안에 존재하고, 이 공포감은 "금기의 적극적 수용"이라는 행동으로 이어진다고 말한다. 이를테면 돼지고기를 먹은 사람은 '몸을 버렸기 때문에' 돼지고기가 금기인 당에는 가지 않는다는 것이다. 따라서 당에 가야 할 일이 있는 사람은 '몸을 버리지 않도록' 정성을 다해야 한다. 이들에게 '믿음'은 '금기를 지킴'과 표리의 관계를 이룬다. 근대화된 시대임에도 불구하고 제주도만큼 일상생활에서, 그리고 가정의 각종 의례에서 금기를 지키는 곳도 드물다.[88]

한편 이러한 제주의 민간신앙은 신, 무당, 신앙인의 관계를 기반으로 전개되고 발전되었다고 해도 과언이 아니다. 제주의 무당은 '심방'이라고 불리는데, 이들은 신과 신앙인 사이에서 의례를 통하여 서로를 연결하고 교통하도록 돕는 매우 중요한 매개체 역할을 담당한다. 여러 차례 언급한 바와 같이 제주 사회에는 민간신앙으로 대표되는 무속신앙의 영향이 그야말로 삶의 모든 영역에 광범위하고 밀접하게 얽히고설켜 있다고 해도 지나치지 않다. 심방은 사람들과 동일한 삶을 공유하는 듯 보이지만 영적으로 선택되고 구별된 자들로 인식되었기에 제주 무속신앙에서 그들의 위치와 중요성은 두말할 나위가 없다.

심방은 주로 심방이 되는 시초에 신병을 통하여 내리는 신을 체험하게 되고 그 경험을 통해 심방의 신관,[89] 우주관,[90] 영혼관,[91] 내세관[92]을 구체화하게 된다. 그리고 이렇게 체계화된 사고는 언어로 표현되어 무가로 형상화된다. 따라서 인위적 세습에 의한 세습무일수록 신관을 비롯한 우주관·영혼관·내세관이 희박하고, 무가도 일정한 양식으로 격식화되는 경향이 있다. 이러한 심방은 굿을 할 때 제상 앞에 앉아서 노래하며 신의 내력담을 입으로 풀어내는데, 이들 무속신화를 '본풀이'(무가)라고 한다.[93] 이는 '신의 본(本)을 풀어낸다'는 뜻이며, '신의 본을 풀면 신나락 만나락 하고, 생인의 본을 풀면 백년 원수가 된다'는 말과 같이, 신의 내력담을 풀면 신의 영험함이 드러나면서 신명이 절로 나고, 산 사람을 따지고 들면 험담으로 흘러가 원수지간이 된다고 한다.[94] 이처럼 심방이 굿을 진행하면서 본풀이를 읊는 이유는 신을 칭송해 기쁘게 함으로써 인간들을 잘 지켜 주고 하는 일이 잘되도록 도와주기를 바라기 때문이다.

제주 심방이 큰 굿에서 가창하는 제주 신화의 핵심은 '열두본풀이'라고 할 수 있는데, 이는 신들의 이야기로서 태어나고 성장하며 죽음에 이르는 인간의 삶을 담은 것이 특징이다. 이러한 열두 본풀이 중 가장 먼저 가창하는 것은 '천지왕본풀이'로 이는 천지개벽 신화이다. 우주가 탄생하고 인간 세상이 열리는 과정을 풀어내면서 굿청을 신이 좌정하는 신성한 공간으로 이동시키는 것이다. 천지개벽 신화는 다른 지방에도 단순한 형태로 전해지지만, 제주의 신화는 서사가 뚜렷하고 내용이 풍부하며 철학적 깊이를 담고 있다.

또한 심방의 조상인 삼시왕 이야기를 다루는 '초공(初公)본풀이'가 있다. 심방은 '신의 일을 보는 형방'이라는 의미로 무속인을 예우하는 명칭이다. 젯부기 삼형제가 심방의 조상인 삼시왕이 되는 과정에서, 악기의 신 너사무너도령과 의형제를 맺어 춤을 추고 악기를 두드리며 하늘을 감동하게 한다. 소리와 춤에 악기가 더해졌을 때 신명의 경지에 이를 수 있음을 보여 주는 대목이다.

이어서 '이공(二公)본풀이'는 꽃으로 사람의 생사를 가르는 서천 꽃밭 이야기이다. 서천 꽃밭은 제주 신화에서 전하는 신비로운 공간이다. 이곳에는 사람을 살리는 '살살이꽃, 피살이꽃'을 비롯해 사람을 죽이는 '수레멸망악심꽃'뿐만 아니라 '웃음 웃을 꽃, 싸움 싸울 꽃' 등 신비로운 꽃들이 자라고 있다.

그 외에도 사람의 운명과 직업에 대한 신화 '삼공본풀이', 아기를 낳고 기르게 해주는 산육신 신화 '삼승할방본풀이', 뱀신 칠성아기가 제주에 들어와 곡물 창고를 지켜 준다는 '칠성본풀이', 조상신을 잘 모셔 수명이 3,000년이 된 '명감본풀이', 살아서 저승에 다녀온 강림이가 차사가 돼 저승길을 인도한다는 '차사본풀이', 잘 대접하면 고기를 많이 잡게 해 부자가 되게 해주는 도깨비 이야기 '영감본풀이' 등이 있다.

진성기는 그의 책《제주도학》에서 무당의 무가에 대해서 다음과 같이 말한다.

> 이 '본풀이'는 도민의 오랜 생활 속에서 특유의 민속문화를 창조하면서, 보다 값있는 생존과 값있는 보람을 추구하는 원동력이 되어 왔거니와, 그 오랜 신앙의 유산이 심방의 '본풀이'로 오늘에 남아 전해지고 있는 것이다. 제주도 무속사회에 있어서의 '본풀이'는 불교에 있어서의 '불경'이나 기독교에 있어서의 '성경'처럼 신앙민의 기본적 법전이자 그 신앙을 형성 유지하는 기본적인 바탕이 된다.[95]

무당의 무가는 제주 신앙민과 호흡을 함께하며 꾸준히 이어져 내려온, 제주에서 가장 오래된 역사이며 도민생활의 바탕이 되는 문화이자 사상의 근원 및 도덕적 규범으로, 제주의 민간신앙을 지금까지 형성 유지해 오는 데 밑거름이 되는 것이다. 따라서 진성기는 "제주도의 중요한 문화재를 꼽을 때에도 이 '본풀이'만은 절대로 빼어 놓을 수가 없다"고 했다.[96]

한편 제주 신화에서 비교적 잘 알려진 '자청비'(自請妃)를 살펴보자. '세경'이란 지모(地母) 또는 곡모(穀母)의 뜻을 지닌 신(神)

탐라국 입춘굿이 열리는 관덕정의 '자청비' 조형물[97]

의 이름으로 해석되고 있으며, 농경(農耕), 풍등(豊登), 여신(女神)으로 상징된다. 자청비는 지모와 곡모의 역할을 하는 신으로 생산과 양육의 여신을 상징한다. '스스로 여자 되기를 청하였다'는 의미의 자청비는 가부장사회의 규제를 벗어나 남장을 하면서까지 공부하고, 우여곡절을 겪으며 하늘로 올라가 사랑을 쟁취하는 여신이다. 자신의 힘으로 사랑의 열매를 맺은 자청비는 농경신이 되었다. 입춘이면 제사장인 탐라 왕이 하늘에서 씨앗을 들고 내려오는 농경신 자청비를 맞이하는 입춘굿을 집행했다는 기록이 있다.

제주 민간신앙과 외래종교의 결합 및 문화 형태

제주의 민간신앙과 외래종교의 결합과 문화 형태를 살펴보면 다음과 같은 독특한 양식이 존재한다.

산담[98]

산담은 제주 사람들의 사후관과 풍속이 낳은 산물이라는 점에서 단순히 장례방식을 넘어 제주의 문화유산으로 여겨지고 있다. 매장을 중심으로 하는 유교식 상장(喪葬) 제도가 제주에 도입된 것은 15세기 초로 추정된다.《세종실록》을 보면, 1406년 주부(注簿)라는 벼슬을 가진 제주인 문방귀가, 부친이 죽자 3년간 무덤을 지키는 유교식 제례를 따라 제주 사회에 새로운 기풍을 세웠

무덤 주위를 둘러쌓은 '산담'

다는 내용이 있다. 고관용은 '문방귀' 이후 조선시대 500년간 유교식 "상장제가 제주 백성에게 점차 퍼져 나갔을 것으로 추정되며 다만 돌이 많고 목축과 화전을 하던 제주에서는 무덤을 보호하기 위해 돌로 된 산담의 대역사(大役事)를 이뤄 냈을 것"이라고 설명한다.

또한 산담은 단순히 울타리를 넘어 사자(死者)가 거주하는 공간을 지칭하기도 한다. 사자의 묘역은 산 자가 거주하는 집담, 울담, 밭담과 같은 또 하나의 독특한 문화공간으로 볼 수 있다.

동자석[99]

제주 지역의 동자석은 돌하르방과 더불어 제주를 대표하는 석조문화 중 하나이다. 유교사상이 통치이념이 된 조선시대에 분묘 치장이 발달하였는데, 제주도 이러한 영향을 받았다. 동자석은 무덤 앞에 세워진 1m 이하의 작은 석물로, 16세기에 양반 무덤을 중심으로 세워지기 시작하여 17세기 이후에는 점차 많은 지역으로 퍼져 토착화되고 다양한 양식으로 만들어졌다. 제주는 육지보다 비교적 늦은 시기인 19세기에 유교가 정착·확장되면서 조선후기에 동자석 문화가 더욱 발달하는 모습을 보인다. 제주의 동자석은 제주의 토속신앙과 불교, 유교 문화가 결합한 형태로 제주 고유의 문화를 잘 보여 주는 석물이라고 할 수 있다.

제주의 동자석은 주민들의 필요에 의해 제작되다 보니 숙련되지 않은 석공들이 주로 만들어 조형성이 떨어진다. 하지만

제주를 대표하는 석조문화인 '동자석'

정형화되지 않아 다양한 느낌을 주고, 육지의 동자석과 달리 비교적 자유롭고 간결하게 표현된 것이 특징이다. 또한 허리 아래 하반신은 표현하지 않는 것도 제주 동자석의 특징이다. 크기는 30cm부터 1m에 이르기까지 다양하게 존재한다. 특별히 제주 지역의 동자석은 손에 지물(持物)을 들고 있는 형태가 많다. 지물은 홀, 부채, 문자, 수저, 붓, 칼, 술병, 술잔, 부채, 뱀, 새, 음양의 성기 등 다양하다. 이외에도 의미를 알기 어려운 다이아몬드형, 타원형 등의 기하학적 무늬가 새겨져 있는 것도 있다. 서귀포 '하원동 왕자묘의 석인상'과 '화북동 탐라성주묘 동자석'이 제주도에 세워진 동자석의 기원으로 알려져 있다.[100]

동회천 석불단

제주특별자치도 제주시 회천동 화천사 안에 있는 동회천 마을은 석불단에 모셔져 있는 석상을 마을 수호신으로 여기며 마을제사인 포제를 지낸다. 이 석불단에 모셔져 있는 석상들은 약 300년 전에 만들어졌다고 하지만 그 기원이 분명하지는 않다. 석상의 상태로 보아 100여 년쯤 된 것으로 추정된다.[101] 또한 이 석상들은 불교의 불상이 아니라 미륵상[102]의 형태이다.

석불단에는 오석불(五石佛)이라고 하여 석불 5개와 이 석불을 보좌하는 산신상(山神像), 그리고 용왕상(龍王像)까지 하여 모두 7개의 자연 석불이 있다. 오석불은 상반신 좌상 형태의 신상이다. 석불은 이상하게 생긴 돌을 주워 용암석의 흐름에 따라서 얼

동회천 석불단

굴의 윤곽을 자연스럽게 만들었고 각각 다른 표정을 짓고 있다. 이 중 가장 큰 석상은 높이가 81㎝, 가로가 55㎝, 두께가 28㎝ 정도이다.

동회천 석불제는 음력 1월인 정월에 처음으로 일진(日辰)의 천간(天干)이 정(丁)인 날인 정일(丁日)에 행하며, 떡과 과일을 제물로 올리고 돼지머리를 쓰지 않는 것이 특징이다. 제주 다른 마을의 유교식 포제의 경우에는 통돼지를 제물로 쓰기 때문에 동일한 맥락 안에서도 차별되는 점이라고 할 수 있다. 한편 석불제를 지내기 전에 미리 우산 모양으로 엮어 만든 모자인 송낙을 석불에 씌운 후 종이옷을 입히고 허리에 실을 매어 신상을 정결하게 치장하는데, 이 역시 다른 마을의 포제와 다른 점이다.

동회천의 석불단은 특히 득남과 관련하여 영험하다고 알려져 있어서 아이를 원하는 기자불공(祈子佛供)을 드리는 사람이 많이 찾아 화천사라는 절이 지어졌다고 전해진다. 이와 함께 동회천 석불제는 무병에도 효험이 커서 괴질이 창궐하던 때에도 동회천 마을 사람들은 무사했다고 믿고 있다.[103]

입춘굿놀이[104]

우리나라의 전통 연희 가운데 민속놀이는 주로 세시풍속과 연관이 많다. 제주의 전통 연희 또한 세시풍속과 관련을 맺고 있으나, 크게 굿놀이 계통과 그 외의 것으로 이분할 수 있을 정도로 굿과 연관된 것이 대부분이다.[105] 이러한 특이성에도 불구하고 굿놀이 가운데 유일하게 탈놀이가 함께하는 것이 바로 제주 입춘굿 탈놀이다. 입춘굿은 '춘경'(春耕), '입춘춘경'(立春春耕)이라고 하고, 이 굿을 하는 것을 '춘경친다'라고 한다. 입춘굿에 대한 최초의 기록은 이원조가 제주목사로 부임하여 헌종 7년(1841년)에 쓴 《탐라록》[106] "입춘일념운"에 있다.

12월 24일 입춘 날 호장(戶長, 각 고을 아전의 으뜸)이 관복을 입고 나무로 만든 목우가 끄는 쟁기를 잡고 가면, 좌우에 어린 기생이 부채를 흔들며 따른다. 이를 '쉐몰이'[退牛]라고 한다. 심방들은 신명나게 북을 치며 앞에서 인도하는데, 먼저 객사(客舍)로부터 시작하여 차례로 관덕정 마당으로 들어와서 '밭을 가는 모양'을 흉내 냈다. 이날은 관아로부터 음식을 차려 모두에게 대접하였다. 이것은 탐라 왕이 '적전'(籍田, 임금이 농민을 몸소 두고 농사를 짓던 논밭)을 짓는 풍속이 이어져 내려온 것이다.

제주 입춘굿놀이는 제주목 관아의 관덕정 앞에서 봄이 시작되는 입춘에 심방의 굿을 통해 한 해의 농경의 풍요를 기원하는 굿놀이로, 입춘굿은 탐라 왕 때부터 탐라 수령이 백성 앞에서 친히 밭을 갈던 옛 풍습을 이어받은 것이다. 호장이 나무소[木牛]를 끌며 모의적 농경행위를 하고 풍농을 비는 거리굿으로, 관민이 함께하는 신년의 풍농굿 형태이다.

한때 제주목사로 부임한 이형상은 제주의 무속신앙을 배척하고 유교문화를 고착시키기 위해 제주의 무수한 신당을 없앴다. 또한 중앙문화 유입과 재현을 위해 최소한의 중앙 연희 구성

탐라국 입춘굿 장면107

요소를 갖추고자 노력했다. 따라서 조선시대 제주 관아의 연희는 육지의 중앙 연희에 비해 매우 단조롭고, 그 수도 적었다. 그러나 제주목사 신광수의《탐라록》[108]에는 신당의 실상과 함께 다시 성행하게 되었다는 기록이 있고, 조선후기 제주목사 이원조의《탐라록》에는 과거 목사 이형상의 의도는 사라지고, 오직 그들의 토속신앙만이 그들의 문화에 뿌리 깊게 자리 잡았다는 기록이 있다.[109]

또한 제주도 입춘굿놀이가 현재까지도 민(民)·관(官)·무(巫)의 합동으로 치러진다는 사실을 통해 제주의 뿌리 깊은 토속신앙이 여전히 계속되고 있음을 알 수 있다. 이는 어떤 사회적 상황에서도 제주민들의 토속신앙을 대신할 만한 것이 없음을 엿보게 한다.

아울러 입춘굿놀이에서는 타 지역에 비해 자연에 더 많이 노출되어 고달픈 삶을 영위해야 했던 제주 여성들의 끊임없는 노동의 흔적이 나타나는데, 노동을 놀이처럼 놀이를 노동처럼 여기며 삶의 시름을 주술과 기도, 비렴[110]으로 드러내는 춤으로 극대화했음을 보게 된다.

김녕사굴의 큰 뱀을 퇴치한 판관 서련[111]

옛날 김녕리 마을 동쪽에는 '뱀굴'이라 불리는 동굴이 있었다. 뱀굴에는 닷 섬 들이 항아리만큼 굵고 귀가 달린 큰 뱀이 살고 있었다. 마을 사람들은 뱀을 위해 매년 제물을 바쳤는데, 만약 제물을 바치지 않으면 큰 뱀이 마을 사람을 죽이거나 밭을 다 휘저어 대흉년이 들게 하였다. 그리하여 마을 사람들은 어쩔 수 없이 매년 두 차례 처녀를 제물로 바쳐야만 했다. 그런데 양반들은 자신의 딸들을 내놓지 않아 제물로 바쳐지는 것은 언제나 힘없는 백성의 딸들이었다.

이러한 관행이 지속되던 시절, 제주목 판관으로 서련이 부임해 왔다. 서 판관은 뱀굴에 관한 괴이한 소문을 듣고 "백성들이 아무리 무지하다고 하나, 어찌 뱀에게 사람을 제물로 바칠 수 있느냐?"라고 분개하였다. 그러고는 뱀을 물리치려고 치밀한 계획을 세우고, 마을 처녀를 뱀에게 바치는 제사를 지내라고 한다. 제사가 시작되자 커다란 뱀이 굴에서 나와 술과 떡을 먹고 처녀를 삼키려고 했다. 이때 숨어서 기다리던 서 판관과 병사들이 함께 창으로 뱀을 찌르고 불을 붙이자 뱀은 화염에 휩싸여 죽고 말았다. 이 광경을 지켜본 마을의 심방(무당)이 "빨리 말을 타고 성으로 가십시오. 그리고 가는 길에 절대 뒤를 보시면 안 됩니다"라고 했다. 심방의 말을 들은 서 판관은 급히 말을 달려 성으로 향했다. 성문 밖에 이를 때쯤, 함께 따라오던 병사가 "뒤쪽으로 핏빛 비가 내립니다"라고 했고, 그 말을 들은 서 판관이 무심코 뒤를 돌아보았다. 그리고 그 자리에 쓰러져 즉사했다. 죽은 뱀의 피가 하늘로 올라가서 비가 되어 판관에게 복수했다고 한다.

서련 이야기는 김녕사굴에 얽힌 설화로 당시 제주 사람들의 무속신앙과 가치관, 또한 무속신앙을 바라보는 외지인의 시각이

판관 서련과 뱀의 싸움을 형상화한 조형물

어떠한지를 보여 준다. 문명사적 관점에서 보면, 서 판관은 용기와 지혜 있는 사람으로 자신을 희생하여 뱀을 무찌르고 백성을 살렸다는 이야기로 해석할 수 있다. 그러나 당시 제주 지역 백성의 관점에서 보면, 토착신앙에 대한 무지와 파괴 행위로 결부된다. 제주 지역에서는 '곡물을 수호하고 풍요를 주는 신'으로 뱀을 숭배하는 경우가 많았다.

집안을 지키는 신들의 이야기[112]

집안을 지키는 신들에 관한 이야기는 제주에 전승되는 일반신본풀이 중 하나이며, '문전본풀이'라는 이름으로 불린다. 여기에는 무속신앙적 요소와 유교적 요소가 결합되어 있다. 주로 제주 지역에서 큰 굿을 할 때 심방들이 신들에게 축원을 올리는 제사절차인 '각도비념'에서 구연한다. 문전본풀이에는 문전신을 비롯하여 조왕신·측간신·주목지신·오방위신 등 집안을 지키는 신들의 내력이 담겨 있다. 가장 이른 시기인 1937년에 편찬된 《조선무속의 연구》에 수록된 것을 포함하여 현재 총 10여 편의 자료가 전해지고 있다.

이 본풀이에는 집안의 다양한 공간에 그 공간을 담당하는 신이 존재하고, 이러한 신들은 일정한 관계를 유지하면서 집안을 지킨다는 믿음이 반영되어 있다. 또한, 집안이 평안하기 위해서는 가정의 구성원들이 각자의 역할에 충실해야 함도 강조하고 있다. 즉 아버지는 가정을 책임지는 가장이 되어야 하고, 어머니는

현모양처의 길을 걸어야 하며, 의붓자식이 있는 계모는 의붓자식을 자신의 자식처럼 사랑해야 한다는 의미가 담겨 있다.

집과 터[113]

제주도에는 육지에서는 찾아볼 수 없는 '신구간'(新舊間)이라는 특이한 세시풍속이 있다. 앞에서도 언급했듯이, 제주도 민간에서는 이사, 집수리, 변소개축 등을 신구간에만 해야 하는 것으로 생각해 왔다.[114] 제주인들은 "대한(大寒) 후 5일에서 입춘(立春) 전 3일 사이에 옥황상제(玉皇上帝)의 명을 받아 지상(地上)의 일을 관장하던 신(舊官)들이 하늘로 올라가고 새로 임명받은 신(新官)들이 내려오므로, 이 기간(新舊間)에는 지상에 신이 없기 때문에 신이 두려워서 못했던 일들을 해도 아무런 탈이 없다고 믿는 것이다. 그러나 평상시에 그러한 일들을 했다가는 동티가 나서, 그 집에는 큰 가환(家患)이 닥치고 액운(厄運)을 면치 못하게 된다"[115]는 속신(俗信)을 믿으면서 살아왔다.

최근까지도 제주 사회에 만연했던 신구간 문화에서 무속신앙과 습합된 외래종교의 요소를 발견할 수 있다. 가신신앙과 더불어 조상신에 대한 내용이 그러하다. 그리고 이 신앙체계와 사고방식은 제주의 민간 가옥이나 건물에도 영향을 끼쳤다.[116]

이러한 영향이 드러나는 가옥 형태를 살펴보면, 일반적으로 드나드는 골목길인 '올레'와 마당을 앞에 두고 건물 본채를 지었으며, 그 둘레에는 돌담 울타리가 둘러져 있다. 또 마당을 중심으로 해 그 주위에 '소마귀'라는 외양간, '통시'라는 변소, '눌굽'이라는 낟가리의 노적장이 마련되어 있으며, 건물 뒤꼍에는 장독대가 마련된 '안뒤'가 있다. 한편 건물 본채 가운데에는 마루방인 '상방'을 마련하고, 가장이 머무는 방인 '큰구들'을 마당 쪽에 두며, 곡식을 보관하는 '고팡'을 뒤쪽에 배치하고, 상방의 다른 한쪽에는 부엌인 '정지', 주부와 아이들의 방인 '은구들', 그리고 챗방 등을 배치해 놓고 있다.[117]

제주의 가옥 형태에서 인식되는 주요 신앙상을 살펴보면, 먼저 집과 가정에 모신 신인 '문전'을 들 수 있다. 집 안에 들어오는 문에 좌정해 있는 신으로, 상방 앞쪽에 좌정한다. 또 뒤쪽 문에는 '뒷문전신'이 있다고 여긴다. 집을 지켜 주는 으뜸신으로는 큰구들과 고팡 그리고 상방 사이의 기둥에 좌정하는 '성주신'이 있다. 타 지역에서 조왕신으로 불리는 신이 제주에도 있는데, '조왕할망'이라고 하며 그 의미가 조금 특별하다. '조왕할망'과 더불어 '측도부인'이라는 신이 관계하고 있는 것이다. 조왕할망과 측도부인은 처와 첩의 관계인데, 첩인 측도부인이 조왕할망을 위한다며 목욕을 하러 가자고 꾀고는 물에 빠뜨려 죽인 것이 탄로나 본부인의 아들들에게 죽임을 당해 원수 사이라고 한다. 따라서 본부인인 조왕할망은 따뜻한 부엌을 관장하고 첩은 변소의 신으로 내몬다. 흔히 측도부인을 일컬어 '동티할망'이라고도 하는데, 흉험을 주는 독한 신으로 보고 있다. 이런 이유로 제주에서는 부엌과 변소는 언제나 마주 보지 않도록 배치해야 하며, 어떠한 물건

도 서로 오가게 되면 동티가 나서 흉험을 입게 된다고 이해하고 있다.[118]

또한 집 전체와 가장을 보호하는 성주신은 백지에 돈과 실을 묶거나 접어 대들보나 대청마루에 모신다. 이어서 안방에는 조상신과 삼신이 있는데, 조상신은 조상단지, 제석 등으로 부르기도 한다. 안방의 시렁에 쌀을 담아 작은 단지를 신체로 모시는 것이 일반적이다. 이생을 먼저 와 살다 후손들이 세상에 올 수 있게 역할하고 저승으로 갔으며, 조상신은 다방면에서 보호하고 위해 주는 존재로서 일생을 마친 뒤 사후에 신이 되어 지속적으로 보호와 안녕을 기원한다고 여긴다.[119] 한편 삼신은 자손의 생산과 건강을 돕는 신으로 잘 알려져 있다. 삼신은 지왕단지 또는 삼신바가지 등에 쌀과 실 등을 넣고 안방에 모신다.[120] 주로 순산 후에나 아이가 아플 때, 삼신상을 차려 놓고 무당이나 주부가 비손(손을 비비는)하는 형태로 의례가 치러진다.

조왕신이라고 해서 부엌과 불을 관장하는 신도 있다. 조왕신의 신체는 종지에 담긴 물로, 주로 부뚜막 위에 모시며 아침마다 물을 갈아 주어야 한다. 조왕신이 관장하는 불은 모든 부정을 가시게 한다고 믿기 때문에 신성함과 생명력을 의미했고, 따라서 며느리가 불씨를 꺼트리면 집안이 망한다는 이야기도 여기에서 유래했다고 본다.[121] 이 밖에도 뒤꼍에 택지신(宅地神)과 재신(財神)이 있으며, 출입구의 수문신, 뒷간의 터신(측신), 우물의 용신 등을 들 수 있다.[122]

그리고 집의 출입구인 '올레'에 세워진 정주석을 가로지르는 곧은 나무를 '정낭' 혹은 '정살'이라고 하는데, 이곳에 좌정해 있는 신이 '정살지신'이다. 이를 '테세' 혹은 '죽산이'라고 부르는 지역도 있다. 또한 사람이 살고 있는 집터를 주관하는 신으로 '토신' 또는 '터신'이 있으며, 곡식을 보관하는 고팡에 있는 신으로 '안칠성'이 있다.

무속신앙과 유교가 혼합된 제주의 가신신앙은 주로 서민층의 주부들이 제주(祭主)가 되기 때문에 가정적이고 모성적인 주부신앙의 형태를 띤다.[123]

지금까지 살펴본 바와 같이 제주 무속신앙의 다양한 요소는 외래종교와의 습합과 대립을 통해 공존과 긴장 안에서 오늘날의 종교적 의식과 형태를 이루게 되었다. 이는 곧 제주만이 가지는 독특한 제의나 관습, 문화적 형태로서 제주 사회 전반에 고스란히 드러나 있다. 이영권은 제주를, 섬사람의 심성을 닮은 소박함과 친근함으로 다가오는 신앙과 무속의 고향이라고 말한다.[124]

요약 및 제언

2장에서는 제주의 민간신앙에 대해 여러 문헌을 정리하여 간단히 서술해 보았다. 제주의 민간신앙의 형성 배경과 민간신앙과 종교, 무속신앙과 문화를 살펴보면서, 제주의 민간신앙이 외래종교와의 습합과 대립의 과정을 통해 공존과 긴장 속에서 종교적 의식과 형태를 이루었고, 민간신앙이 제주 사회 전반에 뿌리 깊게 영향력을 끼칠 수 있었던 요인은 무당과 무가의 상호관계 및 외래종교와 결합된 문화 형태에 기반해 있었음을 알게 되었다. 이를 기초로 제주 사회문화에 적합한 선교 방안을 모색할 때, 다음과 같은 것들이 충분히 고려되어야 할 것이다.

첫째, 제주의 민간신앙은 제주의 지리적·기후적 환경과 매우 밀접한 관계가 있다. 민간신앙에서 신령하고 영험한 존재 중 하나로 여겨지는 한라산이 중심부에 위치해 있고, 사면이 바다에 둘러싸여 있으며, 재앙에 가까운 비와 바람이 연중 불어닥치는가 하면, 토양은 척박하기 이를 데 없다. 그야말로 인간이 자연 앞에서 느끼는 한계를 모두 직면하고 있는 셈이다. 따라서 제주인들은 자연스럽게 초월적인 대상과 존재를 찾을 수밖에 없었고, 그것을 신앙할 수밖에 없는 조건이 조성되어 있었다.

지리적·기후적 환경과 민간신앙은 불가분의 관계를 맺고 있다. 이러한 점에서 제주 선교를 위해서는 제주의 지리와 기후에 대한 배경 지식과 이해가 선행되어야 할 것이다.

둘째, 제주의 민간신앙은 외래종교와의 대립과 습합을 통해 제주인들의 삶 전반에 영향을 주었으며, 그것은 생활 전반에 잔존하고 있다. 또한 제주인의 의식과 일상적인 삶에 지금까지 깊이 자리매김하고 있는데, 특히 외래종교와의 대립과 습합 과정에 잘 드러나 있다. 예를 들어, 유교와의 습합 과정을 거치면서 조상숭배 신앙과 조상 신격화가 강화되었고, 불교와의 습합 과정을 통해 무속신앙에 불교적 요소가 들어와 혼합주의적 신앙을 갖게 되었다. 또한 도교의 영향으로 신구간이나 산담문화 같은 다양한 문화양식이 제주 사회 전반에 자리하고 있다. 필자의 부모 역시 사찰에 다니면서 조상을 숭배하는 민간신앙인 당을 섬기고 굿을 할 뿐만 아니라 집과 터를 고칠 때나 어떤 특정한 일을 할 때는 반드시 날을 보고 신구간에 진행하는 전형적인 혼합주의 신앙의 지배를 받고 살아왔다. 불교를 주종교로 하면서도 유교적 제의와 절차를 반복하며, 일상에서는 민간신앙과 도교적 인식과 풍습에 따른 관념적 지배 아래 놓여 있는 것을 흔히 관찰할 수 있다.

그런데 개신교는 제주인의 민간신앙을 이해하지 못하고 강하게 대립하면서 선교에 어려움을 겪고 있다. 한국일은 이러한 상황에서 앞으로 개신교가 제주인의 마음을 사로잡고 있는 민간신앙을 어떻게 대하고 극복하는지가 제주 선교의 큰 과제라고 지적한다.[125]

셋째, 제주의 민간신앙과 외래종교의 습합은 종교적 차원을 넘어 사회문화적 형태로 계승·발전되었고, 이는 제주인의 일상에 스며들어 일상생활 전반에 영향을 주며 유지되어 왔다. 그리고 제주만의 독특한 특징을 지니고 있을 뿐만 아니라, 다른 어느 지역보다도 그 영향이 강하게 지속되고 있다. 이처럼 제주의 민간신앙이 그 고유한 명맥을 이어 올 수 있었던 것은 제주가 육지와 단절된 섬이라는 이유도 있지만, 이것들이 종교적 영역으로만 국한되지 않고 생활과 민속문화적 형태로 변형·확장되어 제주인의 삶과 사고에 스며들어 일상에 밀접하게 자리하였기 때문이다.

따라서 제주 개신교 선교를 위해서는 민간신앙을 단지 종교적으로만 접근할 것이 아니라, 문화적 접근을 통한 접촉점을 찾고 "무엇을 믿는가보다는 하나님의 말씀을 신실하게 읽고 연구하느냐가 중요하다"[126]는 맥가브란의 말처럼, 어떻게 민간 전통문화와 의식세계를 점진적으로 변화시켜 나갈지를 더욱 고려해야 할 것이다.

넷째, 제주의 민간신앙이 제주 사회 전반에 깊이 뿌리내릴 수 있었던 이유를 심방(무당)과 무가[127]에서 찾을 수 있다. 제주도에는 1만 8,000 신이 있고 신당은 300여 군데이며, 이에 따른 심방이 400여 명에 이른다. 그리고 심방의 본풀이인 무가가 500편이 넘는다. 이러한 심방과 무가는 제주 민간신앙의 기틀을 이루며 계승 발전되어 왔다. 제주의 심방은 단순히 샤머니즘적 역할에 그치지 않고 신과 사람 사이의 중재자로 다양한 역할을 수행했으며, 굿을 통해 제의를 받는 신을 소개하고 신의 내력을 해설해 주며 신이 강림하기를 빈다. 곧 무가를 통해 신앙인들의 한

(恨)과 안녕과 복을 기원하는 것이다. 제주의 심방은 샤머니즘적 능력은 물론이거니와 일종의 연예인 또는 의사, 마을 단위에서는 안녕과 화합을 추구하는 중재자요 매개자로서 역할을 담당해 왔기에 제주 지역과 민간신앙에서 그들의 영향이 실로 크다.

그러므로 제주 개신교 선교를 위해 우리는 제주인의 의식세계에 깊이 뿌리내린 심방과 무가에 대한 정서를 이해하고, 민간신앙에 젖어 있는 제주인들에게 개신교의 복과 치유, 회복과 화해라는 명확한 대안을 어떻게 창조적으로 전할 수 있을지 깊이 생각해 보아야 할 것이다.

3장

제주인의 의식세계 분석

3장에서는 제주인의 기질과 삶의 특성, 정치·경제·사회·문화 전반에 걸친 제주인의 정체성과 의식구조에 대해서 살펴보고자 한다.

제주인의 기질적 특징

국민대학교 국사학과 장석흥 교수팀은 역사문화적 연구를 통해 제주와 제주인의 성향에 대해 다음과 같이 설명한다.

> 제주는 어느 지역보다 한국사의 다양성을 많이 간직한 곳이라고 판단된다. 해양문화적 요소, 독자성과 토착성, 민중성 등이 그것이다. 육지와는 달리 지배계급 중심의 역사를 형성하지 않고 민중

지향 성향이 강하다. 또 이데올로기나 학문적 이념보다 생존 생활을 위주로 한 문화권이 형성돼 토착성이 강하다. 제주는 지리적 환경과 문화독자성이 자기 완결적 문화구조를 갖고 있어, 본토와 사뭇 달랐다. 또 조선초기 탐라국이 역사에서 사라졌지만 오랫동안 탐라문화의 동질성을 보존한 곳이라고 생각한다. 탐라국의 멸망은 중앙사적 관점이다.[1]

장석홍 교수팀은 제주를 말할 때 반드시 주목해야 할 두 가지 사실을 언급한다. 필자의 해석을 덧붙여 말하자면, 하나는 '제주가 어느 지역보다 문화적·사회적·환경적 영향으로부터 다양성과 독창성을 생성해 냈을 뿐만 아니라 오랫동안 간직하고 있다'는 점이고, 다른 하나는 '제주에 대한 인식과 이해가 상당 부분 중앙사적 관점으로부터 영향을 받았다'는 점이다. 특히 후자의 경우, '역사는 승자의 기록'이라는 말처럼 권력관계에서 우위에 있던 본토로부터 강압된 억압, 소외, 무관심, 유배 등이 오늘날까지도 제주에 대한 전반적인 이미지를 형성하도록 해온 것으로 보인다. 따라서 제주와 제주인을 바르게 알고 이해하려면 어떤 왜곡이나 편향 없이 내외부적인 관찰과 평가를 통해 드러나는 바를 종합적으로 검토해야 할 것이다.

타지인의 시선에 비친 제주인의 기질

제주인들은 제주 이외의 우리나라 다른 모든 지역을 일컬어

'육지'[2]라고 부른다. 제주가 아닌 지역을 육지라고 부르는 이분법적인 사고를 통해 그들 스스로 다른 지역인과는 구별되는 존재임을 암시하거나 드러내고 있는 것이다. 이러한 제주인들의 사고방식은 주로 타자(외지인) 또는 타 문화와의 접촉과 관계성에서 기인했다고 볼 수 있다.

제주인의 이분법적 사고방식은 역사와 시대에 따라 타 지역과 제주인의 관계가 달라지면서 발생하게 되었는데, 이 과정에서 '우리가 우리 자신을 어떻게 보고 있는가?' 하는 내적 동일시와, '우리는 어떻게 보여지고 있는가' 하는 외적 동일시가 작동하게 된다. 그리고 양립하거나 혼재된 동일시 과정은 주로 권력관계의 우위에 따라서 자기 집단 혹은 타 집단에 의해 강압된 이미지로 형성되게 된다.[3] 제주의 경우, 권력관계에서 우위에 놓이기보다 복속당하거나 피지배층의 입장이었기 때문에 타 집단에 의해 설정되거나 강요된 이미지로부터 자유로울 수 없었다.

그러나 본래 제주는 한반도 중심의 역사적 관점에서 벗어나 동아시아 해양문화권의 범주에서 일찍이 주목받던 곳이었다. 역사적인 맥락에서 보면, 제주의 옛 이름인 '탐라'[4]는 한반도의 부속 도서 지역으로서 지방의 개념과 위치로 인식되기 전보다 훨씬 앞서 독립적인 국가를 이루었으며, 특히 섬이라는 조건을 십분 활용하여 자주적인 해양국가로서 중국·일본 등과 대등한 교역 및 외교관계를 맺었다. 일각에서는 이러한 탐라국이 고대 동북아시아 해상교류의 거점 지역으로 그 역사가 자그마치 1,000년에

달하는 것으로 추정하기도 한다.[5]

실제로 우리나라 문헌에 탐라국이 처음 나타나는《삼국사기》백제본기 문주왕 2년(476년)의 기사[6]를 보면, "탐라국이 토산물을 바치니 왕이 기뻐하여 사자에게 은솔(恩率)이라는 벼슬을 주었다"라는 기록을 찾을 수 있다. 탐라국에 대한 정확한 역사적 유래는 뒤로하더라도 독립적인 국가로서 제주가 오랜 역사 가운데 명맥을 유지해 왔다는 사실만큼은 자명하다.

이후 탐라는 고려시대에 이르러 태조 때에 복속되게 된다.[7] 그러나 바다 건너 멀리 떨어져 있는 지리적 특성상 중앙의 직접적인 지배는 이루어지지 않았다. 따라서 복속된 후에도 탐라는 고려의 작위를 받고 조공을 바치면서 독자적인 형태의 지위를 계속 유지할 수 있었다. 그러다가 1011년(현종 2년)에 들어서 탐라가 고려 정부에 '군현의 예에 따라 주기(朱記)를 내려줄 것'을 요청하면서[8] 고려의 지방체제로 편입되기 시작하였다. 그러나 곧바로 제주의 군현명(郡縣名)이 정해진 것은 아니었다. 탐라가 본격적으로 고려의 정식 군현이 되는 것은 그로부터 100년가량 지난 1105년(숙종 10년)의 일이다.[9] 그리고 꽤 오랜 시간이 흘러 1295년(충렬왕 21년)에서야 '바다 건너의 고을'이라는 뜻의 '제주'(濟州)로 불리게 되었다.[10]

이렇듯 제주는 한반도의 중앙집권적 국가의 지방이라기보다는 독립적이고 주체적인 국가로서 출발하였다. 이러한 역사적 기원과 정체성은 곧 제주인의 기본 성격과 기질의 밑바탕이 되었다. 한편 고려 전기 문신인 최승로가 성종에게 올린 상소문인 '시무 28조'를 살펴보면, 당시 중앙의 지식인의 관점에서 도서 지역(섬)에 대한 이해와 현실이 어떠했는지 엿볼 수 있다.

> 여러 섬의 주민들은 그 조상의 죄 때문에 바다 가운데서 낳고 자랐으나, 토지에서는 먹을 것이 나지 않아 생계가 매우 어렵습니다. 게다가 광록시(光祿寺)에서 수시로 징발하고 요구하므로, 날로 곤궁해지고 있습니다. 청컨대 주군의 사례에 따라 그들의 공역(貢役)을 공평하게 해 주시옵소서.[11]

"섬의 주민들은 그 조상의 죄 때문에 바다 가운데서 낳고 자랐다"라는 표현을 통해 당시 도서 지역과 주민에 대한 이해를 간접적으로 엿볼 수 있다. 또한 풍족하지 못한 척박한 환경과 형편 가운데서도 관공서로부터 부당한 공물과 부역을 요구받고 있었음을 볼 수 있다. 그도 그럴 것이 당시 고려의 섬 지역에는 해산물과 전업적 생산품 등 특정 물품에 육지부의 군현 단위와는 다르게 별도의 세금이 부과되었고, 그 수취도 부정기적으로 자주 이루어졌기 때문에 주민의 부담이 클 수밖에 없었다. 이처럼 고려로의 복속으로 인해 권력관계에서 뒤처진 제주는 불변하는 지리적 여건과 더불어 점차 제한적으로 이해되었고, 국가의 재부(財富)를 창출하려는 수단으로 여겨졌다.

한편 조선시대에 들어서면서 유교적 이념에 따른 쇄국정책의 영향으로 해상활동과 왕래는 더욱 배제되게 되었다. 따라서 제주는 공물이나 특산품 납품을 위한 곳이거나 절해고도(絕海孤島, 육지에서 아주 멀리 떨어져 있는 외딴섬) 유배지에 불과했다. 육지와의 왕래도 잦지 않아서 제주로 유입되는 타지인은 주로 파견 관리이거나 유배된 죄인뿐이었다. 조선시대 제주와 제주인에 대한 정황은 파견된 관리의 보고나 유배되어 온 죄인의 편지 등에서 추측해 볼 수 있다. 제주와 제주인에 대한 그들의 시각과 평가는 대동소이하다. 실례로 이영권은 조선 양반들에게 "제주도는 무엇이었냐"라고 물으면서 다음과 같이 서술한다.

> "이곳의 풍토와 인물은 아직 혼돈 상태가 깨쳐지지 않았으니, 그 우둔하고 무지함이 저 일본 북해도 야만인과 무엇이 다르겠습니까?" 추사 김정희가 제주를 묘사한 구절이다. 지독한 편견이다. 근데 이런 인식은 조선시대 지식인들 사이에서는 보편적이었던 모양이다. 16세기에 유배 왔던 충암 김정의 《제주풍토록》에도 "글을 아는 자가 매우 적고, 인심이 거칠고" 혹은 "염치와 정의가 무엇인지 알지 못하며" 등의 표현이 등장하고 있다.[12]

김일우는 김정이 제주에서 유배살이를 하면서 성리학적 세계관의 관점을 토대로 자신의 주관성에 근거해 제주 사회를 기록한 《제주풍토록》을 인용하여 이렇게 서술하고 있다.

풍속에 뱀을 매우 꺼리며, 신이라 여겨 받든다. 뱀을 보면 술[소주]을 바쳐 빌며 감히 쫓아내거나 죽이지 못한다. 나 같은 경우는 먼 곳에서 보아도 반드시 죽인다. 토착인들이 처음에는 크게 놀라워했으나 오래 봐 익숙해지더니 다른 지방의 사람이라 능히 이같이 하는 것이리라 할 뿐 결국 뱀을 죽여야 한다는 것을 깨닫지 못한다. 미혹됨이 심하니 가소롭다. 내가 옛날에 듣건대, 이 땅에는 뱀이 심히 많아 비가 오려고 하면 뱀 머리가 성벽 사이에 서너 마리 잇달아 나온다고 이르거늘, 이러한 때에 이르러 실제로 살펴보았더니 헛소리에 지나지 않았다. 단지 뱀이 육지부에 비해 많을 따름이니, 생각건대 토착민들이 높여 받들 탓에 많아졌을 뿐이다.[13]

앞서 언급한 바와 같이 권력관계의 영향에 따라 자기 집단 혹은 타 집단의 강요로 특정 대상의 이미지가 결정된다고 할 때, 제주와 제주인은 오랜 시간 일상 가운데 민간신앙이 지배적이었고 굉장한 영향을 끼치고 있었다. 그러나 권력을 쥐고 있는 조선의 통치이념은 유교였고 중앙에서 파견된 관리나 유배인들도 마찬가지였기 때문에 그들의 눈에는 제주와 제주인들의 삶과 풍속이 미숙하고 가소로운 것으로 인식되었다. 이영권의 말처럼 "조선의 양반들에게 제주도는 저주의 땅, 천형의 땅에 불과했다."[14] 절해고도 천혜의 유배지로 각광받던 조선시대 제주 유배인을 통해 이루어진 제주도 풍속 묘사에서는 아래와 같은 공통 담론을 발견할 수 있다.

첫째, 유학적(儒學的) 내러티브가 개입되어 있다는 점이다. 제주 풍속에 대해 기록한 사람들은 관리로 파견되거나 죄인으로 유배 오거나 여행을 온 사람 등으로 서로 입장이 달랐다. 그러나 기본적으로 성리학적 인식을 가진 지식인들이었으며 한학적 글쓰기의 맥락으로 제주의 풍속을 묘사했다. 따라서 그들의 서술에는 유학 사상이 명확한 기준이 되어 제주도의 풍속은 왕이 살고 있는 곳을 이상으로 하는 왕화 또는 교화의 대상으로 여겨졌고 주변화되었다. 따라서 제주에 대한 대부분의 기술은 제주의 지역성을 미숙한 상태로 바라보고 있다.

둘째, 그들에게는 기준이 되는 철학과 이상(理想)이 명확했기 때문에 비록 유배지에 매여 있는 현실에도 불구하고 항상 육지의 향촌질서를 지극히 정상적인 표준으로 삼았다. 따라서 그들의 기준과 사상에서는 제주의 의식과 풍속, 그리고 향촌문화와 질서 등을 도외시하거나 상이하고 예외적인 것으로 다루고 묘사했다.

셋째, 유배인들의 입장에서는 거센 자연환경과 관습, 언어가 다른 토착 관리와 도민들에게 둘러싸이는 고독감이 더욱 심했을 것으로 보인다. 따라서 왕이 있는 수도에 대한 그리움과 사모의 정이 '망경(望京)의 시학'으로서 감상적으로 작용하는 경향[15]이 그들의 글에서 두드러진다. 이러한 정서에는 과거 경험했던 삶에 비추어 이질적인 현재 변방의 풍토와 생활 모습을 더욱 거칠고 어리석은 것으로 표상하는 심리가 반영되었을 것으로 보인다.

넷째, 한학적 글쓰기의 특징으로, 선학(先學)의 업적 즉 선행

제주 지방관들과 유배객들의 희망이었던 조천 '연북정'[16]

하는 지지(地誌)나 기행을 세세하게 참조하며 그것을 갱신해 가는 방식으로 글이 이루어진다. 따라서 육지부 지식인들의 제주도에 대한 인식은 선행하는 글이나 자료를 여러 차례 참조하거나 인용함으로써 유형화되고 고정화되어 갔다. 그리고 그렇게 고정된 제주에 대한 이미지는 조선시대를 넘어 일제강점기 일본인의 인식으로까지 이어졌으며, 이는 많은 해석과 의미부여를 거치면서 현대까지 제주에 대한 이미지로 이어지고 있음을 볼 수 있다.[17]

그렇다면 오늘날 제주에 대한 이해는 어떠한가? 사실 현재도 그 괴리는 가속화되고 있다. 육지에서 바라보고 기대했던 제주살이와 제주에서 살며 부딪치고 겪어 본 제주가 다른 데서 오는 부적응과 부조화가 주원인이라고 할 것이다. 2010년 이후 제주 이주민자 수는 급속도로 늘었는데, 귀농·귀촌을 통한 정착과 창업 등을 위해 제주에 오거나, 문화 및 예술 활동, 기업 이전과 교육 등 다양한 형태로 이주민이 유입되었다. 귀농·귀촌을 통한 유입은 제주의 농어촌 지역 정착으로 이어졌다. 농업 종사를 위해 정착하거나 조용한 생활 또는 건강을 위해 정착하거나 펜션을 운영하는 등 생업을 유지하기 위해 농촌에 거주하는 것이다. 아울러 게스트하우스, 카페, 식당 등 다양한 형태의 자영업을 위해 제주 사회로 들어와 거주하는 이들도 있다.[18] 제주로 이주해 온 사람들은 제주인들에게 적잖은 영향을 주었고, 농촌이나 도시의 환경은 물론 사람들과의 관계 및 생활방식과 풍속까지 변화시켰다.

그러나 육지에서의 인구 유입이 순기능만 있었던 것은 아니다. 유행처럼 번진 제주 이주 열풍의 화려함 이면에는 서로 다른 문화와 방식을 가진 사람들의 충돌 등 잠재적인 뇌관을 안고 있었다.

데이비드 하비(David Harvey)의 이론에 따르면, "지역으로서의 공간은 단순히 비어 있는 용기(그릇)가 아니라 기존의 사회관계를 반영하며 동시에 사회관계에 영향을 미치는 사회적 생산물"과 같다.[19] 지금까지 제주 이주형태는 대부분 제주 지역에 대한 정착에만 주된 관심을 두었다고 할 수 있다. 그러나 정작 제주에 정착하면서 겪게 될 지역 주민들과의 관계나 생활, 그리고 구체적인 마을 단위의 사회·경제·문화적 변동과 지역성(locality)[20]에 대해서는 사실 많은 관심을 두지 않아 왔다. 그렇다 보니 일상에서 직면하는 언어 및 관습 등의 지역문화(33.6%)와 지역 주민과의 관계형성(23.4%)에서 많은 어려움을 겪게 되었고, 육지와는 격차가 발생하는 소득 및 생활물가(15%), 주택마련 및 거주환경(11.6%) 등의 문제 또한 어려움으로 마주하게 되는 것이다.[21] 그리고 이러한 결과는 2018년 실태조사 수치와 비교할 때, 언어 및 관습 등 지역문화 차이로 인한 어려움(10%)과 지역 주민과의 관계로 인한 어려움(4%)이 훨씬 높아진 결과이다.[22]

결국, 타지인의 시선에서는 제주 지역의 언어 및 관습 등 문화 차이가 제주인과 관계 맺기 어렵게 만드는 선행 요인이며, 이는 결과적으로 제주인과의 부조화 및 부적응 등으로 이어지는 것을 보게 된다. 그리고 이 과정을 통해 대부분의 이주민 또는 이주부적응 후 제주를 떠난 이들은 한결같이 현지인들의 배타적인 태도를 경험했다고 말하고, 또한 '육지것'이라고 하는 구별 짓기를 겪었다고 하소연을 한다.[23]

지금까지의 내용을 종합해 보면, 타지인들의 시선에 비친 제주는 절해고도의 섬이라는 지리적 여건이 주는 영향이 상당히 높은 것으로 보인다. 그들은 제주도가 중앙(수도)에서 멀리 떨어져 있어서 예나 지금이나 정치·사회·경제·문화적 측면에서 상대적으로 뒤처진 곳이라는 인식이 있으며, 본토와 다르게 섬이라는 제한적 토대 위에서 오랜 시간 고유하게 지속해 온 언어와 생활, 문화양식에 대해서도 강한 이질감을 갖고 있음을 확인할 수 있다.

내부인의 시선으로 본 제주인의 기질

석주명은《제주도 수필》에서 제주도의 지역성을 삼다(三多)와 삼무(三無)로 전제하면서 제주인의 성격을 다음과 같이 서술한다.

> 장점으로는 육지인에 비하여 기개(氣槪)가 부(富)하고 근검질실(勤儉質實)의 미풍이 있어서 경제사상이 발달하고 의뢰심(依賴心)이 없고 자영자족(自營自足)을 존중하는 풍(風)이 강한 일면, 단점으로는 시의심(猜疑心)이 강하고 배타성(排他性)이 농후하여 투서(投書) 같은 일이 심다하여 공존공영의 정신이 적다.[24]

〈표 4〉 전통사회 한반도 8도인과 제주인의 기풍 비교[25]

윤행임		
함경도	이전투구 泥田鬪狗	진흙탕에서 싸우는 개
평안도	청산맹호 靑山猛虎	청산의 사나운 호랑이
황해도	석전우경 石田牛耕	자갈밭을 가는 호랑이
경기도	경중미인 鏡中美人	거울 속에 비친 미인
강원도	암하노불 巖下老佛	바위 아래의 늙은 부처
충청도	청풍명월 淸風明月	맑은 바람과 밝은 달
전라도	풍전세류 風前細柳	바람 앞에 하늘거리는 가는 버드나무
경상도	태산교악 泰山喬嶽	큰 산과 웅장한 봉우리
송성대		
제주도	광풍촉석 狂風矗石	거센 바람 앞에서도 의연한 돌

조금 더 살펴보면, 석주명은 제주와는 달리 주로 논농사를 짓는 육지부의 삼남 지방(충청도, 전라도, 경상도)의 사람들과 비교하여 제주 사람들의 성격을 다음과 같이 10가지로 설명한다.[26]

첫째, 제주인들은 생활력이 강하여 활기가 있다. 둘째, 제주인은 의뢰심이 적고 자영자족(自營自足)을 존중한다. 셋째, 제주인은 근검질실하여 경제사상이 발달해 있다. 넷째, 제주인은 전통적으로 기개가 부하고 용맹하다. 다섯째, 제주인은 위기시에 공동의 이익을 위해서 단결을 잘한다. 여섯째, 제주인은 배타성이 있다. 일곱째, 제주인은 자존심이 강하다. 여덟째, 시의심이 강하다. 아홉째, 제주인은 공존공영심(共存共榮心)이 약하다. 열째, 제주인은 표한(慓悍)·방사(放肆)하다.[27]

한편 송성대는 석주명이 제시한 제주 사람들의 열 가지 성격을 수렴해 은유적으로 정의하기를, 제주인들은 "무의기개(無依氣槪)의 광풍촉석(狂風矗石)"[28] 같은 심성을 가지고 있다고 했다(〈표 4〉 참고).

또한 진성기는 제주를 삼다(바람, 돌, 여자 많음), 삼무(도둑, 거지, 대문 없음), 삼보(언어, 식물, 바다자원)의 섬으로 규정하면서, 그러한 환경이 특유의 생활문화와 신뢰, 자립, 평화정신을 길러 주었고, 제주인들은 자연과 투쟁, 역사적 시련, 사회적 상황에 적응하고 순응하고 반항하면서 '분짓(자립)정신',[29] '수눌음(상부상조)정신',[30] '조냥(근면절약)정신'이라는 제주인의 기질적 특징을 창출해 왔다고 보았다.[31]

〈표 5〉에서 보는 바와 같이 진성기는 제주인의 정신을 이렇게 말하고 있다. 먼저, 눈멀어 삼년, 귀먹어 삼년, 말 몰라 삼년을 살라는 것이며, 그 의미는 무조건 '사랑하라, 믿으라, 참으라'는 뜻이다, 이것은 또한 전통적 습속으로서의 '분짓정신'과, '수눌음정신', 그리고 '조냥정신'으로 이어지고 있다. 이 세 가지 정신은 마침내 제주인의 '자주자립, 상부상조, 근면절약' 정신으로 이어졌다.

〈표 5〉 제주인의 정신[32]

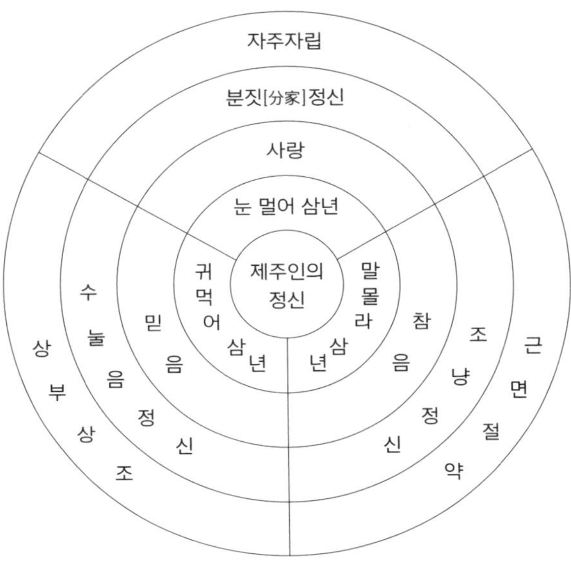

같은 맥락에서, 1979년 10월 제주도가 주최하고 제주대학 탐라연구소가 주관한 '탐라정신세미나'에서는 이른바 '제주정신'을 제안했다. 제주가 가진 정신적 가치를 다양한 관점에서 규명하고자 하는 노력이었다. 세미나에 참가한 7명의 학자는 저마다 제주 정신의 덕목을 발표하였는데, 공통된 관점도 있었다. 먼저 긍정적 측면으로 강인함(불굴의 정신), 근검절약정신, 자립정신 등이 포함되었고, 부정적 측면으로는 열등의식과 배타심이 나왔다.[33]

지금까지의 내용을 종합해 보면 제주인의 기질은 곧 제주인이 살아가는 환경과 불가분의 관계에 있으며, 이는 살아남기(surviving) 위한 필연적인 대응과 적응의 발로라고 볼 수 있다. 제주인의 부정적 기질로 대표되는 배타성과 열등의식은 고립된 주변부, 도서성 문화가 갖는 특징 중 하나이며, 제주의 역사적 경험과 결합되어 강한 내외집단의 구별 의식으로 드러나는 것이라 할 수 있다. 그리고 이는 외부사회로부터 자신들의 자긍심을 보존하기 위한 전략적 행위 양식으로 자리매김하기도 했다.[34]

제주인의 성격 또는 기질적 성향을 정리하면 다음과 같이 요약할 수 있다.

첫째, 제주인은 평등하고 공평한 삶을 추구한다. 제주의 삼무정신은 과거로부터 제주인들이 큰 부자도, 지나치게 가난한 자도 없이 공평하게 살아왔음을 의미한다. 또한 성별이나 계급에 따른 구분 없이 사람을 평등하게 대우하여 공존하고자 했다. 그러나 이러한 질서와 조화를 깨트리려는 외부의 움직임에 대해서는 저항하고자 했고, 때로는 강한 열등의식으로 드러나기도 하였다.

둘째, 제주인은 현세의 삶에 대한 순응과 긍정으로부터 이상향을 추구하였다. 그도 그럴 것이 제주는 척박한 자연환경을 지녔기 때문에 그러한 터전으로부터 살아남기 위해서는 무엇보다 자연에 대한 외경심을 가지고 순응하면서도 주어진 여건 안에서 극복하며 살아가야만 했다. 그러다 보니 실용성이 강조되었던 것이다. 따라서 자조, 자강, 자립해야 했고 언제 닥칠지 모르는 재난에 대비해 근검하고 절약함으로써 미래를 준비하였다. 이는 신앙에 의지하고자 하는 성향으로 강하게 드러나게 되었다.

셋째, 제주의 척박한 지리적·기후적 환경은 제주인으로 하여금 개인을 떠나 이웃이나 궨당공동체와 상부상조하고 연대하도록 만들었다. 따라서 본래 제주인은 정의와 공정이라는 측면에서 합리적이고, 온정과 신뢰를 토대로 하는 공동체정신을 지녔다. 따라서 이러한 추구를 깨트리는 외부의 움직임에 대해서는 배타심과 저항 의식을 가질 수밖에 없다.

넷째, 제주인은 개개인의 독립성과 다양성을 인정하고 허용하면서도 관용과 공존으로 통합하고자 하는 기질을 지녔다. 쿰다 문화나, 혼저옵서예[35] 정신이 그것이다. 이 역시 척박하고 거친 환경에서도 이상향을 추구하며 평등하고 공평하며 조화롭고 평화로움을 추구하였던 제주인의 정신에서 기인한 것이라고 할 수 있다.

제주인의 삶의 특징

제주인의 삶의 특징에 대해서는 지리적 조건, 농경문화, 피억압적·피차별적 역사성, 제주 언어로 나누어 살펴보고자 한다.

지리적 조건과 제주인의 삶

제주의 지리적 조건이 갖는 특징을 설명하자면, 가장 먼저 도서성과 주변성 그리고 격리를 들 수 있다. 도서성이란 한반도에서 멀리 떨어진 섬으로서의 제주를 말한다. 그렇다 보니 제주도는 온대기후와 아열대기후의 전이지대(轉移地帶)에 놓이게 되었고, 태풍이 빈번하게 드나드는 길목일 뿐만 아니라 비와 바람, 가뭄으로 인한 피해가 항상 상존하는 곳이다. 게다가 섬이라는 특성은 지형적 조건에 따른 제약을 가져왔다. 이를테면, 해발고도가 높은 산간 지역이나 광범위한 곶자왈 지역으로 뒤덮인 중산간(中山間) 지역은 거의 접근을 하지 못해 방치되거나 사람이 쉽게 취락할 수 없는 구조였기 때문이다. 따라서 제주인은 주거에 적합하고 개방적인 해안지대에 거주해 왔는데, 이는 고도가 높은 지역에 비해 비교적 온화한 기후와 용천수를 통한 식수 확보에 용이했기 때문이다.

화산활동으로 인해 생겨난 제주도는 섬이라는 지리적 영향을 다방면에서 받았으며, 이는 제주인으로 하여금 생활 전반의 영역과 범위를 지리적으로 제한하거나 국한하는 불가분의 요인이 되었다.[36] 달리 표현하면, 제주 안에서도 삶의 자리를 한정 지어 살아왔다는 말이다.

물론 다른 지역으로부터 멀찍이 분리되어 나름대로 독자적인 전통문화와 연대성 안에서 지역 공동체를 이루어 가는 데 좀 더 수월한 부분도 있었다. 그러나 섬이라는 지리적 조건은 제한된 범위 안에서의 생활을 영위할 수밖에 없도록 만들었으며, 이는 '제주인들의 집촌 요건과 구조'[37]에도 상당히 영향을 미쳤다. 따라서 제주인의 생활과 그 조직인 마을들을 들여다보면, 지역적인 제한이 두드러지면서도 각각의 지역과 마을이 동질적인 사회구조를 가지고 형성되어 있음을 발견할 수 있다. 그리고 이러한 생활권의 지역적 제한은 통혼권의 범위도 한정시키는 결과를 가져왔다. 따라서 제주에는 부계, 모계, 처가, 삼족 모두가 친족적 유대로 이어지는 경향을 보인다.

제주의 지리적 조건은 제주인으로 하여금 가혹한 자연환경에 대해 강인함과 불굴의 의지로 마주하고 극복하게 했고, 그래서 묵직하고, 투박스러우면서도 소박한 삶의 양태로 이어지도록 영향을 주었다. 근면과 자조, 검소와 절약, 협동 등의 덕목이 제주인의 특성으로 대표되는 것도 같은 맥락과 이유 때문이라고 할 수 있다.[38]

한편 윤용택은 진성기의 글을 인용하여 제주의 지리적 조건이 제주인의 삶과 생활문화에 끼친 영향을 다음과 같이 설명한다. 먼저, 제주가 삼다(바람, 돌, 여자 많음), 삼무(도둑, 거지, 대문 없음), 삼보(언어, 식물, 바다 자원)의 섬이라는 환경이 특유의 생활문화와 신뢰, 자립, 평화정신을 길러 주었다고 보았다. 또한, 자연과의 투쟁, 역사적 시련, 사회적 상황에 대해 적응하고 순응하고 반항하면서 제주인은 적은 자원과 인력을 효율적으로 관리하기 위해 공동체(수눌음과 계)를 조직하였고, 개인의 자율성을 보장하는 가족제도(분가 제도)를 두면서 필요하면 언제든지 협력할 수 있는 공동체 문화(궨당문화)를 형성해 왔다.[39]

이러한 제주의 지리적 조건은 제주인의 신앙과 풍속에도 적잖은 영향을 주었다. 제주인들은 자연만물이 소중하다는 믿음을 토대로 민간신앙에 귀의하였고, 자연의 흐름에 순응하면서 보존하고자 하였다. 이러한 신앙을 토대로 세시풍속(신구간)을 지켰으며, 돗통시[40] 등을 통해서 자원을 재활용하고, 자연친화적인 갈옷 등을 고안해 냈다.[41]

농경문화와 제주인의 삶

농경사회에서 영농환경은 사회 구성원들의 삶의 형태를 규정해 주는 중요한 요인이다. 특히 제주도는 육지와 달리 화산회토(火山灰土)의 토질로 인해 벼농사가 불가능하고, 여성의 많은 노동력을 요구하는 밭농사 중심의 농업 형태가 자리하고 있다. 게다가 이마저도 섬이라는 제한적 여건 때문에 농토가 척박하고 협소하다.

육지의 농경 형태가 유교적 영향을 통한 대가족 제도에 의지했던 데 비해 제주도는 소가족 제도를 유지하며 이를 바탕으로 영농을 해왔다. 또한 장남 분가 원칙에 입각하여, 부부가 중심이 되는 소가족 형태가 늘어났고, 그러다 보니 여성의 역할과 노동, 경제력이 강화되어 모계 중심적 가족구조가 자리하게 되었다.[42] 실제로 여성들은 여성의 노동력이 더 요구되고 중요한 전작 영농, 어업에서의 해녀 역할 등 경제생활에서 막대한 부분을 차지해 왔다.

제주의 지리적 여건상 농토 면적에 제약이 있었던 것은 결국 육지와는 다른 사회적 양상을 만들어 냈다. 소작농이 적었으며, 그에 따라서 사회·경제적 차등이 크지 않았다. 그도 그럴 것이 제한된 면적에서 농작을 하다 보니 생산과 소비가 균일했고 잉여 생산물이 축적될 만한 가능성이 적었던 것이다. 따라서 타인 위에 군림하지 않으며, 그렇다고 타인의 부조리나 억압에 맹종하지 않는 제주인만의 기질이 형성되었다.

피억압적·피차별적 역사성과 제주인의 삶

역사적으로 제주 사회는 임명과 파견을 통해 내려온 관리의 횡포에 시달려 왔고, 그에 대한 저항도 강했다. 특히 한반도 중심의 역사관에 속해 있으면서도 격리되거나 차별받던 제주인의 역사적 인식과 경험은 외부세계에 대한 배타적인 사회적 성격을 형성하는 데 중요한 요인으로 작용하였다. 신행철은 제주 사회를 '주변부 사회'라고 말하며, "주변부 사회는 중심부로부터 멀리 떨어져 있기 때문에 중앙집권적 통치질서에서는 매우 불리한 위치에 놓이게 된다"라고 했다.[43] 김영돈은 그의 글[44]에서 제주 역사는 '독립→통합→예속'의 과정을 거치면서 독립 부족국가로서의 과거성과 중앙정부 지역으로서의 현재성이 혼류되었고, 이는 도민의 의식과 문화 형성에 영향을 끼치게 되었다고 지적한다. 김동전은 제주의 역사와 문화를 제대로 이해하려면 제주 중심적 시각과 더불어 한국 역사와의 종합, 또한 동아시아적 관점, 나아가 세계사적 시각에서 봐야 할 것이라고 했다.[45] 이와 같이 제주인에게 외지인은 우호적인 대상이라기보다 부족한 생활환경과 자원 때문에라도 위협이나 두려움의 대상이었다. 그러다 보니 제주인은 오랜 세월 지리적·사회적 대안으로 지역 공동 생활권 단위로 결속하는 협동적 생활 체계를 형성할 수밖에 없었다. 이는 극복해야 할 대상인 자연환경을 시작으로, 외부세력에 대한 대처는 물론이고 생존권에 대한 저항을 위한 것이었으며, 나아가 이상적 사회에 대한 질서와 조화를 유지하기 위한 제주인의 정서와 의지를 반영하는 것이었다.

그러다 보니 제주인들은 바다 어장, 목장 등 지역 자원을 지역 단위 공유제로 유지해 왔으며,[46] 사회적 문제에 대해서도 지역 단위로 협동하며 향회나 향약 등의 의사결정을 통해 처리하였다. 따라서 지역 공유제의 주체이며 사회조직의 중요한 기반인 마을이 중요한 집단으로 인식되었으며, 제주에서의 마을은 경제적 지역 단위이자 신앙생활의 단위(포제, 마을제), 의사결정의 단위가 되었다.[47]

제주언어와 제주인의 삶

제주만이 가진 차별적이면서도 두드러진 특징을 하나 꼽으라면, 주저하지 않고 제주의 언어를 선택할 것이다. 그만큼 제주의 언어는 독특하면서도 난해하다. 그러나 제주어(방언)는 제주 10대 문화상징으로 선정될 만큼 제주 사람들의 혼이 담겨 있는 문화적 산물이자, 조상의 해학과 멋, 따스한 인간성을 맛볼 수 있는 언어라고 할 수 있다.[48] 사람들은 제주어를 고어(古語)의 보고라 한다. 이는 중세 국어의 모습이 지금까지 쓰이면서 활용되고 있기 때문이며, 제주어 이외에도 각 지역어는 한국어의 어원을 밝혀 내는 데 중요한 역할을 하고 있다.[49] 그뿐만 아니라 제주어는 현대 국어에서 사라진 '아래 아(·)' 등 훈민정음 창제 당시의 고유한 형태를 간직하고 있어서 옛 국어를 연구하는 데 매우 중요한 자료로 꼽힌다.[50]

한편 제주의 언어는 곧 제주인의 정체성과 생활을 반영하는 매개이기도 하다. 예컨대 제주의 해녀(잠녀)들이 물질할 때 사용하는 도구인 '테왁'과 '망사리', '비창' 같은 어휘를 들 수 있다. 국립국어원《표준국어대사전》을 보면, '테왁'은 "박의 씨 통을 파내고 구멍을 막아 해녀들이 작업할 때 바다에 가지고 가서 타는 물건(제주)"으로 정의한다. 또 '망사리'는 "제주도에서 해녀가 채취한 해물 따위를 담아 두는, 그물로 된 그릇"으로 풀이하고 있다. 또한 '비창'은 "해녀(잠녀)들이 전복을 딸 때 사용하는 쇠로 납작하게 만든 도구"로 알려져 있다. 아직《표준국어대사전》의 표제어로 올라 있지는 않지만 '비창'은 제주에서 해녀들이 물질할 때 반드시 들고 가는 도구이다. '테왁'과 '망사리'가 그렇듯이 제주어는 바다를 품고 사는 제주 잠녀들의 삶에 녹아 있는 귀중한 언어문화 유산이라고 할 수 있다.

제주 방언과 관련된 이해와 생활상은 과거의 문헌[51]을 통해서도 발견할 수 있다. 제주 방언은 제주인의 일상생활에서 줄곧 사용되어 왔으나, 표준 한국어 교육이 보급화되면서 그 영향력이 점차 줄어들고 있다. 그러나 지금도 일상에서 '어멍 아방, 할망 하르방, 성 아시, 누이 오라방, 아지망 아지방, 삼춘조케' 등과 같은 호칭에서 자연스럽게 쓰이고 있으며, '어디 감수광?'(어디 감서?, 어디 가벤?), '뭐 햄수과?'(뭐 햄서, 뭐 허맨?), '어디서 옵디가?'(집이 어디꽈?) 등을 인사나 안부를 물을 때 비교적 자주 사용하는 것으로 파악된다. 이러한 제주어 인사말을 평소에 자연스럽게 쓰는 도민은 73%가량인 것으로 조사되었다.[52]

제주인의 정체성과 의식구조

제주인의 의식세계를 파악하기 위해서는 제주인의 정체성을 이해할 필요가 있다. 일반적으로 정체성이란 나는 무엇인가, 나는 누구인가에 대한 대답으로서 자기의 동일성, 연속성 또는 지속적인 자아감이라 말할 수 있다. 다시 말해, 정체성이란 "특정한 주체로 하여금 계속해서 그 주체로 남게 하는 특징"이자 "나를 계속 나일 수 있도록 하는 특성"이다.[53]

이러한 정체성은 다시 주관적 측면과 객관적 측면으로 구분할 수 있는데, 주관적 측면은 개인적 정체성(personal identity)을 말하고 객관적 측면은 심리사회적 정체성(psychosocial identity) 또는 집단정체성을 뜻한다. 따라서 제주인의 정체성이라 함은, 제주인들 각자의 개인적 정체성과 함께 집단적 정체성이 하나의 자아정체성으로 수렴됨으로써 형성되는 것이다. 달리 표현하면, 제주라는 지역에 소속되었다는 일원으로서의 일체감이며, 제주만의 고유한 문화적 전통에 대한 인지와 공감을 통해서 그 바탕에 놓여 있는 고유한 자질을 습득함으로써 형성되는 것이다.[54] 그러므로 제주인의 정체성 곧 제주 정체성은 포괄적 차원에서 지역적 정체성과 동시에 문화적 정체성이라고 표현할 수 있다.[55]

이러한 제주 정체성은 자기 동일성을 유지하려는 경향 가운데서도 일정한 역사적 시점에서 급격한 사회변동이나 권력관계와 지배담론 및 실천에 의해 끊임없이 구성되고 해체되며 다시 재구성되는 과정을 겪었으며,[56] 그렇게 제주인들에게 얽히고설키며 켜켜이 형성되어 왔다. 따라서 제주 정체성은 현재 제주 지역에 거주하면서 제주를 사랑하는 사람이라면 누구나 가질 수 있는 일종의 소속감만으로는 충분하지 않다. 누구나 보편적으로 가질 수 있는 소속감을 넘어 제주인들이 오랜 세월 동안 일구어 온 생활양식과 문화에 대해 이해하고 공감함으로써 일체감을 경험할 때, 비로소 가능해진다.[57]

그러므로 이러한 제주 정체성에 대한 인지와 공감, 소속감과 일체감 없이 제주와 제주인의 성격과 기질에 대해 선불리 언급하는 것은 성급한 일반화의 오류이다. 지극히 소수의 단편적 경험을 통한 정보만으로 확증편향 하는 일인 셈이다. 그러나 안타깝게도 이는 제주에 대한 인식과 선교 역사 가운데 오랫동안 비일비재했으며, 이를 간과해서는 안 된다.

제주인의 정체성

앞서 필자는 제주인의 정체성을 일컬어 포괄적 차원에서 "지역적 정체성과 동시에 문화적 정체성"이라 언급하였다. 이는 제주가 가진 지리적·환경적 토대를 기반으로 제주인들의 사고와 양식, 신앙과 풍속 등이 하나의 문화 형태로 집약되어 왔음을 의미한다. 이를 강정홍은 "제주라는 자연과 문화와의 관계에서 형성된 '상징체계'"라고 정의하였다.[58] 결국 제주의 정체성은 제주라는 지역에 소속된 일원이라는 일체감을 시작으로, 제주만의 고유한 문화적 전통에 대한 인지(認知)와 공감(共感)을 통하여 그 바탕에 놓여 있는 고유한 자질 등을 습득함으로써 형성되는 것이라 정의할 수 있을 것이다.[59]

그러나 또 다른 측면에서, "정체성은 생성된다"라는 말처럼, 제주의 정체성은 불변하는 것이 아니라 변화를 겪으면서도 자기 동일성을 유지하는 데서 비롯한 자각이라고 표현할 수 있다. 곧 다른 지역과 구별되는 고유한 '우리의 것', 단순히 '제주 출신'이라는 것만으로가 아니라, 현재 삶의 가치의 공유를 통해 형성되는 것이라 하겠다. 이러한 이해를 토대로 먼저 전통적인 제주인의 정체성을 살펴보면, 양중해는 "제주인은 가혹한 자연환경과 역사적 환경을 불굴과 불패의 의지로 슬기롭게 극복하였고, 생경하면서도 묵직하고, 투박스러우면서도 소박한 문화적 특징을 보여 주고 있다"라고 말했다.[60]

또한 윤용택은 양중해의 글을 인용하여 "제주인의 정체성을 근면자조, 검소절약, 협동상조, 강인진취, 숭조선비 기질로 규정" 하면서, 이 가운데 숭조사상과 선비기질은 문맹퇴치에 큰 구실을 하였고, 족보를 만드는 열의가 높고, 조상 묘소에 정성을 쏟고, 가문가례에서 유교적 형식주의 등으로 나타난다고 보았다.[61] 실제로 자료를 분석해 보면, 양중해가 언급한 제주인의 덕목이 다른 연구와 조사를 통해서도 공통 덕목으로 강조되고 있는 것을 발견할 수 있다. 심지어 무속신앙적 요소와 유교적 요소의 영향 또한 그렇다. 윤용택은 다음과 같이 설명한다.

> 제주인은 산천초목과 인간 이외의 생명도 소중하다는 믿음(민간신앙)을 가지고 자연을 보전했고, 자연의 흐름에 순응하려는 세시풍속(신구간)을 지키면서, 각종 폐기물을 자원으로 순환하는 시스템(돗통시)을 통해서 자원고갈을 최소화했으며, 자연환경과 사회환경에 맞는 옷(갈옷)과 먹거리를 창안하였다. 그리고 적은 자원과 인력을 최대한 효율적으로 관리하기 위해 공동체(수눌음과 계)를 조직하였고, 개인의 자율성을 보장하는 가족제도(분가제도)를 두면서, 필요하면 언제든지 협력할 수 있는 공동체 문화(궨당문화)를 마련하여 살아왔다.[62]

윤용택은 제주인들이 가진 이러한 삶의 지혜와 적응을 통해서 그 속에 내재된 제주의 정신을 바탕으로 한 정체성으로서 '자연외경', '자연순응', '자원순환', '소박실용' '상부상조', '자립공존' 등을 언급하고 있다.[63] 주어진 척박한 환경과 제한적인 여건에 굴하지 않으면서도 자연친화적으로 지혜롭게 삶을 영위하고 극복해 나갔던 제주인들의 면모가 드러나는 지점이다.

마지막으로 송성대는 제주의 지리적·기후적 여건을 통해 제주인의 정신과 정체성을 강조하며, '화산회토에의 적응기제인 자유정신(Liberalism)', '산고원야에의 적응기제인 평등정신(Egalitarianism)', '풍다도에의 적응기제인 해민정신(Seamanship)'을 언급하였다.[64] 그는 이 중 특별히 해민정신에 비중을 두는데, 여기서는 제주인들의 독특한 대동주의정신을 강조한다. 그는 이를 '개체적 대동주의'라고 표현하였다. 그리고 이러한 개체적 대동주의는 "가장 예스러우면서 가장 새로운 정신", 즉 "가장 제주적이면서 가장 세계적인 보편정신"이라고 강조하였다. 이를 풀면, "공동체에 기여할 때 완성될 수 있는 개인에 비중을 두는 삶"이라 정의할 수 있다. 또한 송성대는 한반도는 '효'(孝)에 기반한 '가문(家門) 중시' 문화를, 제주 섬은 '용'(勇)에 기반한 '가혼(家魂) 중시' 문화의 정체성을 가지고 있다고 한다.[65]

지금까지의 내용을 종합하면, 제주인들은 지리적·기후적 자연환경을 기반으로 그것에 대응하고 적응하면서 제주인만의 고유하고 독특한 정신문화를 형성하였고, 이는 고스란히 후대에까지 이어져 제주인의 정체성으로 자리하게 된 것이다. 물론 사회·정치·경제 문화의 변화에 따라 제주인의 정체성으로 언급되는 덕목도 변화와 소멸·축소를 경험하지만, 대체적으로는 제주인의 특질로 지속되고 있음을 보게 된다.

제주인의 배타성

앞에서 언급했던 제주인의 성격과 기질 가운데 제주인의 배타성에 대해 좀 더 살펴보려고 한다. 제주는 섬이다. 일반적으로 섬은, 사방이 물로 둘러싸여 있는 특별한 육지 공간을 의미한다. 섬이라는 공간을 특별하다고 정의하는 것은, 이곳이 광대한 대륙과 내륙지역 중심의 관념에서 볼 때, 그 공간과 규모 면에서 상당히 대조적이기 때문이다. 그래서인지 섬에 대한 보편적인 인식은 대개 먼 바다에 대한 내륙인들의 인식과도 유사하게 맞물려 있다. 예컨대 내륙지역 사람들에게 바다는 머나먼 미지의 공간이자 위험이 도사리고 있는 곳이다. 그뿐만 아니라 다른 내륙지역과의 연결을 가로막는 장애물이요, 단절을 경험하는 장소이다.[66] 따라서 역사의 주된 육지(내륙) 중심의 관념에서, 섬은 차단과 고립 또는 폐쇄의 공간으로 인식되어 왔음을 알 수 있다.

그런데 섬이라는 지리적 여건이 불가항력적으로 폐쇄성을 수반하기는 하지만, 그것이 절대적이라고는 볼 수 없다. 여러 섬나라의 역사적 기록이 그것을 증명해 주고 있기 때문이다. 실제로 제주 섬의 옛 이름인 탐라국의 흔적을 살펴보면, 태생적으로 내륙과 멀리 떨어져 있어서 폐쇄와 고립이 불가피한 곳이었다. 그러나 사면을 둘러싸고 있는 바다를, 탐라국은 비단 단절과 장애로 여기지 않았고 오히려 그것을 발판으로 비교적 오랜 시간 동안 주도적인 해상교류를 통해 독자적인 국가를 형성해 왔다.[67] 이후 육지로 편입되기까지 이러한 세력을 유지해 왔음을 볼 때, 그리고 편입 이후 중앙집권을 통해 제주 섬에 내려진 출륙금지령[68]이나 해상교류제한[69] 등의 상황을 종합적으로 고려할 때, 제주 섬의 폐쇄성은 지리적 여건상 불가피한 것이었으나, 제주인들은 이를 충분히 극복하며 고유하고 독자적인 문명을 형성·발전시켜 왔음을 주목하게 된다. 그러나 내륙 중심의 문명권 영향 아래서, 다시 지리적 여건의 한계가 고립과 폐쇄의 프레임으로 작용하게 되었음을 보게 된다.

앞서 언급한 바와 같이 내륙 중심의 사고관에서 제주 섬은, 본래부터 파생되기를 육지와 격리된 공간으로, 문명과 단절된 불모지와 다를 바 없는 곳으로 인식되었다. 그러나 바다를 지향하는 사고관에서 볼 때, 제주 섬과 제주인은 폐쇄로 국한되기보다는 개방과 교류, 수용을 통해 고유하고 독창적인 문화를 형성해 왔다고 볼 수 있다. 그렇다면 문제는, 과연 제주인의 배타성이 어디서부터 혹은 무엇으로부터 기인하였는가 하는 점이다.

흔히 섬에 거주하는 사람들에게는 단절과 고립을 통해 배타적 성향이 주로 나타난다[70]고 한다. 지리적 여건으로부터 자연적으로 체득되는 성질인 셈이다. 그러나 그것은 섬 주민의 배타성에 대한 가장 기본적이고 결과적인 도출일 뿐, 문제의 원인이라고 단정할 수는 없다. 이는 또한 탐라국을 통해 드러난 제주인의 특징을 고려할 때, 보편화하기도 어렵다.

특별히 제주인의 배타성에 관하여는, 지리적 여건보다 그로부터 기인하게 된 다른 요인에 더 주목할 필요가 있다. 사실 제주에서 회자되는 '육지것' 등의 표현이나 '궨당문화' 등은 제주 사람들을 배타적으로 규정짓고 실제로 그런 것처럼 생각하게 만든다. 그러나 적어도 '수탈', '보호', '억압', '저항' 등과 같은 키워드와 연관된 제주인의 배타성과 그 정황을 이해할 필요가 있다.

제주인의 배타성은, 지리적 요인에도 불구하고 이를 극복하며 조화롭고 평화롭게 살고자 했던 제주인의 이상과 일상이 위협을 받는 데서 비롯되었다고 할 수 있다. 다시 말해, 물리적 위협은 물론 관습·풍속·사상적 위협이 그들의 삶의 자리를 위태롭게 만든 것이다.

역사적인 사실을 토대로 서사적으로 풀어 가자면, 제주인은 척박한 환경에도 불구하고 성실하게 터전을 일구어 가고자 했다. 그 와중에도 빈번한 외세 침입과 약탈을 겪어야만 했고, 그래서 생업과 가족과 공동체를 지키기 위해 마을을 이루는 친인척끼리 연합하고 단결해야만 했다. 그뿐만 아니라 일상에서 오랫동안 함께 누리고 이어 온 풍속과 신념이 타지인에 의해서 저급하고 비천한 것으로 취급당해 버렸고, 심지어 강압적으로 몰수, 철거, 개종당하게 되었다. 또한 노역과 상납이 끊이지 않았으며, 관리와 정부의 보호는 찾을 수 없었고, 오히려 폭정과 폭압이 만연했다. 그러다 보니 이재수의 난, 제주 4·3사건, 육지 상인들의 흉년기 매점매석, 외부자본과 권력의 유입과 개발독점 등을 통해 오랜 세월에 걸쳐 켜켜이 쌓여 온 타지인에 대한 불신과 증오가 내재되어 배타성으로 표출되어 왔다. 따라서 제주인의 배타성은 곧 타지인에 의한 제주인의 피해 의식과 방어 의식이 내포된 결과라고 볼 수 있다.

한편 석주명[71]이나 현평효[72]도 이러한 제주인의 의식에 대해 시의심과 열등의식이라 언급하기도 하였다. 이에 대해 신행철은 제주인의 배타성과 열등의식은 '고립된 주변 문화의 특수성' 또는 '도서성'에서 오는 상호 모순적인 사회적 성격으로 파악할 수 있다고 보았다.[73] 또한 유철인도 "제주 사람들은 본도와 본도 이외의 나머지 지역을 육지로 구분하고 그들이 처하는 외부적 환경에 적응해 나감으로써 배타적인 기질을 형성해 나가는 것으로 보인다"라고 말했다.[74] 이러한 점에서 제주인의 배타성은 내부적인 요인보다는 외부적인 요인이 크게 작용한 것이라 볼 수 있다. 결국 외부인과 외부사회에 대해 자신들의 자긍심을 보존하기 위한 하나의 전략이자 외부세계에 대한 선망과 동경의 발견으로, 그것이 곧 외부세계에 대해 배타적으로 대응하는 행위 양식으로 이어져 온 것으로 이해될 수 있다. 따라서 신행철은, 제주인의 배타성은 급속한 사회변동에 대응하는 전략으로서 제주의 전통문화에 대한 강조라는 형태로 자신들의 정체감을 유지하려는 방식으로 나타나고 있으며, 이러한 정체감은 제주인의 자긍심을 높여주는 기능을 하고 있음에는 틀림없으나 자칫하면 외부인과 외부세계를 배제하는 제주인의 배타성을 다른 모습으로 지속시켜 주

는 역할을 할 수 있다고 지적한다.[75]

그러나 앞서도 언급했지만, 제주 섬의 폐쇄성에도 불구하고 탐라국으로부터 이어진 제주 사람들의 기질과 성향은 배타적이지 않았다. 폐쇄성이 반드시 배타성을 수반하지는 않는다. 그러나 오히려 외압적·물리적으로 폐쇄되고 고립되게 됨으로써 제주인들의 배타적인 표출이 점차 늘어나게 되었음을 보게 된다. 그래서 스스로 폐쇄로 여기지 않음으로써 개방하고 교류하며 수용하였던 과거의 제주는 온데간데없고 오히려 고립되어, 남은 것을 지키기 위한 숱한 몸부림이 곧 배타적인 울부짖음이 되어 버린 것이다. 결국 이는 외부의 고착화된 일반화[76]와 맞물려 섬이라는 폐쇄성 안에서 악순환되어 오늘까지 이어지게 되었다.

이와 같은 배타성의 문제는 오늘날까지도 이어지고 있다. 그 대표적인 대상과 문제가 바로 제주의 선주민(원주민)과 이주민과의 갈등일 것이다. 실제로 이주민을 대상으로 한 연구 결과에 따르면, 제주 생활이 불만족스러운 이유로 "제주 도내 교통이 불편해서"(33.8%)가 가장 높게 나타났고, 제주도민의 배타성(12.1%)과 일자리 부족(11.0%)순으로 조사되었다.[77] 여전히 순위권 내에 제주인의 배타성 문제가 언급되고 있다. 또한 선주민과의 관계가 좋지 않은 이유에 대해 전체의 절반 정도가 '이웃과 관계를 맺을 기회가 없거나 선주민이 배타적'이라는 의견이었다. 응답자들은 제주 거주 기간이 4년 이상 10년 미만에 해당하는 이들이 가장 많았고(26.3%), 10년 이상(25.8%)이 그다음이었다.[78] 그럼에도 이런 결과가 나온 것을 통해 거주 기간이 오래되어도 여전히 제주 사회에서 배타성을 느끼고 있음을 알 수 있다.

이처럼 이주민들이 체감하고 있다는 배타성의 요소에는, 출생지에 따라 제주 사람과 육지 사람을 구분하거나 거주 기간 정도에 따라 차별하거나, 또는 마을의 의사결정 과정에서 배제를 당하거나, 전통적 문화관과 충돌을 겪거나 불친절 또는 원주민의 피해 의식 등이 있었다.[79]

앞서 언급한 바와 같이 역사적으로 제주인이 갖는 배타성의 원인은 그들의 이상과 일상이 위협을 받는 데서 비롯된 것이다. 이는 오늘날 역시 크게 다르지 않다. 이러한 원주민과 이주민의 갈등은, 에리히 프롬의 말처럼, 곧 '자신이 지향하는 대상(삶, 타인, 이상)이 공격을 받을 때 발생하는 아주 근원적인 반응적 증오가 작용하는 것'[80]과 같은 맥락이라 하겠다.

본래 제주인들은 곤궁한 상황에서 제주를 찾은 타지의 이주민들에게 관용과 포용을 베풀어 왔다. 그러나 원주민을 무시하고 조화와 질서를 깨트리는 세력과 움직임에 대해서는 죽기를 각오하고 저항하는 기질을 지니고 있다. 따라서 이러한 제주인의 정서적 배경과 상황을 이해하고 포용성과 배타성에 대한 분별을 갖는 노력이 요구된다. 또한 원주민 역시 앞으로의 상생과 공존을 위해 과거 탐라국의 조상들이 보여 주었던 유연성을 통해 개방과 수용의 태도로 이웃을 대하는 지혜가 필요하다.

제주인의 의식구조

일반적으로 '의식'이란 "지식과 감정, 그리고 의지를 내포하는 정신 작용의 총체"를 일컫는다. 이를 좀 더 구체적으로 설명하자면, 어떤 대상에 대한 단순한 감각으로부터 이를 지각하는 인지 작용을 뜻하고, 또한 어떤 대상이나 사물에 대한 인간의 가치판단과 신념체계를 총칭하는 말이라고 할 수 있을 것이다.[81]

이러한 이해를 바탕으로 이른바 '제주인의 의식'을 규명하면, '과거(전통)와 현재를 통해 혼재해 있는 제주인의 태도, 정신, 신념체계, 가치관 등을 모두 포괄하는 것'이라고 할 수 있을 것이다. 필자는 이를 토대로 제주인의 의식구조를 정치·경제·사회적 맥락을 통해 살펴보고자 한다.

첫째, 정치적 의식구조를 살펴보면, 먼저 제주인들은 민주주의의 가치 추구와 실현에 대해 대부분 긍정적인 반응을 보여 왔다.[82] 반면에 정치적 현안에 대한 의사표현으로 대표되는 정치적 참여에 대해서는 부정적인 입장이 많았다.[83] 근래에 들면서 이러한 경향이 점차 변화하고는 있지만, 여전히 도내에서는 거주 여건이나 교육수준 등에 따라 이러한 의식이 전반적으로 형성되어 있음을 볼 수 있다. 그 배경으로 먼저 제주인들이 정치인이나 공공기관의 행정관리 등에 대해 대체로 긍정적으로 평가하면서도 부정적 인식도 상당한 반면, 중앙정부나 정부 주도 차원의 결정과 개발 등에는 상당히 우호적인 경향을 보인다는 사실을 꼽을 수 있다. 덧붙여 현재 시행 중인 지방자치분권에 대해 이미 1980

년대부터 굉장한 열망을 가지고 조속히 시행되기를 바라 왔던 점[84]을 주목해야 한다. 이는 도서 지역으로서의 차별적 관계 속에서 그간 제주인들이 겪어 온 상대적 박탈감과 관료의 수탈과 폭압에 대한 저항 의식의 발로라고 볼 수 있다.

둘째, 경제적 의식구조를 살펴보면, 제주인들은 전통적으로 전형적인 농경사회를 이루면서 공동체 의식이 강했다. 수눌음, 향약 등을 행했고, 용수 공동 사용, 마을 공동 목장제 등이 있었다. 이는 제주인들의 경제적 자립과 독립심, 조냥정신, 상부상조 정신 등을 드러내고 있다. 한편 제주인들은 경제 안정이나 물가 안정 등 대승적 차원을 위해서는 자기희생을 감수하고자 하는 의지가 높으며, 정당한 노력과 대가를 통한 부를 가치 있게 여겨 온 것으로 나타났다. 따라서 경제적이면서도 사회적 의식인 수분지족(守分知足)이 보편화되어 있었다. 곧 자기 분수를 지키고 만족할 줄 아는 정신으로, 남의 것을 탐하지도 않고 자기 것을 남에게 빼앗기지도 않으려는 태도를 의미한다. 제주라는 섬이 제한적 여건 안에 있는 터라 제주인들은 거주민들의 소득증대를 위한 개발이 미비하다고 느끼면서도, 제주가 가진 자연환경에 대한 자긍심이 상당히 높아 환경 친화를 우선으로 삼는 개발이 시급하다는 경향을 보인다. 따라서 오늘날 무분별한 개발과 자본유입 등에 대해서는 다소 부정적인 시각이 주를 차지하면서도 경제적 흐름에 따른 한탕주의 의식도 증가하고 있음을 보게 된다.[85]

셋째, 제주인의 사회문화적 의식구조 면에서는 무속신앙과 유교적 의식이 강하게 자리하고 있음을 볼 수 있다. 이를테면 무속신앙적 요소인 분묘나 신구간 풍습, 유교적 전통 의식이라 할 수 있는 관지향 의식과 서열 의식 등이 강하다. 한편 제주인들은 육지에 비하여 상대적으로 남녀 격리 의식이 낮고 배우자 선택에서 자유혼적인 경향[86]을 띠며, 무엇보다 소규모 가족 형태가 발달해 있다.[87] 이는 무속신앙과 유교적 영향 아래에서도 제주만이 갖는 고유한 의식 형태이다.

제주인들 사이에서는 연고주의, 출세 의식, 법 의식과 불신 의식 등이 높게 나타나고 있으며, 과거 제주인이 미덕으로 삼았던 정당한 노력과 대가가 원활하고 정의롭게 이루어지지 않음에 대해 사회적 불신과 불만족이 늘어 가고 있다. 또한 준법정신을 강조할수록 오히려 손해를 보거나 피해를 입는다는 의식이 점차 높아져 가고 있음을 볼 수 있다.[88] 생활 의식 중 배타적 성향과 관련하여, 외지인에게 거리감을 느낀다는 응답자가 45.2%이고, 제주 사람들은 육지 사람들에게 배타적이라고 평가한 응답자는 64.8%에 달했다.[89] 이러한 경계심과 거리감은 도시보다 농촌에 거주할수록 더 높게 나타나며, 교육수준이 낮거나 연령대가 높을수록 더 심각하게 느끼고 있는 것으로 보인다. 그런데 이러한 배타적 성향과 밀접하게 연계되어 있을 것으로 추측되는 제주인의 열등의식 수준은 오히려 응답자 중 64%가 "열등의식을 가지고 있지 않다"라고 하였다. 외지인에 대한 열등의식으로부터 제주인들의 배타적 성향이 기인하였다고 단정하는 것은 다소 무리가 있어 보인다.

또한 제주 사람으로서 긍지를 느낀다는 응답은 84.9%, 육지에서도 제주 사람인 것을 자랑스럽게 이야기한다는 응답은 83.9%에 달했다.[90] 제주발전연구원 제주학연구센터가 2016년 발표한 자료에 따르면, "제주 사람끼리는 언제 만나도 반갑다"고 응답한 이가 83%에 달했고, "제주에 살았던 것이 자랑스럽다"고 한 이도 81.3%로 나타났고, "왠지 모르게 제주도에 정이 간다"는 긍정적 답변이 84.3%로 조사되었다.[91] 이상의 결과는 제주 의식과 정체성을 지닌 이들이 지닌 제주에 대한 애착과 자긍심을 보여주는 좋은 예라고 하겠다.

지금까지의 내용을 종합해 보면, 제주인의 의식구조는 전통적으로 독립심, 근검절약, 책임감, 자긍심, 제주에 대한 애착과 정체성, 고난극복 의지와 평등 의식, 공동체 의식, 배타심 등으로 관찰해 볼 수 있으며, 현대에 와서는 정치·경제·사회구조의 변화에 따라 주로 간소화되거나 사라지고 있는 것으로 보인다. 하지만 핵가족 형태의 가족 의식과 균분상속 등의 경제 의식 등은 여전히 유지되고 있다. 공동체 의식, 개방성과 관용적 태도, 민주 의식과 참여 의식 등은 더욱 고취되어야 할 부분으로 판단된다.

요약 및 제언

3장에서는 제주인의 의식세계를 가늠하는 중요한 두 맥락, 즉 제주인이 가진 기질과 그로 인해 나타나는 삶의 특징, 그리고 그것들의 집단화·구조화가 반영된 지역의 향토적이고 역사적인 특징을 기반으로 형성되고 표출되어 온 제주인의 정체성과 의식구조에 대해 살펴보았다. 이러한 내용을 토대로, 제주 사회문화에 적합한 선교 방안을 세우기 위해서 선결되어야 할 몇 가지 사항을 다음과 같이 정리해 보았다.

첫째, 제주 개신교 선교를 위해서는 먼저 선교와 목회의 대상인 제주와 제주인에 대한 이해가 필수적으로 요구된다. 이는 곧 제주인의 기질과 삶의 특징, 그들만이 가진 의식세계에 대한 진단과 분석이 선교에서 매우 중요하다는 것이다. 그도 그럴 것이 제주와 제주 사람들은 환경적·문화적·사회적인 영향으로 인해 다른 어느 지역보다 고유한 독창성과 함께 다양성을 지니고 있다. 그러나 이러한 사실은, 육지로 대표되는 중앙집권적 지배관점과 유배인들의 생각과 성리학적 인식 또는 여행자적 사고의 틀이 일반화되면서 제대로 인식하기 어려웠다. 따라서 편향과 왜곡의 관점에서 벗어나 제주와 제주인들을 제대로 바라보고 이해하는 것이 급선무이다.

둘째, 제주와 제주인에 대한 이해에서 출발하고 다가설 수 있는 목회자의 영성이 요구된다. 오랜 세월 동안 제주인들은 척박한 환경을 공존의 대상이자 극복의 대상으로 여겨 왔다. 따라서 자연과 환경에 순응하면서도 제한된 여건 안에서 정의와 공정, 공평과 평등을 매개로 이상적인 삶을 추구하고자 하는 공동체정신이 깊이 자리하였다. 또한 공동체 내의 독립성과 다양성을 인정하는 관용의 정신을 추구하였다.[92] 그러나 이러한 공동체의 결집력은 제주 사회의 질서와 조화를 깨트리려는 외부의 움직임에 대해서만큼은 저항을 필두로 하는 강한 배타성과 일련의 열등의식으로 작용하였으며, 이는 오늘날까지도 그 영향이 남아 있다.

그러므로 전도자나 목회자가 만일 외부인이나 관찰자 또는 나그네와 같은 인식과 태도를 갖고 있거나 견지한다면, 이는 반드시 제주인의 정서 및 의식과 상충하게 될 것이다. 따라서 무엇보다 제주인에 대한 바른 이해를 토대로 하는 포용과 공존의 영성이 필요하다.

셋째, 제주인의 정체성과 의식구조에 대한 이해를 목회에 접목하는 지혜가 필요하다. 앞서 언급한 바와 같이 제주인은 지리적·기후적 자연환경을 기반으로, 그것에 대응하고 적응하면서 고유하고 독특한 정신문화를 형성하고 있다. 이는 그에 대한 전도자나 목회자의 영성과 태도를 따라 그 반응도 천차만별일 수 있다. 따라서 제주인이 가진 정체성과 의식구조의 장점을 잘 찾아내고, 반대로 단점을 보완하여 목회에 접목하는 지혜가 필요하다.

4장

제주 사회문화의 특이성

4장에서는 제주 사회문화의 특이성에 대해 살펴보고자 한다. 이를 이해하려면 먼저 제주 민속문화의 중심이 되는 '궨당문화'와 '쿰다문화'를 이해해야 하기에 이를 먼저 알아본 뒤 제주만이 가지고 있는 향토적·역사적 특성과 함께 제주 농촌지역사회의 구조를 살펴볼 것이다. 이어서 제주 여성의 특징과 역할, 그리고 가족·공동체에 대한 이해를 통해 제주 사회문화 전반의 특이성에 대해 알아보겠다.

제주의 민속문화적 특성

제주의 민속문화적 관점을 이해하려면 제주의 토속문화인 궨당문화와 쿰다문화에 대한 선이해가 필요하다. 제주의 궨당문화와 쿰다문화가 어떤 배경을 가지고 형성되어 왔으며 그 특징이 무엇인지를 먼저 살펴보자.

궨당문화

제주도는 섬이라는 지리적 조건으로 인해 육지와는 다른 기후와 이국적인 자연환경을 지니고 있다. 이러한 배경은 오랜 세월 제주 사람들의 의식과 생활문화 전반에 밀접한 영향을 끼쳐왔다. 관광산업이 발달하면서 제주도의 언어와 의식주 문화가 타 지역과는 다른 매우 독특한 특징이 있음을 알리게 되었다. 특히 근래 들어 급증하는 인구 유입과 이주민들의 정착, 그리고 한달살이 열풍 등을 통해 일회적인 관광이 아니라 제주 현지인과 부대끼며 생활해 본 타지인들이 이구동성으로 언급하는 특징이 있다. 제주 지역사회에는 제주 사람들만의 독특한 네트워크가 뿌리 깊이 형성되어 있다는 것이다. 한 사람 한 사람의 인간관계는 물론 사회구조적으로 네트워크되어 있는데, 제주 사람들만의 이러한 네트워크를 일컬어 '궨당'문화[1]라고 한다.

순수 제주어인 '궨당'은 친족·친척을 지칭한다. 이때 친척을 친가(성가), 외가, 처가, 시가로 나누는데, 이러한 구분은 육지와 동일하다. 친척을 일컫는 다른 명칭으로 '일가'와 '방상'이 있다. 일가는 주로 친가 쪽 궨당인 '성펜 궨당'을 말하며 외가 쪽 궨당은 '외펜 궨당'이라고 한다. '방상'[2]은 부계 근친을 지칭한다.[3] 이러한 제주의 '궨당'은 주로 제주 사람들의 결혼과 가족제도, 장례,

제사와 명절, 노동, 마을공동체의 연합 등에서 구체적으로 살펴볼 수 있으며, 그 주된 내용은 밀접한 연대와 상호부조 등으로 요약할 수 있다.[4]

김희정과 최낙진은 "제주에는 많은 마을이 본향당 같은 당(堂)을 섬기는데, 이 같은 당을 함께 모시는 집단을 '궨당'으로 설명하기도 한다"라고 했다.[5] 진성기는 마을의 신앙민들에 의해서 하나의 당신앙(堂神仰) 형태로 굳어져 갔으며 친족, 마을 사람, 같은 당(堂)을 섬기는 사람들은 마을공동체로서 같은 궨당이라고 했다.[6] 오늘날까지도 제주의 정치·경제·사회·문화 등 모든 영역에 걸쳐 영향을 끼치고 있는 '궨당'의 특징은 다음과 같이 요약할 수 있다.

첫째, 강한 공동체성이다. 어느 지역에나, 특히 농어촌과 집성촌 같은 지역에서는 주민들을 묶어 주는 공동체가 존재하지만, '궨당'은 제주도에서만 보이는 강한 공동체 문화이다. 제주는 섬이라는 특성상 촌락내혼(村落內婚) 중심의 통혼권 때문에 같은 마을이나 이웃 마을에 혈족과 인척이 중첩되는 현상이 빈번히 일어났다. 따라서 자연스레 혈연과 지연 관계에 중복이 생기게 되고, 이는 곧 모두가 친척이라는 이해로 발전하게 되었다.[7] 그러다 보니 "마을 내에 매놈(완전한 남)이 없다"라는 말이 있을 정도로 대부분의 동네 사람들이 친척 관계로 얽히게 된 것이다. 이는 친밀함과 동시에 강한 연대와 공동체성에 기반하게 되는 요인이 되었다. 이를 뒷받침하는 예로 '겹사돈'과 '호칭'이 있다.

제주에서는 겹사돈을 '부찌사돈'이라고도 부른다. 사돈 관계를 맺은 인척이 또 다른 혼인으로 다시 사돈 관계가 되는 것을 뜻한다. 이는 딸을 혼인시키고 그 사돈 가문에서 다시 며느리를 맞이함으로써 마을 내 집안 사이에 여성 교환에 의한 혼인 연맹 체계를 형성하게 되는 것이다. 따라서 서로 대등한 관계를 이루게 되고, 이는 곧 일상생활에서 강력한 가족 연대요 공동체 의식으로 나타났다.[8] 또한 친족관계에 따라 삼촌, 고모, 이모 등의 호칭을 사용하기보다는 촌락내혼을 통해 '삼춘'이라는 호칭을 주로 사용하였다. 이는 동네 친척이나 이웃 어른들에게 사용했지만, 심지어 친인척 관계가 없는 사람일지라도 '삼춘'으로 부르는 등 문중을 초월하여 혈연 중심의 하나의 마을공동체 의식을 형성해 왔다.[9]

둘째, 민간신앙과 종교적 혼합주의 성향[10]이다. 제주의 '궨당'에는 조상제사를 철저하게 준수하게 하고자 하는 동기가 있다. 이는 '궨당'이 지속되어 온 주요 요인이기도 하다. 그런데 이러한 배경에는 민간신앙과 유교적 요소가 혼재되어 있다. 실제로 제주의 민간신앙은 유교와의 습합 과정을 거치면서 조상숭배 신앙으로 강화되었다. 혈연의 조상이 곧 신으로 여겨지게 된 것이다. 따라서 다른 지역보다 조상을 신격화하는 조상신앙이 더욱 강하게 나타나게 되었다.[11] 그뿐만 아니라 제주 사람들은 자신의 생명이 사후와 연결되어 있다는 강한 믿음을 가지고 있었기 때문에 자신의 사후에 제사를 드려 줄 남자 후손을 필요로 했으며, 바로 이러한 연유에서 제주의 남아선호사상의 기원을 찾을 수 있다.[12] 이처럼 '궨당'은 초자연적 힘에 대한 두려움과 상호부조를 통한 생존, 더불어 사후의 상호부조에 대한 염원을 반영하고 있으며, 민간신앙과 종교적 혼합주의가 그 밑바탕에 서려 있음을 볼 수 있다.

셋째, 보이지 않는 힘이 있다. '궨당'은 집안과 문중의 경조사는 물론 지역의 정치와 경제 및 사회구조에 이르기까지 소위 '보이지 않는 힘'으로 역할을 해왔다. 실제로 '궨당'은 척박하고 어려운 환경 가운데서도 생존을 위해 서로 협력해야 하는 공동체의 동기(motive)로 해석되어 왔다.[13] 이는 '궨당'으로 일컬어지는 친척과 외척 등 가깝고 먼 친척이 집안의 경조사 등을 통해 함께 모이고 서로 돕고 걱정하면서 정을 돈독히 하는 것이 관습화된 것이다.[14] 이처럼 '궨당'은 마을 단위 혹은 제주 지역 공동체 문화이자 사회적 자본의 일환으로서 신뢰와 협력, 그리고 제주도 구성원의 중요한 네트워크를[15] 형성하고 움직여 온 보이지 않는 힘으로서 긍정적인 의미가 있다.

한편 '궨당'의 강한 공동체성과 연대, 결속력은 개인주의가 만연하고 있는 오늘날의 관점에서 보면 부각시켜야 할 장점이지만, 이해관계가 상충하는 경우에는 자칫 타 공동체에 대해 배타적 집단주의 의식(in-group) 또는 집단 이기주의와 파벌 의식, 인정주의, 연고주의 등으로 변질되는 부정적인 결과도 있다.

지금까지 살펴본 궨당문화의 특징을 요약하면, 자연재해와 섬이라는 고립된 환경에서 유사시 생존을 유지하고 강력한 연대를 형성하며 상호부조하는 생존 방식이며, 일과 놀이를 포괄하는 공동생활의 한 단위로서 민간신앙 위에 형성된 제주도의 독특한 문화인 것이다.

쿰다문화

'쿰다문화'는 제주도에 숨어 있는 토속문화 가운데 하나이다. 잘 드러나고 영향력을 미치며 학술적으로도 어느 정도 정리가 되어 있는 궨당문화와 달리, 제주의 쿰다문화는 아직 많은 부분 연구가 필요한 문화이다. 그러기에 필자가 쿰다문화를 서술하는 데는 많은 한계가 있지만, 여러 자료를 종합하여 살펴보고자 한다.

1장에서도 언급했듯이, 제주어에는 '드르쿰다'라는 말이 있다. 이는 '드르'와 '쿰다'의 합성어로, '드르'는 들[野][16]을 말하고 '벵뒤'[17]라고도 부른다. 이 '드르'의 된소리인 '뜨르'는 '넓은 들판', '벌판' 등을 뜻한다.[18] 이를 토대로 그 의미를 풀어 보면, '드르'는 '들', '넓은 들판' 등으로 이해할 수 있다. 그리고 '쿰다'는 '품는다'라는 뜻을 지니고 있는데, 현재는 일상에서 사용하지 않고 사전에만 남아 있다. 따라서 '드르쿰다'라는 말은, '들판처럼 품는다' 또는 '널리, 두루 품는다'는 뜻으로 이해할 수 있다. 그런데 표면적으로 체감되는 제주 현지인들의 '드르쿰다'는 언어가 가진 본래의 의미만큼 다정하거나 모성적인 정서와는 다소 거리가 있어 보인다.

이는 김준표의 주장[19]에서 추론해 볼 수 있다. 김준표는 오늘날 제주어 '쿰다'가 사용되지 않고 사전에만 남게 된 이유를, 쿰다를 대체해서 사용해 온 다른 용어가 있기 때문이라고 보았다. 그리고 그 대체어로 '드르쌍 내불라'라는 표현을 제시하였다. 실제로 '드르쌍 내불라'는 오늘날까지도 현지인들 사이에 빈번히 사용되는 말이다. 이는 '알아서 잘하도록 가만히 내버려 두라' 또는 '괜히 참견하지 말고 지켜보라'는 의미로 해석할 수 있다. 그러나 제주에 유입된 외지인의 입장에서 볼 때, 이 말은 자신에 대한 무관심이나 배타적인 마음·태도로 오해를 불러일으키기 쉽다. 하지만 실제 제주도민인 필자의 경험에 비추어 볼 때, 이는 괜히 부담을 줄 수 있는 관심으로 상대가 불편하지 않게 하고자 하는 일종의 배려가 전제된 언어라고 할 수 있다. 김준표는 이것이 제주 사람들의 '쿰'(품는) 방식이며, '쿰다문화'라고 정의하였다.[20]

이처럼 제주인들은 외지인을 '들판처럼 두루 품은' 이후에도 자신들의 정체성으로 동일화를 요구하거나 강요하지 않는다. 이는 제주 사람들의 궨당문화에서도 고스란히 드러나는 특징 중 하나로, 제주 사람들 역시 같은 궨당이라고 하더라도 모두 살아가는 방식이 다르므로 참견하거나 간섭하려고 하지 않는 경향에 따른 것으로 볼 수 있다. 이로써 본래의 제주 사람들은 서로 다름을 차별과 배척이 아니라 두루 품으며, 여러 모양과 연유를 따라

괸당을 이루며 함께 살아왔음을 볼 수 있다.

한편 민영현은 문화현상에는 세계와 인간에 대한 일정한 철학적 이해가 스며들어 있다고 하면서, 제주의 '쿰다문화'에는 한(恨)철학[21]이 말하는 인간 삶의 의미와 삶의 모델이 다양한 형태로 숨어 있다고 말한다.[22] 해석학적 관점에서 한철학과 '쿰다문화'가 연계성이 있다는 것이다. 민영현은, 한사상은 '다름에 대한 새로운 인식과 실천을 요청하는데 이는 나와 다른 타자를 감싸 안음의 철학이요, 다름의 인식이며 관용의 가치'라고 표현했다.[23] 따라서 '우리로 하나 되는' 것이 곧 한철학의 실천이라는 것이다. 이는 홍익인간의 이념을 통해서도 익히 잘 알려져 있다. 그리고 이러한 가치는 곧 제주 사람들의 '쿰다문화'와 일맥상통한다고 할 수 있다. 제주의 '쿰다문화' 역시 타지인을 타인으로만 보지 않고 종국에는 서로의 정체성을 인정하면서도 공존하는 어울림의 영역으로 그 관계를 확장해 왔던 것이다.

따라서 제주의 쿰다문화는 한사상과 한의 정서와 만나, 가장 제주적인 특징을 반영한 공동체의 언어요 생활방식이며, 다양한 것을 품을 수 있는 제주만의 배려와 포용의 문화라고 할 것이다. 이는 결국 모두가 삼춘(이웃이며 친척)이 되는 괸당문화로 이어진다.[24]

제주의 향토적·역사적 특성

향토적 특성에 대한 이해를 위해 제주의 지역환경과 생활문화에 대해 알아보고, 역사적 특성을 위해서는 독자적 국가에서 지방으로, 변방의 유배지로서의 제주를 살펴보고자 한다.

제주의 향토적 특성

인간사회를 형성하는 일차적 조건은 자연과 향토적(지리적) 환경이라고 할 수 있다. 이러한 이론에 따라 제주의 향토적 특성을 살펴보면, 크게 지역환경과 생활문화로 구분할 수 있다. 먼저, 제주는 지역환경에 따라 화산회토와 산고원야(山高原野) 지형으로 구분되며 생활문화에 따라 풍다도(風多島)로 설명할 수 있다. 따라서 이러한 여건과 요인이 제주인의 정신에 어떤 영향을 미치게 되었는지 살펴보자.

화산회토와 생활문화

제주도는 한반도 서남단에서 남쪽으로 약 90km 떨어져 있는 대륙붕 위의 화산섬이다. 따라서 제주도의 토양은 대부분이 화산회토로 이루어져 있다. 제주 사람들은 화산회토를 '뜬땅'이라고 부른다.[25] 화산회토란 화산재 따위가 바람에 날려 지표나 수중에 퇴적하여 생긴 토양으로서 입자가 가벼워 바람에 쉽게 날리고 물이 모두 투수되어 저장할 수 없는 특징이 있다. 이 때문에 제주는 예로부터 밭농사가 주를 이루었다. 제주의 땅은 화산재로 이루어져 유기질이 없고, 국내에서 가장 비가 많이 내리는 지역이라서 염기마저 씻겨 가서 산성토를 이루고 있다. 지하자원은 거의 없다.[26] 이처럼 땅이 척박하여 많은 곡물을 생산할 수 없어서 산간지방에서는 반농반목(半農半牧), 해안가에서는 반농반어(半農半漁)로 생계를 유지해야 했다.[27]

농업의 형태 역시, 육지가 주로 남성의 노동력에 따른 논농사를 발전시켜 왔다면 제주도는 토질과 강수량으로 인해 여성 노동 중심의 밭농사를 할 수밖에 없었다. 따라서 제주에는 건조하여 밟아 주어야 하는 진압농법(鎭壓農法)을 위한 말[馬]의 문화, 물 긷는 허벅 문화, 아기 구덕 문화, 거름 및 퇴비 생산을 위한 양돈 측간(화장실 똥돼지) 문화 등이 생겨났다.[28] 그리고 논농사를 할 수 없는 구조였기 때문에 소유한 경지의 농지 분산을 위해 균분상속제[29]와 혼성취락[30]을 형성하였으며, 개별로 농사를 짓는 것이 합리적이라서 한 울타리 안에 살면서도 부모와 자식이 다른 살림을 하는 '안팎거리 문화'가 생겨났다.

산고원야의 지형과 생활문화

제주도 지역은 해안지대, 중산간지대, 산악지대로 구분한다. 통상 해발 200m 이하를 '해안지대'라고 하고, 200-600m 사이는 '중산간지대', 그 이상은 '산악지대'로 구분한다.[31] 제주도 전체 면적 중 해안지대가 54.3%를 차지하고 있으며, 산악지대는

13.5%, 중산간지대는 32.2%를 차지하고 있다. 이 세 지역은 저마다의 특성으로 인해 제주 사람들에게 많은 영향을 주었다.[32]

먼저, 해안지대는 기후가 온화하고 용천수가 나와서 물이 풍부하고 토심이 깊어 농경에 유리하며 바다에 인접해 퇴비로 활용되는 해조류를 구하기 용이했다. 그래서 경지와 취락은 주로 해안지대에 집중돼 있다.[33] 다음으로 중산간지대는 산악지대보다는 완만하고 넓은 평원을 이루고 있어서 농경이 가능하지만, 기후가 불규칙하고 일조량이 적고 토양이 척박해 농경에 불리한 여건이다. 따라서 취락이 일부 있지만, 주로 목야지(牧野地)나 유휴지로 존재해 왔으며, 목야지는 가축의 방목지 즉 공동목장[34] 등으로 운영되어 왔다. 이러한 이유로 인해 누구든지 의지만 있으면 중산간지대의 토지에서 가경지를 취할 수 있었고, 화전으로 감자, 수수, 메밀 등의 작물을 경작할 수 있었다. 이를 통해 제주에는 소작농 없이 자작농이 생겨나게 되었고, 이는 제주 사람으로 하여금 자유롭고 평등하며 주인 의식을 강하게 하여 도둑과 거지가 없는 삼무의 근간을 이루게 하였다. 그리고 마지막으로 산악지대의 중심에는 국립공원 한라산이 있다.[35]

풍다도와 생활문화

제주도는 예로부터 바람이 많은 지역으로 유명하다. 연중 바람 부는 날이 많을 뿐만 아니라, 강풍의 빈도 또한 많다. 예컨대 제주 고산지역에서는 최대 풍속이 13.9m/s를 넘는 날이 80일을 초과할 만큼 바람이 강하다.

제주에 불어오는 바람과 그 영향은 계절에 따라 구분되기도 한다. 바람의 세기가 10m/s 이상인 날을 세어 보면, 제주 지방에 가장 큰 영향을 주는 바람은 겨울철 시베리아에서 불어오는 북서 계절풍으로 전체 일수 중 36.7%를 차지한다. 봄과 가을도 예외가 될 수 없는데, 각각 그 수치가 27.3%, 17.9%를 기록했다.[36] 특별히 봄의 폭풍은 극심한 악천후를 동반해 오랫동안 이를 경험한 제주 사람들은 이것을 가리켜 갈피를 잡을 수 없이 변덕스러운 '영등 바람'[37]이라고 부른다. 또한 태풍이 주로 찾아오는 여름을 빼놓을 수가 없다. 제주가 체감하는 폭풍우의 위력과 재해의 양은 육지의 최대 약 3배나 된다. 이처럼 제주는 사계절 내내 기준치를 넘는 바람이 쉴 새 없이 불어오는 곳이라고 할 수 있다.

제주의 강한 바람과 태풍은 주민 생활과 의식에도 큰 영향을 주었다. 이를테면, 강한 바람과 태풍에 대비하듯 무엇이든 철저하고 야무지게 해야 한다는 '모지지기'정신[38]과 '이어도' 사상, 수건과 정동모 착용, 바람에 밀려온 해조류의 퇴비 이용, 내풍성 가옥구조(울담과 돌담) 등이 대표적인 사례이다.

지금까지 살펴본 내용을 토대로 제주의 향토적(지리적) 특성을 요약해 보자면, 첫째, 척박한 지리적 여건을 극복하기 위한 반응과 적응기제는 제주인으로 하여금 자연을 외경하면서 순응하는 자세를 갖게 하였고, 그러면서도 자조·자립하는 정신을 함양케 하였다. 이는 특별히 부모와 자식, 부부지간에도 영향을 끼쳐

각자의 독립적인 삶으로써 분가제도와 균분상속 등의 생활문화의 근거가 되었다. 더 나아가 육지와 달리 개인의 자유 의식과 더불어 평등 의식을 향상시켰다.

둘째, 많은 비와 바람으로 인해 제주인들은 반복된 피해를 줄이고 극복하고자 좀 더 철저하고 세심하게 일을 대비하고 진행하는 모지지기정신을 갖게 되었으며, 자원을 순환하는 지혜와 더불어 소박하고 실용주의적인 정신을 생활문화에 함양하게 되었다.

제주의 역사적 특성

제주의 역사적 배경의 특징으로는 도서성(島嶼性)을 들 수 있다.[39] 이는 필연적으로 육지와의 관계가 고립·단절되게 하는 근본 원인이었으며, 특수한 사회구조적 형태를 형성하게 한 매우 중요한 요인으로 오랜 역사에서 증명되어 왔다. 여기서는 '독자적인 국가에서 지방'으로, 그리고 '변방의 유배지'로의 변천을 통해 형성된 제주의 역사적 특성을 고찰해 보고자 한다.

독자적인 국가에서 지방으로

헌법에는 대한민국의 영토를 "한반도와 그 부속 도서"로 명시하고 있다. 우리나라의 역사는 대부분 한반도 중심 세계관 아래 형성되어 왔기 때문에 부속 도서, 섬[島]으로서의 제주는 역사적 주체로 인식될 수 없었다. 이러한 제주가 역사적 기록에 등장한 것은 '탐라'라는 이름에서 시작된다. 제주는 대한민국 영토 중 가장 큰 섬으로, 사회적 체제가 형성될 만한 기반은 물론이고 자급자족 가능한 여건을 지니고 있었기 때문에 구석기 말부터 신석기, 청동기, 철기에 걸쳐 미약하지만 독자적인 역사적 흐름을 이어 올 수 있었다. 구체적으로 드러난 기록을 살펴보면, 타자의 섬, 탐라국 제주의 정체성을 발견하게 된다.

첫째, 탐라는 고구려, 백제, 신라 성립 이전부터 교역을 통해 인근 지역과 교류하던 해상세력이었다.[40] 오늘날 제주에서 발굴된 고고학적 유물에는 삼한과 한 군현은 물론, 중국·일본과의 교류와 관련된 것이 많으며, 이는 지형적 특성을 활용하여 형성되었던 해상국가 탐라국을 뒷받침하는 증거라 하겠다.[41]

둘째, 탐라국의 언어가 한반도의 언어와 다르다는 점이다. 이는 탐라국이 한반도와는 확연하게 구분되는 지리적 요건과 불가분의 관계에 있음을 보여 주며 마한을 비롯한 한(韓)과는 다른 종족적 기반임을 시사하는 예라고 할 수 있을 것이다.[42]

셋째, 《삼국사기》에 따르면 탐라는 476년 백제 문주왕 때 사신을 보내어 조공을 바치고 은솔의 관직을 받았다고 한다. 그뿐만 아니라 고구려, 당, 일본에 이르기까지 조공외교가 전개되었음을 발견할 수 있다. 이는 탐라가 소국(탐라국)으로서 독자적인 자기 정체성을 갖고 있었음을 뜻하는 것으로 이해할 수 있는 대목이다.

이러한 탐라국의 명맥은 1105년 고려에 의해 지방조직(탐라현)으로 편입될 때까지 지속되었다.[43] 고려의 지방조직으로 편입된 제주는 몽골의 침략에 대항하는 삼별초의 마지막 근거지이자 격전지로서 잠시 역사적 중심에 서게 된다. 제주에서의 항몽 기록은 한반도 중심주의적 세계관에서의 중앙과 섬 제주가 동질화되는 한 사건으로서 가치를 지닌다. 이는 제주가 이른바 '공통의 항쟁 의식'을 통해 동일한 정체성을 지니게 된 사건이다. 그러나 여몽연합군에 의해 삼별초는 진압되었고, 그렇게 시작된 몽골의 지배를 시작으로 제주는 다시 변방의 섬 또는 중앙정부에 대한 조공 조달이 전부가 되어 버린 지배지로 전락하게 되었다.

변방의 유배지로

유배란 '중죄인을 멀리 보내 쉽게 돌아오지 못하게 하는 형벌'을 말한다. 추방과도 같다. 귀양도 같은 의미를 지니는데, 본래 귀양은 벼슬을 버리고 고향으로 돌아간다는 뜻이지만 점차 형벌의 의미를 지니게 되면서 죄인을 귀양 보내는 형벌을 유배와 동일시하게 되었다.[44] 우리나라 역사를 살펴보면, 대표적인 유배지로 제주를 꼽고 있다. 이는 제주가 중앙 본토와 가장 거리가 멀고 외부와 철저히 차단되고 단절된 곳이어서 형벌이 지닌 그 의미를 가장 잘 구현할 만한 곳이었기 때문이다.

유배지로서의 제주에 대한 기록은 고려에서 시작된다. 탐라국이 고려에 완전히 편입되어 고려의 지방 체제를 갖추면서 유배지로 이해되기 시작했고, 이후 원나라 지배 당시 도적과 죄인,

왕족과 관리, 승려 등을 제주로 유배 보냈다. 이는 원나라의 뒤를 이은 명나라도 마찬가지였다. 그러나 제주가 본격적으로 유배지 역할을 시작한 것은 조선시대에 들어서면서부터이다. 조선시대 들어서 당쟁이 심화되었고 정치권력을 유지하기 위해 취했던 행형(行刑)의 산물로 유배가 성행했던 것이다. 정리하자면, 유배지로서의 제주는 한반도 중심주의적 사고 또는 중앙집권적 관점하에서 여전히 변방에 불과한 제주에 대한 인식을 나타내는 대표적 사례라고 할 수 있다.

한편 유배인은 토착민과의 관계에서 권위적이지 않았으며 오히려 화합함으로써 제주만의 독특한 유배문화를 형성하는 계기를 마련하였다. 이는 탐라국 이후 탐라의 독립을 갈망하는 토착민들의 의식 성향과 묘한 조화를 이루게 되었고, 반골정신 즉 수탈과 탄압 그리고 박해와 혼란에 대한 저항정신으로 드러나게 되었다. '이재수의 난'으로 알려진 이재수도 유배인의 후손이며, 제주 4·3사건의 거물이었던 이승진(일명 김달삼)도 유배인의 후손이라는 말이 있다.[45]

그뿐만 아니라 유배인은 제주 현지인들의 계몽과 교육에도 지대한 공헌을 하였다. 특별히 이들은 봉건적 신분제도 철폐와 관리임용제도의 개혁에 의하여 교육의 기회균등을 법적으로 보장하고 광범위한 학교 교육 전개를 전제로 한 개화운동을 지지한 인사였기 때문에, 그들의 활동은 제주도에 근대 교육을 인식할 계기를 마련해 주었다. 그중 박영효와 이승훈은 도내 개화사상의 전파는 물론 금전적인 도움과 영향을 통해 제주의 근대 교육기관 설립에 도움을 주었다.[46] 실제로 박영효의 경우, 제주도 최초의 근대 여성학교인 신성(晨星)여학교 개교에 기여하였으며, 라크루 신부[47]는 뮈텔 주교[48]에게 보내는 편지에서 박영효를 "저희에게 매우 호의적인 박영효라는 분의 자발적인 협력 덕분에 제주도에 관의 인가를 받은 서양식 여학교 설립 가능성은 더 이상 공상이 아닙니다"[49]라고 소개했다. 라크루 신부의 입장에서 본다면 박영효는 학교 설립 의지를 실현시켜 준 사람이며, 박영효의 입장에서 본다면 라쿠르 신부는 자신의 교육 계몽주의 사상을 실천하게 해준 사람이었기에 제주의 근대 교육 발전에 상호 공헌할 수 있었다.

한편 박영효는 이기풍 목사의 선교활동을 지켜보다가 제주도 개신교 최초 교회인 성내교회 확장을 위해 100원을 헌금하였다. 이 일이 계기가 되어 교인들의 자발적인 건축헌금이 이어졌고, 이는 성내교회 부설 영흥학교가 설립되는 발판이 되었다.

남강 이승훈은 1911년 신민회 사건으로 피검되어 제주도로 유배되면서 2년 동안 거주 제한을 당했다. 유배 도중 105인사건으로 다시 서울로 소환되어 복역하느라 실제 유배 기간은 6개월에 불과하지만, 이승훈은 조천리 김희주 집안의 노복이 거처하던 별채에 살면서 당시 같은 지역에서 유배 중이던 박영효와 성내교회 이기풍 목사와 교류하였다. 이승훈 역시 거금을 후원하였으며 성내교회 부설 영흥학교 육성에 도움을 주었다.[50] 또한 이승훈은 금성교회 장로 이덕련과 교류하였고, 훗날 이덕련 장로의 아들 이의종은 오산학교로 유학을 갔다.[51] 이처럼 이승훈은 제주인들에게 근대 교육의 기회를 제공하고 근대 교육 확산에 기여하는 등 유배지에서도 교육자의 역할을 멈추지 않았다.

이 밖에도 제주 유배인들은 지역문화와 생활양식에도 영향을 미쳤다. 조선조의 선비정신인 수기치인(修己治人)에 입각하여, 유배를 온 죄인이라기보다 자기수양 또는 개인 인격과 학문적 소양을 닦는 데 집중하였던 것이다. 그 대표적인 예로 추사 김정희와 추사체를 들 수 있다.[52]

지금까지 살펴본 내용을 토대로 제주의 역사적 특징을 요약하면, 첫째, 제주는 본래 탐라국이라는 주체적 정체성을 가지고 있었다. 비록 소국이지만 지리적 여건을 활용한 독자적 사회체제가 확립되었으며 해상국가의 정체성을 가진 곳이었다.

둘째, 탐라국이 고려의 지방으로 편입된 이후에도 제주의 주체적 의식은 말살되거나 사라지지 않았다. 오히려 몽골의 침입으로 인해 국가적 위기 상황을 맞았을 때 항몽투쟁정신으로 이어짐으로써 고려와도 동일한 의식을 드러내게 되었다. 그러나 이러한 공통적 동일성에도 불구하고 지리적인 여건에서 오는 소외로부터 여전히 자유로울 수 없었다.

셋째, 제주의 역사는 제주의 지리적 여건과 무관하지 않으며 이는 곧 격리와 단절로 대표되는 유배지로 역사의 기록에 남을 수밖에 없었다. 이는 제주가 폐쇄성 안에서도 주체적 의식을 통해 독특한 문화 의식 구조를 형성하게 된 요인이었다.

넷째, 제주인의 주체적 의식과 사상은 근현대에 들어서 박영효나 이승훈 같은 유배인들을 통해서 영향을 받았다. 또한 근대교육 보급과 성내교회 부설 영흥학교 설립과 운영, 그리고 이기풍 목사와 제주 개신교의 확장에 직간접적인 영향을 받았음을 알 수 있다.

제주 사회구조의 이해

제주 사회구조의 이해에서는 주로 제주 여성의 특징과 역할, 가족 공동체의 특징과 형태를 살펴보고자 한다.

제주 여성의 특징과 역할

여기서는 제주 신화에 들어 있는 여성 중심의 노동, 그리고 역사에 나타난 제주 여성의 모습, 초기 제주 개신교 신앙을 가졌던 믿음의 여성에 이르기까지 다양한 분야의 제주 여성들의 역할과 삶을 들여다보면서 그들이 과연 어떤 역할을 감당해 왔는지 알아보겠다.

제주 신화와 여성

제주에는 많은 신화가 있다. 서사무가[53]를 통해 전승되고 있는 신화가 500편이 넘을 정도이다. 특별히 타 지역과 비교할 때

제주 신화 속 여신 가운데 제주 창조와 관련 있는 '설문대할망' 석상

제주 신화에는 많은 여성 신이 등장한다.[54] 제주 신화 속 여신들은 '천지창조'뿐만 아니라, 산육(産育), 운명, 농경, 치병, 수복, 마을과 바다 수호 등 이 세상의 모든 일에 관여하여 그것들을 주관하는 일종의 영웅과 같이 묘사되고 있다. 그중 가장 대표적인 여신들은 제주 창조와 관련 있는 설문대할망, 아이를 낳게 하고 열다섯 살까지 길러 주는 삼승할망, 농경의 여신 자청비, 아름다움을 상징하는 자지명왕아기씨, 아이의 생사를 결정하는 명진국따님과 동해용궁따님, 운명의 신인 가문장아기, 고생만 하다가 죽은 지장아기씨, 춤과 노래의 신 양씨아미, 집안의 가계를 담당하는 조왕할망, 농경신인 백주또, 바느질에 뛰어난 사만이부인, 악신의 상징인 노일저대구일의 딸 등 다양한 분야와 형태의 여성 신과 신화를 찾아볼 수 있다.[55]

특히 제주도를 창조했다고 알려진 설문대할망, 농경신 자청비, 송당의 본향당신인 금백주 할망신 등은 제주 여성의 당당하고 강인한 삶의 모습을 보여 주며, 억척스러우면서도 지혜로운 생활력과 근면성, 자주적이고 모험적이며 의지적인 모습을 투영하고 있다.[56]

제주의 여성 신화에서 드러나는 신의 면모는 제주 사람들의 삶과 상황과도 깊은 연관이 있다. 섬이라는 제주의 여건상, 어업을 주업으로 하는 남성들은 바다에 나가 언제 어떻게 생명을 달리할지 모르는 불안한 존재였고, 실제로도 제주 남성의 사망률이 높았기 때문에 여성들은 강한 노동력과 경제력을 요구받았다. 따라서 생사가 불안한 존재인 남자를 대신해 가족과 생활을 책임지고 이어 나가야만 하는 딸을 중요하게 여기게 되었고, 그래서 더욱 강하게 키워야만 했다. 실제로 제주의 딸은 바쁜 어머니를 대신하여 동생을 돌보거나 집안일을 감당했으며, 본인 스스로 물질을 하거나 고사리를 캐거나 다른 노동으로 일조해야 했다. 노동을 하러 나간 어머니의 일을 딸이 자연스레 그 바통을 이어받아 제주 여성으로서의 역할이 대물림되었다.

이와 같은 특징은 제주 여성들의 열악한 삶의 정황에서 기인한 것이라고 볼 수 있다. 제한적인 지리적 여건, 척박한 자연환경, 어려운 역사적 정황에서 제주의 여성들은 집안일, 밭일, 바다일은 물론이고 당에서 이루어지는 마을 동제 등 사회적 역할까지 감당해야 했다. 따라서 재난에 가까운 위협적인 자연환경과 변화로부터 생존하기 위하여, 삶의 터전의 척박함과 어려움을 극복하기 위하여, 초월적 존재에 대한 신앙이 절실했던 것이다. 제주 신화 속 여성 신화는 곧 제주 여성들의 삶을 투영하고 있으며 그들의 정체성을 담아 내고 있다.

모계사회와 여성 중심의 노동

제주를 창조했다는 설문대할망 신화를 보면, '천지가 개벽하고 설문대가 제주 섬을 만들었으나 아직 사람이 없었다'고 한다. 또한 이와 함께 제주의 개국신화인 삼성시조 신화소를 보면 '(1) 태초에 사람이 없었다, (2) 세 신인 양을라, 고을라, 부을라가 모흥혈(毛興穴) 땅에서 솟아났다, (3) 사냥을 하며 살았다'고 한다.[57] '사람이 없었다' 함은 인간의 부재를 말하는 것이라기보다 무리나 종족이나 어떤 인간적 특성을 가진 사람이 부재하고 있는 상태를 말하는 것으로 풀이된다.[58] 각각 그 문맥과 내용을 통해서 이 두 신화의 의미를 연결해 볼 수 있다. 설문대할망이 천지를 창조하고 제주를 만들었으며 삼성신화를 따라 사람이 나고 생활하게 되었음을 가늠해 보게 된다.

특별히 제주의 창조신화에서 설문대할망은 천지를 개벽하고 제주를 만든 신격으로 묘사되어 있다. 설문대 또는 설문대할망은 여성으로서 여성 신의 지위를 가지고 있는데, 이는 제주가 여성 신이 지배하는 여성 중심의 모계 사회임을 말해 준다.[59]

앞서 제주 신화에 투영된 제주 여성을 말할 때도 언급했지만, 외부로부터 사상과 이념이 유입되기 전까지 제주에는 상대적으로 여성이 많았고 가정·노동·사회적으로도 여성들이 중요한 역할을 담당하고 있었다. 따라서 제주 사람들은 '아들을 낳으면 내 자식이 아니라 고래의 밥'이라 하고, '여자를 낳으면 부모를 섬길 자식'이라 하여 딸 낳는 것을 매우 귀중히 여겨 왔다.[60] 자연스레 제주 섬에는 여자가 많을 수밖에 없었고, 남자의 수가 적다 보니 노동을 하는 데 남녀 차별이 있을 수 없었다. 또한 왜구의 빈번한 침입을 막아 내는 것 또한 남녀가 따로 없었다. 여자가 많아 남자들은 첩을 취하는 경우가 빈번했다.

이러한 일들의 배경으로 제주의 자연·지리적 상황을 빼놓을 수 없다. 전통적으로 제주는 태풍에 의한 바람 피해가 잦았고, 돌이 많고, 토질이 척박하여 비가 오지 않으면 가뭄 피해가 잇달았다. 반대로 비가 많이 오면, 한라산과 깊은 골짜기 때문에 물 흐름이 빠르고 물이 많아 저지대의 피해가 이만저만이 아니었다. 이처럼 제주 사람들은 대대로 척박하고 열악한 자연을 극복하며 살아야 했다. 따라서 노동에서 여성의 역할은 절대적이었다.[61] 화산회토 토질 때문에 논농사 대신 섬세한 여성의 노동력을 요구하는 밭농사가 주를 이루었고, 바다에서의 물질을 비롯해 목축, 상업, 종립(鬃笠)[62] 제작 등 거의 모든 생산 노동에 여성 참여와 역할이 절대적이었다.

역사 속의 제주 여성

여기서는 전체 역사가 아닌 근대화 시점에서 제주 여성의 특성을 살펴보겠다.

첫째, 근대화 교육을 통한 여권 신장의 관점이다. 역사적 관점에서 제주 여성들의 지위와 의식에 대한 변화는 우리나라 근대화 시기를 기점으로 두드러지게 나타난다. 한국 사회 근대화의 태동을 18세기로 보고 있는데, 진관훈에 따르면 제주 근대화는 일본 잠수기업자들이 제주 어장에 진출한 시기인 1870년대를 그 시작으로 보고 있다.[63] 근대화의 시점을 논할 때 육지부와 제주도의 시기적 여부와 역사적 이해의 차이는 존재할 수 있으나, 당시 주요 교통수단이 바닷길이었음을 고려할 때, 큰 틀에서 근대화는 개항을 통해 본격적으로 이루어졌으며 그로 인해 영향을 받았음이 자명하다.

이러한 근대화의 움직임은 제주 여성들에게도 적잖은 영향을 주었다. 그중 가장 혁신적인 변화는 교육을 통한 여권 신장이었다. 이는 유교적 이데올로기가 만연한 전근대적 사회에서는 엄두를 낼 수 없는 일이었다. 교육 기회를 제한받거나 박탈당했던 여성들에게 교육 기회를 제공하는 것은 여러모로 여성 지위와 권위 그리고 인식 변화를 위한 촉매제가 되었다.

특히 제주 사회의 근대화에는 앞서 제주의 역사적 특성에서 살펴본 바와 같이 박영효,[64] 이승훈[65]과 같은 유배인들의 영향이 지대했다. 이들의 활동에 힘입어 제주의 지식인들을 중심으로 근대 교육에 대한 필요와 각성이 일어나기 시작했다. 그리하여 제주에는 본격적인 계몽운동이 전개되었고, 때마침 기독교(가톨릭, 개신교)를 통한 교육·문화사업과 맞물려 여성의 개화를 목적으로 한 제주도 최초의 근대 여성교육기관인 신성여학교가 설립[66]되기에 이르렀다. 이로써 제주 여성들은 교육의 기회를 제공받아 계몽 및 자아의식을 형성하고, 나아가 근대 의식과 세계관을 함양할 수 있었다.

한편 1910-1920년대에 들어서면서 제주의 여성들은 제주도 외의 다른 지역으로 유학을 가게 되었다. 최정숙, 강평국, 고수선, 고연홍 등이 대표적 예로, 이들 중 최정숙, 강평국, 고수선 등은 서울에서 공부하고, 고연홍은 광주 수피아여고에 재학했다. 고연홍은 당시 17세에 3·1운동에 참여했는데, 이는 제주도 내에도 영향을 주어 1919년 3월 23-24일 조천 만세동산에서 독립운동사건이 발생했을 때 많은 여성이 가담하여 제주 여성의 주체성과 국권회복 의지를 드러내는 기폭제 역할을 하였다.[67]

훗날 최정숙과 강평국 등은 '여수원'이라는 야학을 설립해 교육계몽운동에 앞장섰을 뿐만 아니라, 명신학교 강사로서 민족교육과 항일 의식 지도자로 나서게 되었다.[68] 또한 부춘화, 김옥련, 고순효, 부덕량 등 해녀항일운동을 주도했던 여성들도 하도보통학교 야학을 통해서 근대 의식과 민족의식을 깨우쳐 일제의 식민지 수탈정책에 맞서 적극적으로 저항하였다.[69] 해녀항일운동은 '최초의 여성 중심의 생존권 투쟁 운동'이자 식민지시대 최대의 항일민족해방운동으로서 여성이 적극적으로 참여하고 저항했음을 보여 준다. 이처럼 근대화와 교육을 통해서 제주 여성들의 의식과 권위가 크게 신장되었음을 알 수 있다.

종합해 보면, 제주 여성이 근대 교육에 보인 열정은 매우 적극적이며 대단한 것이었다. 이러한 근대 교육을 받은 여성이 점차 증가하면서 여성의 사회적 지위와 의식을 신장시킴과 동시에 남성 중심 의식을 점진적으로 변화시켜 나갈 수 있었다. 또한 여성교육을 통해서 자아에 대한 자각과 민족의식을 체득하여 권위에 도전하고, 자율적 정체성 형성, 사회참여 경험 등 근대적 세계관을 공유하는 계기가 되었다.

둘째, 제주 여성의 여권 신장은 기존의 가부장적 패러다임

제주해녀항일운동기념탑[70]

과 충돌하는 근대화의 새로운 패러다임으로 작용하였다. 개항 이후 일제강점기 제주의 근대화는 평등과 합리성의 지향을 토대로 하는 근대화의 실현이기보다는, 기존의 지배체제를 유지하기 위한 권위적이고 유교적인 가부장제 안에서 가능한 근대화였다. 이른바 패러다임의 변화가 맞물린 과도기라고 할 수 있을 것이다.[71] 근대화를 통해 변화하기 시작한 여성 의식은 주로 근대화 교육을 받은 이들이나 유학생 등 근대문화 혜택을 받은 일부에게서 유입된 문화에서만 발견할 수 있었기 때문이다.[72] 이는 기존 이데올로기를 통해 내재되어 있는 통제와 억압성에서 벗어나지 못한 까닭이며, 이를테면 표면적인 역동성으로만 표출된 셈이라고 할 것이다.

근대화의 유산인 교육을 통해서 자의식을 갖춘 신여성들의 사회참여에도 불구하고, 여전히 대다수 여성들은 전근대적 유교의 가부장적 사회와 관습하에서 자신들이 억압받고 있다는 사실조차 인식하지 못했다. 이런 상황에서 사회·문화적으로 오랜 시간 동안 종속된 그들의 지위와 인식을 근본적으로 바꾼다는 것은 여간 어려운 일이 아니었다.

그러므로 제주의 여성들이 일상에서 경험하는 근대화의 실제적 영향은 부분적이고 제한적이었으며, 일부 계층의 여성에게만 해당되는 것에 불과했다고 말할 수 있을 것이다. 그러나 점진적인 영향이 나타났으며, 특히 여성의 외모와 의복에서 변화의 바람이 불기 시작했다.[73] 이러한 변화는 억압적이고 남성 중심적인 가부장적 세계관에 갇혀 있던 내재된 여성 의식에 새로운 관념을 불어넣어 주는 계기가 되었다. 이는 여성들에게 과거 전통적 사고에서 벗어날 수 있는 일종의 분출구로서 작용하였다. 물론 부분적이었지만 근대화가 가져온 변화는 공간적·시간적으로 향후 제주 여성들의 의식이 바뀌는 데 중요한 역할을 했다.

셋째, 일제강점기와 제주 4·3사건 이후 제주 여성의 관점이다. 조선시대부터 제주에는 성비 불균형에 따른 여다(女多) 현상이 있었다.[74] 이에 대한 다양한 추측이 있는데, 대체로 지리적·지형적 여건에 따른 해난사고로 인한 남성의 희생을 예로 든다. 그러나 실상을 보면, 해난사고보다 더 큰 영향을 미친 것은 남성 인구의 과도한 이출(移出)이다. 이는 다른 지방을 동경하는 사람이 많아서 출륙금지령을 내려야 했던 조선조의 기록에서 볼 수 있듯이 제주의 인구 유출이 많았음을 나타내며, 여성보다는 남성이 훨씬 더 많았을 것으로 보인다.[75] 이러한 남성 인구의 과도한 유출은 제주의 여다 현상을 심화시킨 가장 큰 요인 가운데 하나이다. 남성 인구의 유출 현상은 일제강점기에 더욱 커졌으며, 제주 4·3사건을 통해 매우 심화되는 경향을 보였다.

이처럼 젊은 남성들이 대거 제주를 떠나는 대량 인구 유출은 제주도에 남아 있는 도민들의 생활에 여러 영향을 미쳤다. 남녀 성비가 균형을 이루지 못하고 여다 현상이 심화되었을 뿐만 아니라, 이로 인해 혼인 시장이 교란되어 여성의 초혼 연령이 늦어지고 유배우율(배우자가 있는 여성의 비율)이 저하되어 출생률이 현저하게 떨어졌다.[76] 결과적으로 노동 생산연령층의 남성 부재 문제는 여성이 전적으로 경제활동을 해야만 하는 구조를 낳았고, 자연스레 여성의 노동참여가 증가할 수밖에 없게 되었다. 이러한 문제는 비단 한 가정에 국한되지 않고 마을공동체와 사회문제로 이어졌다. 예컨대 아버지 없는 가정이 늘고, 남성 형제가 줄줄이 집을 비우고, 남편이 돈 벌러 바다를 건너가는 가정이 늘면서, 그들이 남겨 둔 역할은 모두 척박한 제주 땅에 남아 있는 여성의 몫이 되었다.

이처럼 남성 인구의 과도한 유출로 인해 생계를 위한 여성들의 활동 영역이 농업 생산 이외에 삯바느질이나 행상 또는 물질(해녀)에 이르기까지 다양하게 확장되어 갔다.[77] 역사 속의 제주 여성들은 지리적·환경적 영향의 악조건에서 고군분투하면서, 동시에 남성들의 부재로 인한 생계 영위를 위해 부단히 인내하며 강인해져야만 했다.

넷째, 제주의 해녀이다. 제주에서는 바다에서 전복과 미역을 캐는 이들을 잠녀(潛女) 또는 잠수(潛嫂)로 불러 왔다. 이는 오늘날의 해녀와 같다. 제주의 잠녀(해녀)는 바다로부터 식량을 수집·채집했던 원시시대의 행태에서 기원하였다.《삼국사기》등에 섭라(제주)에서 야명주(진주)를 진상했다는 기록 등이 있는 것으로 미루어 볼 때 삼국시대 이전부터 이러한 잠수조업이 시작됐을 것으로 추측한다.[78]

과거 해녀들은 벌거벗은 몸으로 낫을 들고 물속으로 들어

갔고, 남녀가 힘을 합해 미역을 뭍으로 끌어올렸다. 그러나 당시(18세기 초) 제주에는 해녀들이 남자들 앞에서 발가벗은 몸을 해도 부끄럽게 생각하지 않을 정도였는데, 제주에 유교적 이데올로기가 그나마 강하지 않았음을 볼 수 있는 사례로 언급되기도 한다.[79]

앞서도 언급했지만, 제주도는 화산회토로 농사를 짓기에 적합하지 않은 매우 척박한 자연환경을 가지고 있다. 또한 사면이 바다로 둘러싸여 있어서 계절마다 변화무쌍한 기후와 일기는 제주 사람들, 특히 여성들을, 생업을 위한 고된 노동의 자리로 내몰았다. 그렇게 제주의 여인들은 딸이자 어머니로서 주어진 지리적·환경적 여건에서 가능한 한 밭농사와 집안일을 감당했고, 해녀로서 거친 파도와 싸우며 가족의 생계를 위해 고된 삶과 깊은 숨을 몰아쉬며 버티고 감당해 오늘에 이르게 되었다.[80]

한편 2016년, '제주 해녀 문화'가 유네스코 세계인류무형문화유산에 등재되었다.[81] 이는 해녀문화가 제주 사회 및 역사, 공동체 내에서 여성의 지위 향상에 기여해 왔음을 인정받은 결과이다. 또한 2022년 국가보훈처는 제주해녀항일운동을 주도한 부춘화, 김옥련, 부덕량을 1월의 독립운동가로 선정했다. 1992년 이래 제주 출신의 건국 포상자는 처음이다. 제주의 여성들은 고려시대부터 수백 년간 외부 침략과 수탈을 견뎌 냈으며, 일상에서는 척박한 자연환경으로부터 생존과 자주에 관한 투쟁을 이어 왔다. 이렇게 축적되어 온 제주 여성의 정신은 근대에 들어 계몽운동을 발판 삼아 사회적 연대로 이어지게 되었고, 급기야 이러한 움직임은 제주 여성의 대표적인 항일활동인 해녀항일운동(1932년)으로 표출되었다.

믿음으로 헌신했던 여성들

제주 여성의 특징을 살펴볼 때, 초기 제주 개신교 역사에서 믿음으로 헌신했던 여성들을 빼놓을 수 없다. 그중에서도 이기풍 목사의 부인 윤함애 사모와 전도인 이선광, 또한 김경신과 이정애가 특히 그렇다. 그리고 또 한 사람 서서평(쉐핑) 선교사도 놓칠 수 없다. 이들은 모두 외지인들이었으며, 이 중에 윤함애와 이선광은 제주 개신교 여성 사역의 롤모델과 같은 존재이다.[82]

먼저 윤함애는 글을 모르는 제주 여성들에게 한글을 가르치고[83] 동네 여성들의 출산을 돕는 산파 역할을 감당했을 뿐만 아니라, 제주 여성들에게 가정생활에 관한 것들을 가르쳐 주는 사역을 하였다. 또한 전도인 이선광은 이기풍 목사를 도와 제주 여성들을 위한 교육과 전도를 위해 제주로 파송된 최초의 전도인으로, 이기풍 목사와 함께 순회전도에 힘썼으며, 가장 오랫동안 제주를 섬기면서 제주 개신교의 초석을 놓은 여성 지도자이다.[84] 이선광은 제주 순회전도를 통해 제주 현지 여성들을 교회로 인도하는 중요한 역할과 함께 여성의 영적 멘토 역할을 감당했던 것으로 보인다. 그리고 김경신은 광주 부인전도회에서 협재교회로 파송했으며, 이정애는 아무런 대가도 받지 않고 임정찬 목사의

선교활동을 도왔고,[85] 서서평 선교사는 제주 여성 사역자들과 함께 '부인조력회'를 창립하였다.[86]

한편 '이호리 신앙공동체'(제주에 개신교가 들어오기 전에 자생한 공동체)의 구성원 김인애와 조천리 천아나, 그리고 모슬포교회의 초기 믿음의 여성들을 비롯해 제주도 각처에서 현지인 여성들이 활동을 계속해 나갔다.

김인애[87]는 제주 최초의 장로인 김재원의 모친이다. 아들 김재원이 죽을병에서 고침을 받고 제주도에 내려왔을 때 그는 궨당으로부터 신앙을 지켜 내는 것이 무척 힘들었다. 그때에 김재원이 신앙을 지키고 복음 전도에 헌신하고 제주 최초의 장로가 될 수 있도록 헌신적으로 돕는 한편, 제주 최초로 이호리 신앙공동체를 세울 수 있도록 적극적으로 헌신한 사람이 김재원의 어머니 김인애였다.

또한 제주 개신교 역사에서 두드러진 여성 가운데 한 사람으로 조천의 천아나를 꼽을 수 있다. 천아나는 이선광 전도인의 영향을 받았던 것으로 보이며, 1909년 세례를 받고 세례받은 기념으로 자신의 처소를 예배당으로 헌납함으로써 조천 지역 교회 설립에 크게 기여하였다. 오늘날 조천교회의 기틀을 마련한 셈이다.[88] 이후에 천아나는 술을 빚어 파는 일을 포기하고 전도자로 변신하였다. 열렬한 전도사역을 하다 보니 서양 귀신을 믿는다는 이유로 조천리 마을 사람들에게 출동(黜洞)[89]당했다.[90] 조천리 마을에서 쫓겨난 천아나는 다른 지역으로 옮겨 성읍교회와 법환교

회까지 선교 지경을 넓혀 갔다.[91]

다음으로 주목할 인물은 고산교회의 추산옥이다. 1916년 용수리의 김기평에게 전도를 받아 예수를 믿고 토지와 가옥을 매입하여 교회당으로 헌납하였다.[92]

그리고 모슬포교회의 초기 믿음의 여성들[93]의 헌신과 함께 현지인 여성들의 활동이 계속되어 1920년대를 지나면서 부인조력회 활동으로 이어졌다. 그중에는 강계생,[94] 김명숙 권사[95]와 강형신 전도사[96] 등이 있었다. 이기풍 목사의 딸 이사례는 이기풍 목사가 제주에서 제일 먼저 복음을 전한 사람이 해녀였다고 전한다.[97] 제주 현지인 여성들의 믿음의 헌신은 초기 제주 개신교 역사에서 중요한 역할을 감당했는데, 이를 정리하면 다음과 같다.

첫째, 제주 여성 교인들은 평신도로서 가정복음화와 지역전도, 교회 선교활동에 가장 적극적으로 참여했다. 육지에서 파송된 목사와 전도인들은 언어와 문화가 달라 제주의 토착문화를 이해하기가 쉽지 않았는데, 그때에 활약한 제주 현지 여성 교인들의 역할에 주의를 기울일 필요가 있다.

둘째, 그 당시 남성보다 여성이 소외되었고, 제주는 다른 지역에 비해 여성이 많았기 때문에 남성보다는 여성들에게 복음을 전하는 것이 효과적이었을 것이다. 또한 남성들에 비해 한번 신자가 되면 열성 신자가 되는 경우가 많았고, 결국 여성의 신앙 유무에 따라 신앙이 자녀들에게 가장 잘 전수될 수 있었다.[98] 그리고 교회 설립 과정에서 재산을 헌납한 사람들이 거의 여성이었다

는 사실도 주목해야 할 점이다.[99]

제주 가족문화의 특징

조선후기 제주도의 가족제도는 전통적 가족제도와는 다른 독특한 양식을 보였다. 여성이 밭농사와 바다에서의 물질 등으로 주요 생산과 노동 활동을 주도해 왔으며, 재산의 균분상속, 제사 분할, 촌락내혼, 궨당, 친가와 처가의 비분리를 통한 연계 등은 한국 사회에서 보편적으로 발견되는 전통적 가족제도와 구별되는 제주 가족 공동체의 특징이다.[100]

이에 필자는 제주 가족 공동체를 이해하기 위해 제주 사람들의 혼인제도, 가족 형태, 가족 내 여성의 지위, 제사와 장례문화를 중심으로 제주 가족문화의 특징을 살펴보고자 한다.

혼인제도

제주의 혼인제도가 갖는 중요한 특징 중 하나인 촌락내혼은 19세기 말까지 제주의 보편화된 결혼 방식이었다. 또한 양가 당내집단의 혼인 관계를 중첩시키는 겹사돈도 드물지 않게 행해졌는데, 이는 혼인을 통해 사회적 연대와 공동 의식을 강화하기 위한 것이라고 할 수 있다.[101] 또한 제주의 경우 타 지역에 비해 조혼이 성행하지 않았으나, 여성 인구가 남성보다 상대적으로 많아서인지 축첩이 빈번하게 일어났다.

가족 형태

제주도의 가족 형태는 보편적으로 부계 혈연으로 이루어져 있었다. 타 지역이 대가족 형태를 이룬 데 비해, 제주는 주로 3-4인으로 가족이 구성되었으며, 직계가족 형태를 취하는 전통적인 한국 가족 구성과는 달리 장남이 분가[102]하는 경우가 보편화되어 있었다. 한편 노부모는 몸을 움직일 수 있는 한, 자녀의 부양을 받지 않으려 하고 독립된 생활을 영위하는 경우가 많았다. 이는 친족 집단의 경우에도 마찬가지이다. 직계가족 형태보다는 부부를 중심으로 하는 개별가족으로서의 독자성이 제주도의 가족 형태에서 강하게 드러난다. 하지만 부모와 거주하지 않고 독립적으로 지내거나 혼인하여 분가한 후에도 자식들이 같은 마을에 살기 때문에 일상생활 가운데 빈번히 왕래하며, 집안의 대소사를 의논하고 금전을 지원하기도 한다. 부모가 노동력이 있고 자식이 분가한 지 얼마 안 되었을 때는 부모가 자녀를 돕는 일이 적지 않으며, 자식의 살림이 점차 안정되고 부모가 연로해졌을 때는 자식이 부모를 돕는 식으로 상부상조하였다.

가족 내 여성의 지위

제주도 가족문화의 특징 중 하나는 가족 내에서 여성의 지위가 비교적 높다는 것이다. 이는 혼인으로 독립한 부부 중심의 가족생활이 부인의 자율성과 역할 참여 증대를 가져왔고, 부녀자의 사회적 지위를 높이는 데 기여한 데 따른 것이다. 또한 집안의 중요한 일은 주로 남편이 결정하는 육지의 전통적 가족과 비교할 때, 부부가 서로 의논해서 결정하는 일치형이나 자율형 가족 비율이 비교적 높게 나타났다.[103] 한편 가족 내 여성의 지위가 높은 것은 제주도의 고부관계에서도 잘 드러난다. 부부 중심의 독립된 생활은 고부관계에도 영향을 미쳤으며, 이는 며느리에 대한 시어머니의 통제력을 약화하는 결과를 낳았다. 또한 제주도의 기혼여성이 비교적 자유롭게 친정을 드나들고, 시동생과 시누이에게 경어를 사용하지 않고 평등어를 사용하는 점 등은 가족 내의 며느리의 지위를 엿볼 수 있는 좋은 예이다.

제사와 장례

제주도의 제사와 장례와 관련하여 특이점은 균등상속을 통해 재산뿐만 아니라 제사까지 분할했다는 것이다. 육지의 경우, 장남이 조상의 제사를 전담하는 장남봉사나 직계자손이 조상의 제사를 나누어 봉행하는 관행이 널리 존재했다. 그러나 제주도의 제사분할은 균등상속을 기반으로 하고 있으며, 이는 밭농사의 효율성과 가족구조 및 형태의 특징과도 연관이 깊다. 한편 장례는 유교문화를 중시하여 사설 가족묘지를 조성해 후손들의 성공을 기원하려는 경향을 담은 매장 형태가 보편적이었다.[104] 하지만 출가한 딸이나 사돈댁 또는 외가 친족이 장례에 적극적으로 참여한다는 점은 제주만의 독특한 특징이다.

요약 및 제언

4장에서는 제주 사회문화의 특이성을 살펴보았다. 먼저 민속문화적 관점으로 제주의 주요 민속문화인 '궨당문화'와 '쿰다문화'를 알아보고, 그다음으로 향토적·역사적 특성을 들여다보았다. 향토적 특성에서는 지역환경과 생활문화에 대해서, 역사적 특성에서는 독자적인 국가에서 지방으로서의 제주, 변방의 유배지로서의 제주의 관점에서 생각해 보았다. 마지막으로, 사회구조적 이해를 위해 제주 여성의 특징과 역할, 그리고 가족 공동체의 특징 및 형태를 알아보았다.

그렇다면 이러한 특이성 위에 제주 사회문화에 적합한 선교 방안을 어떻게 세울 수 있을까? 이에 필자는 아래와 같은 요소를 충분히 고려해 접근해야 한다고 제안한다.

첫째, 제주의 언어와 의식주 문화에는 타 지역과 다른 독특한 특징이 있다. 앞에서 언급한 대로, 혼인과 가족제도를 통해 친인척으로 지역사회가 연결되어 궨당문화가 만들어졌다. 이는 농어촌 지역으로 갈수록 더욱 강하게 나타난다. 궨당은 조상제사와 함께 조상숭배로 이어지며, 눈에 보이지는 않지만 강력한 힘을 지니고 있다. 외부인에게는 이러한 특징들이 매우 배타적이고 폐쇄적으로 비칠 것이다. 그러나 이런 문화는 열악한 환경에서 생존하기 위한 제주인들의 강력한 연대이자 그들만의 생활방식이다.

둘째, 제주에 있는 또 하나의 독특한 문화는 쿰다이다. 외부인의 관점에서는 쿰다문화가 무관심과 냉대처럼 보일 수 있다. 하지만 제주의 쿰다문화는 타지인을 타지인으로만 보지 않고 서로의 정체성을 인정하고 공존하는 어울림의 영역으로 그 관계를 확장해 왔다. 제주 사람들 역시 같은 궨당이라 하더라도 살아가는 방식이 서로 다르다. 외지인에게뿐만 아니라 본래의 제주인들 안에서도 서로 참견하거나 간섭하려고 하지 않고 다름을 인정하며 함께 궨당을 이루며 살아왔다. 그러므로 궨당문화와 결을 같이하는 쿰다문화는 다양성을 품어 낼 수 있는 배려와 포용의 문화라고 할 수 있다.

셋째, 제주를 이해하려면 향토적·역사적 특징을 파악하고 아는 것이 필요하다. 이러한 특징을 앎으로써 복음을 전할 대상인 토착 제주민을 이해할 수 있기 때문이다. 제주의 향토적 특징은 제주인의 생활문화에 큰 영향을 주었다. 제주는 부모와 자식이 한 울타리 안에 살더라도 개별적으로 다른 살림을 하는 안팎거리 문화가 있고, 소작농이 아닌 자작농으로 생활하면서 주인의식과 평등정신이 자라났다. 또한 척박한 환경을 이겨 내려면 성격이 모질어질 수밖에 없는 상황에 놓여 있었다. 제주는 독자적인 국가로서의 정체성을 지녔으며, 자주적이며 독립적이었다. 반면에 유배지로서 고립과 단절, 배제의 아픔과 함께 제주만의 열등의식도 가지고 있다. 이러한 요소들이 복합된 결과, 자기 보호를 위해 외부인들에 대한 경계와 배타적 성향이 표출될 수밖에 없어 왔다.

넷째, 제주에는 수많은 신화가 있고 많은 여성 신이 등장하는데, 여기에는 제주 여성들의 당당하고 강인한 모습이 투영되어 있다. 실제로 제주의 척박한 환경에서 가정 경제와 생활, 노동은 여성의 몫이었다. 그만큼 제주 여성이 억세고 강인해질 수밖에 없었다. 또한 초기 개신교 역사에서 여성들의 역할과 헌신이 얼마나 중요했는지도 간단히 살펴보았다. 이러한 이해를 토대로 제주 선교에서 여성 리더십과 그 역할을 충분히 고려해야 할 것이다.

결국 제주 선교를 위해서는 복음의 현장인 제주, 그리고 제주인과 그들의 문화를 잘 알고 이해하는 일이 선행되어야 한다. 앞에서 서술한 제주의 문화와 역사적 특징을 토대로 상대를 존중하는 자세로 다가가야 제주인과 제주문화 속으로 들어갈 수 있다. 그렇지 않을 때 외부인의 눈에 비친 제주인과 제주문화는 이해할 수 없는 영역으로 여겨질 것이며, 상대를 비판하고 정죄함으로써 제주인들에게 과거와 같은 상처와 아픔을 줄 것이다. 제주 선교를 위해서는 이러한 제주의 독특한 문화와 역사를 이해하고 이들에게 어떻게 다가가야 할지를 깊이 숙고해야 할 것이다.

5장

제주 사회문화 관점에서 본 개신교와 천주교

5장에서는 제주 사회문화 관점에서 개신교와 천주교의 역사를 고찰하되, 앞에서 다루었던 제주 민간신앙과 제주인의 의식세계, 제주 사회문화의 특이성 안에서 개신교와 천주교가 어떻게 유입되어 진행되어 왔는지 살펴보고자 한다.

먼저, 제주 개신교와 천주교의 역사를 3세대로 분류하여 ① 제주 개신교와 천주교의 유입과 정착 그리고 일제강점기까지, ② 8·15해방 이후부터 4·3사건과 한국전쟁 그리고 2000년 이전까지, ③ 2000년 이후부터 현재까지의 전 역사를 들여다보고자 한다. 특히 이 과정에서 제주 개신교가 제주 사회문화 가운데 뿌리내리며 확장할 수 있었던 긍정적인 성장 사례는 무엇이며, 부정적인 이미지 요소는 무엇이었는지 살피고, 같은 선상의 외래종교인 천주교가 제주의 사회문화 가운데 확장될 수 있었던 요인이 무엇이었는지 알아보고자 한다.

제주 사회문화에 유입된 개신교와 천주교의 정착기부터 일제강점기까지의 선교 방안

제주도에 개신교가 들어왔을 때 불교나 도교는 오랫동안 제주 민간신앙과 습합되어 제주 사회문화에 깊이 뿌리를 내리고 있었다. 유교 또한 100년이 넘는 시간 동안 제주의 민간신앙과 공존하며 제주 사회문화 질서에 이미 친숙해 있었기 때문에 자연스럽게 제주인의 의식세계에 스며들고 토착문화를 형성하고 있었다. 이러한 시기에 초기 개신교와 천주교가 어떻게 제주 사회문화에 유입되고 정착될 수 있었는지, 그 과정에서 각각 어떤 선교 방안을 가지고 접근해 왔는지를 비교·분석하고자 한다.

초기 제주 천주교[1]의 선교 방식

제주 사회가 천주교를 처음 접하게 된 것은 김대건(안드레아) 신부[2] 일행과 제주인으로 첫 신자가 된 김기량(펠리스 베드로) 신부[3]에 의해서였다. 그러나 본격적인 제주 천주교의 시작은 1899년 페네(C. Peynet, 한국명 배가록) 신부와 김원영 신부를 파견하면서부터였다.[4] 그 후 1년 뒤인 1900년 페네 신부가 돌아가고, 라크루(한국명 구마슬) 신부가 들어오면서 천주교는 짧은 기간에 급속한 성장을 이루었다. 제주에 들어온 지 2년이 안 되는 기간 동안 그 당시 제주 인구의 2.5%에 달하는 1,300-1,400명이 천주교인이 되었다.[5] 이때 천주교의 선교 방식은 매우 공격적이며, 우월적이고 오만한 태도를 지녔으며, 이로 인해 제주도민들과의 관계에서 갈등과 반감을 샀다.[6] 그런데도 천주교는 제주도 전 지역으로[7] 확장되었고 성공적으로 정착해 갔다. 그렇다면 초기 천주교가[8] 성장할 수 있었던 긍정적 요인은 무엇이며, 부정적 요인은 무엇이었는지 살펴보자.

외국인 신부와 함께하는 천주교 선교

제주 천주교는 선교의 시작을 외국인 신부와 함께했다. 개신교는 이기풍 목사를 혼자 파송했지만, 천주교는 한국인 김원영 신부와 함께 페네 신부, 그리고 라크루 신부를 보냈고, '이재수의 난'[9] 후에는 민란 수습을 위해 프랑스인 타케(Emille Joseph Taquet, 한국명 엄택기) 신부도 파견하였다.[10] 그리고 일제강점기를 지나면서 아일랜드 출신의 맥그린치(Patrick James Mcglinchey, 한국명 임피재) 신부가 들어오게 되는데, 그는 1954년에 파송되어 임종 때까지 제주 선교에 헌신한 인물이다. 초기 천주교가 제주 선교에서 외국인 신부와 함께했다는 것은 정치적 지원과 함께 재정적 후원이 뒷받침되었다는 의미이며, 실제 선교에서 큰 힘이 되었음을 함축하고 있다. 실제로 "고종이 신부를 나처럼 대하라"라고 선언[11]했다고 하니 천주교의 위상을 가늠해 볼 수 있겠다.

그러나 이들 외국인 신부들의 면면이 모두 긍정적이지만은 않았다. 이들은 종교를 넘어서 제주 지방 행정에도 영향력을 행사했고, 결국 '이재수의 난'과 같은 갈등과 봉기로 이어졌다. 이 민란으로 희생된 제주 천주교 신자는 350명이었으며,[12] 매장도 하지 못해 가매장되었다. 천주교는 희생된 신자들을 매장하기 위해 프랑스공사를 통해 조선정부와 교섭하였고, 그 결과 황사평(黃蛇坪)[13]을 묘지로 제공받게 되었다. 또한 외국인 신부와 함께한 선교는 원활한 재정 지원으로 귀결되었는데, 이재수의 난 이후 부정적 인식이 만연한 천주교 이미지를 개선하고 선교활동을 펼치기 위해 1909년 설립된 신성여학교가 대표적인 예이다.

제주 천주교 초기 선교 과정에서 외국인 신부들이 함께함으로써 천주교는 대내외적으로 영향력을 크게 행사할 수 있었다. 이를테면, 사도 바울은 로마 시민권[14]을 갖고 있었고 그가 개척한 많은 교회가 물질적으로 후원[15]하여 선교사역에 큰 위로와 힘을 실어 주었던 것처럼, 천주교는 풍부한 인적·물적 지원을 통해 선교사역을 확장해 나갔다. 그러나 초기 제주 개신교 선교는 초라하기 그지없었다. 천주교와 비교해 볼 때, 어떤 배경이나 자원도 없이 이기풍 목사만을 단독으로 파송하여 선교를 이루어 가고자 하는 순진한 선교 전략을 펼쳤다.

제주 사회문화에 맞춰진 천주교의 선교적 접근

제주 천주교는 제주 사회문화에 뿌리를 내리고 있는 제주 민간신앙과, 민간신앙에 습합된 불교·유교가 전하는 내용은 진리가 아니며, 그 당시 제주도민이 인식하고 있던 도덕적 문제를 지적하며 배격했다.[16] 또한 불교와 유교도 해외에서 들어온 외래종교라는 사실을 강조하면서 불교와 유교는 '교'(教)나 '도'(道)로 일컫는 반면, '심방굿'과 '각 신을 숭상'하는 토착종교는 '이단'이라고 부르며 강하게 비난했다.[17] 특별히 김원영 신부는 유교의 개념과 우주론을 많이 언급하면서 천주교의 차별성과 우월성을 드러내고자 했다. 그러면서 개신교는 천주교의 "가지"라고 언급했다. 천주교는 제주 선교 과정에서 그들이 수용할 수 없는 토착종교 및 전통 풍속에 대해서는 강력하게 비판하되, 제주도민들에게 익숙한 전통적인 세계관을 이용해 천주교 교리를 설명하려는 시도를 했다.[18]

이에 반해 제주 개신교는 제주도민들이 가지고 있던 전통적인 관습과 사고방식을 '포기하라'고 강요하며, 개신교만이 유일한 신을 믿고 있으니 개신교의 세계관을 받아들이라고 주장하였다. 신축교안(이재수의 난)과 같이 선교적 이해와 방법론에서 한 번 실패를 맛보았던 천주교와 달리 개신교는 제주 사회문화에 대한 이해가 부족한 채 자기중심적, 개종주의적 선교 접근 방법과 함께 제주의 민간신앙과 문화를 배격했다.[19]

사도 바울은 아덴에서 전도할 때 "그 성에 우상이 가득한 것을 보고 마음에 격분하여 회당에서는 유대인과 경건한 사람들과 또 장터에서는 날마다 만나는 사람들과 변론"[20]했다. 그들의 종교심을 인정하면서 그들이 알지 못하고 섬기는 그것을 알게 하고, 우주와 만물을 지으신 분은 하나님이라고 변호했던 것이다.[21] 초기 제주 천주교의 선교 방식 또한 이와 유사했음을 엿볼 수 있다.

천주교는 제주 사회문화에 대한 이해와 접근에서 이재수의 난 등과 같은 실수를 답습하지 않으려는 노력을 심도 있게 기울여 왔다. 이에 비해 개신교의 초기 제주 선교는 다소 공격적이었고, 제주 사회문화에 대한 이해와 인정이 부족했다.

제주 천주교의 부정적 이미지

그렇다고 초기 제주 천주교 선교가 긍정적인 면만 있었던 것은 아니다. 서정민은 "제주의 초기 천주교사는 민족 토착 세력과의 제휴 실패, 조세나 치안 행정 등과 같은 지방 정치의 진행과 충분한 단절을 이루지 못한 '정교유착'의 단면과 부분적으로 외세까지 제주 문제로 끌어들이는 과정을 보였다"[22]며 아쉬운 입장을 피력한다.

초기 제주 천주교는 짧은 기간 동안 급성장을 했지만, 오만하고 우월적인 선교 방식을 통해 갈등을 빚고 결국 이재수의 난을 직면하게 되었다. 그리고 부정적인 인식이 더욱 심해져 가자[23] 천주교는 제주 사회의 부정적인 인식을 개선하기 위해 다시 라크루 신부를 제주도로 파견하고 1909년 신성여학교를 설립했다. 그러나 천주교에 대한 부정적인 인식은 개선되지 않았고, 이 여학교 역시 오래 지속되지 못했다. 라크루 신부가 1915년 전주

본당으로 옮겨 가게 되면서 신부가 공석이 된 상황에다가 재정 문제까지 겹쳐 신성여학교도 자진 휴교했다. 1916년 일제 당국의 교사 명도령이 내려지면서 신성여학교가 문을 닫게 된 것이다.[24] 이후 제주 사회에서 천주교는 일제강점기까지 긴 침체에서 벗어나지 못했고, 제주 개신교는 천주교와 다르게 계속 성장해 갔다.[25]

초기 제주 개신교의 선교 방식

제주 개신교 선교를 논하기에 앞서 짚어 봐야 할 중요한 화두가 있다. 제주 사회문화에 대한 개신교 선교의 시작을 이기풍 목사로 볼 것인가, 아니면 제주 지역의 자생적 신앙공동체 모임으로 볼 것인가 하는 문제이다. 이 책에서 필자는 제주 사회의 개신교 선교 기점을 이기풍 목사로 보고, 이미 존재했던 신앙공동체의 협력과 역할이 초기 제주 개신교회에 어떤 영향을 끼쳤는지를 살펴보고자 한다.

초기 제주 개신교의 선교 방식은 매우 순진했던 것으로 보인다. 천주교는 여러 신부를 제주도에 파송했지만 개신교는 이기풍 목사를 단독 파송하였다. 그리고 제주로 파송된 이기풍 목사가 선교지인 제주 사회문화에 대해 전혀 이해가 없었다는 점에 주목하게 된다.[26] 그리고 앞에서 언급한 대로, 이기풍 목사의 선교활동으로 대표되는 초기 제주 개신교의 선교적 접근과 방식이 제주의 관습과 사고방식을 미개한 것으로 여기거나 무시한 채, 개신교가 믿는 신만이 유일한 신임을 강조하고 개신교 세계관을 받아들일 것을 강요했음을 보게 된다.[27] 그동안 히브리(구약) 문화에서 헬라(신약) 문화로, 유대인에서 헬라인에게로 넘어가는 성경의 문명사에 대해서는 전혀 고려하지 않고 신학적 관심과 연구가 진행된 것처럼, 이기풍 목사는 제주만의 독특한 사회문화에 대한 이해 없이 제주도와 육지를 동일한 관점으로 보았기 때문에 다소 보수적이고 원론적인 방법으로만 접근하고자 했던 것으로 보인다. 이는 이기풍 목사의 신학과 선교의 배경을 통해 좀 더 확실해진다.[28]

그래서 초기 제주 개신교 선교사역은 제주 민간신앙 및 제주인에게 이미 뿌리내린 불교·유교·도교의 습합과 집약으로 귀결된 제주 토속문화 등과 수많은 갈등을 겪어야 했다. 그러나 이처럼 어떻게 보면 지극히 단순한 개인전도 중심의 선교적 접근과 방식에도 불구하고 이기풍 목사가 선교를 시작한 지 5년 후인 1913년에 이르러서는 제주도에 아홉 개(예배당 3곳, 기도처 6곳)의 교회가 세워졌고, 약 400명의 신자들이 정기적으로 교회에 출석할 만큼 성장을 했다.[29]

제주도로 유입된 인구와 그들의 정착 과정에서 큰 어려움을 겪었던 제주 개신교는 점차 이를 극복하고 적응해 갔으며, 일제강점기에는 제주 천주교의 성장세를 앞서기도 했다. 이러한 수치는 일제 행정 당국이 작성한 제주도의 종교인구 분포 통계를 통해서도 찾아볼 수 있다.

〈표 6〉 일제강점기 제주도 종교인구 분포[30] (단위: 명)

연도	불교	천주공교	조선야소교장로회	제칠안식일
소화5(1930)	4,068	402	995	31
소화6(1931)	4,573	458	934	26
소화7(1932)	5,379	420	897	20
소화8(1933)	5,112	665	2,700	110
소화9(1934)	4,166	743	1,276	27
소화10(1935)	5,394	574	783	12
소화11(1936)	5,611	530	1,150	55
소화13(1938)	6,458	453	1,346	3

〈표 6〉에서 볼 수 있듯이 1938년에 이르러서는 제주 개신교 인구가 천주교 인구보다 약 3배 가까이 성장했다. 일제강점기라는 역사적 배경을 비롯해 교세 확장을 하는 데 여러모로 불리한 여건이 있었음에도 불구하고, 제주 개신교가 이처럼 성장할 수 있었던 요인은 다음과 같이 정리해 볼 수 있다.

자생적 신앙공동체와의 만남

동료 선교사 없이 혼자 제주에 입국한 이기풍 목사가 선교사역에 더욱 힘을 낼 수 있었던 것은 제주 지역에서 자생하고 있던 개신교 신앙 공동체와의 만남[31] 때문이었다. 1907년 제주 지역을 위한 개신교 선교사로 파견 결정을 받은 이기풍 목사가 실제로 제주도에 온 것은 1908년 초였다. 그때 상황에 대해 이기풍 목사의 딸 이사례 권사는 "전혀 언어가 통하지 않아 고통을 느꼈으며, 천주교인 학살사건이 있던 다음이라 모두 증오에 찬 눈으로 바라볼 뿐 전도하는 말에 응하려 하지 않고, 더러는 맹렬히 반대하며 핍박했다"[32]라고 전한다.

당시 제주도는 지역마다 민간신앙과 토속문화의 영향으로 무속(무당)을 종교와 삶의 기반으로 하는 강력한 신앙적 배경이 자리하고 있었고, 거기에 유교, 불교 등의 영향이 중구난방으로 혼재되어 있었다. 또한 마을마다 궨당을 중심으로 한 지역 권력 구조가 상당한 영향력을 행사하고 있던 데다가, 개신교가 유입되기 직전 천주교의 신축교안(이재수의 난)이 발생해 외래종교인 개신교에 대한 반감이 더욱 클 수밖에 없었다.[33] 이에 대해 조성윤은 이사례의 말을 인용하여 다음과 같이 서술한다.

> 이기풍 목사는 어디서부터 시작해야 할지 막막했다. 그래서 우선 제주도 내의 실정을 파악하는 것이 선교에 도움이 되겠다는 판단을 내리고 조랑말 한 마리를 구입했다. 한라산을 한 바퀴 돌면서 도민들과 부딪쳐 보려는 것이었다. 그의 순회 생활은 별 효과가 없었다.[34]

이러한 상황에서 자생적 신앙공동체의 중추적 역할을 담당하던 김재원과 조봉호와의 만남은 이기풍 목사의 제주 선교사역에 마중물이 되었다.

과거 제중원에서 수술을 받고 죽다가 살아난 김재원은 제주도 최초의 개신교인이요 세례 교인이었다. 그는 제중원에서 병이 완치된 후 제주로 돌아왔는데, 치료 과정에서 예수님을 영접한 신앙을 바탕으로 복음이 개인의 구원을 넘어 가족과 마을로, 그리고 지역과 사회로 확장되는 데 중요한 역할을 감당하였다. 그리하여 1904년, 김재원을 중심으로 제주 '이호리 신앙공동체'가 형성되었다. 그리고 마침 제주도로 파송받은 이기풍 목사와 협력하게 되었는데, 이는 성내교회 기도회가 그 시작이었다. 이에 앞서 이호리 신앙공동체는 이기풍 목사 제주도 파송에도 큰 역할을 감당하였다.[35]

자생적 신앙공동체의 리더였던 조봉호[36]는 새로운 문물과 교육에 대한 마음을 품고 바다를 건너 경성으로 유학을 떠났다. 1902년 경성으로 간 그는 언더우드 선교사가 개신교 정신에 입각해 설립한 경신학교에 입학해 근대 교육과 기독교 교육을 받으면서, 개신교가 단지 종교가 아니라 자신과 민족이 받아들여야 할 신앙임을 깨닫고 복음을 받아들였다고 한다.[37] 조봉호는 1907년부터 시작된 '금성리 신앙공동체'를 형성하고 있었다.[38] 조봉호는 이기풍 목사가 낯설고 척박한 변방의 섬 제주도에 도착했을 때 김재원과 함께 전도사역을 도와 협력했다. 또한 동시대에 제주도에 유배 중이던 박영효와 이승훈과의 만남도 있었다. 이들은 이기풍 목사가 개신교 학교를 설립하고 운영하는 데 큰 역할을 하였다.[39]

정리하자면, 천주교는 제주도로 신부를 파송할 때 외국인 신부와 함께 파견하였다. 그에 반해 개신교는 이기풍 목사 홀로 제주도로 파송하였다. 그때에 이미 제주 지역에는 자생적 신앙공동체와 그 공동체의 리더가 분명히 존재하고 있었다. 이러한 자생적 리더십은 3장과 4장에서 다루었던 제주인의 기질과 역사적 독립국이라는 정체성과 관련되어 있다고 볼 수 있다. 이는 제주 선교에서 매우 중요한 관계이다. 언어가 잘 통하지 않고 토착문화가 매우 강하게 드러나는 제주 사회문화에서 자생적 신앙공동체와 토착민 평신도 리더와의 협력을 통해 개신교 선교사역이 힘을 얻을 수 있었다는 사실을 간과해서는 안 될 것이다.

성령의 치유사역

이기풍 목사의 초기 제주 개신교 선교사역의 성장 요인 중 하나로 '성령의 치유사역'을 주목할 수 있다. 아서 글라서는《성경에 나타난 하나님의 선교》에서 "성령은 세계 선교를 위한 하나님의 도구로 예수님을 섬기는 일만 하시는 것이 아니다. 성령은 아주 다양한 하나님 나라 활동의 실제적 중심이다"라고 했다.[40] 조성윤은 "이기풍 목사의 선교활동 중에 가장 눈에 띄는 것은 병 고침이었다"라고 했다.[41]

《제주도 선교 100년사》를 쓴 한인수는 "1912년에 성내교회의 신자 수가 두 배로 늘었다. 그 이유로 성내교회 제1회 총회록(1912)에는 '교인 중에 권능을 받아 병 고치는 자 많고'라는 기록이 있으며, 1912년에 새로 들어온 교인 수가 200여 인이라 기재되어 있다. 당시 제주도의 개신교 총 수가 410명임을 감안할 때 이는 교인 수의 절반이 한 해 만에 교회로 몰려온 것을 뜻한다"라고 기록하고 있다.[42] 이사례는 그의 글에서 이기풍 목사의 축사(逐邪) 사례를 다음과 같이 소개하고 있다.

> 제주성 안에 귀신에 씌어 도적질을 일삼는 광인이 있었는데, 제아무리 묶어 놓아도 풀고 나와 사람들을 괴롭히곤 하였다. 이기풍 목사 부부는 밤을 새워 기도하고 또 기도했다. 그러자 광인은 거품을 품고 몸이 축 늘어지면서 정신을 잃고 말았다. 그리고 곧 온전한 정신을 되찾았다. 참으로 놀라운 축사(exorcism)였다.[43]

한편 로스(A. R. Ross, 한국명 노아력) 선교사는 이기풍 목사의 신유의 기적을 소개하였는데, 제주도 사역 중에 열한 살 난 절름발이 소년이 목포에 가서 3개월 동안 전문 의료선교사에게 치료를 받았으나 낫지 못하고 제주도로 돌아와서 이기풍 목사에게 한 주간 기도를 받는 중에 치유케 된 것을 기록하고 있다.[44] 또한 맥쿠첸(L. O. McCutchen, 한국명 마로덕) 선교사는 이기풍 목사의 제주도 선교 기간 동안 귀신 들린 수많은 사람이 기도로써 자유하게 되고 병든 자가 치료함을 받으며 신자들이 서로 사랑하며 연합함으로 주변 사람들에게 큰 감동을 주었다고 했다.[45]

한인수는 이러한 "이기풍 목사의 치유사역은 제주읍 내에 널리 퍼져 주민들로 하여금 복음에 대해 개방적인 태도를 갖게 해주었으며, 그 결과 개척 선교에 좋은 이미지를 가져다주었다고 생각된다"라고 말한다.[46] 또한 박용규도 그의 책에서 다음과 같이 기록하고 있다.

> 영적 전투가 극심한 제주에서 초기 선교의 어려움을 성령의 권능을 통한 신유로 기독교 하나님의 우월성을 선포함으로 종교성이 많은 제주민들이 복음에 대해 마음의 문을 열도록 만들었다는 사실이다. 제주에 있는 반기독교적 정서에 맞서서 기독교 선교를 진행할 수 있었던 것은 성령의 놀라운 능력이 그곳에 나타나 영적 승리를 민중 가운데 선포할 수 있었기 때문이다.[47]

이처럼 이기풍 목사의 제주 선교사역에서는 "예수님의 초기 갈릴리 지역의 사역과 같이"[48] 초기부터 귀신 들린 자와 병든 자를 기도로 치유하는 신유의 기적과 성령의 역사가 강하게 나타났다. 이는 제주 천주교가 외국인 신부와 함께 유입되어 정치와 재정적 뒷받침으로 선교했던 것과 차별화된, 초기 제주 개신교 선교 방안 가운데 매우 중요한 요소이다.

여성 사역자들의 헌신

초기 제주 개신교 선교사역이 성장할 수 있었던 요인으로 '여성 사역자의 헌신'을 빼놓을 수 없다. 이기풍 목사가 제주 개신교 첫 신자로 맞이한 사람은 잠수, 즉 해녀(여성)였다.[49] 이것은 개신교 역사에서 시사하는 바가 크다. "4장 제주 사회문화의 특이성"의 '제주 여성의 특징과 역할'에서 믿음으로 헌신했던 여성들에 대해 자세히 기록하였다. 제주 여성들은 가정과 노동, 사회적으로도 중요한 역할을 감당했으며, 끈기와 강인함을 갖고 있다고 밝힌 바 있다. 또한 가족 내에서 지위가 비교적 높고, 혼인과 함께 독립된 부부 중심의 가족생활로 인해 부인의 자율성과 역할 참여가 컸고, 사회적 지위 또한 높았다.

제주 여성들의 이런 특징과 함께 개신교 신앙을 받아들인 믿음의 여성들 또한 가정복음화와 지역전도, 교회 선교활동에 적극 참여했을 뿐만 아니라, 자녀들에게 신앙을 전수하는 데 최선을 다했다. 이 여성들은 초기 제주 지역에 교회를 설립하고 확장하는 일에 자신의 재산을 헌납하는 등 헌신을 보였고, 한 번 믿으면 끝까지 그 믿음을 지키고 헌신했다.

이기풍 목사의 초기 제주 개신교 선교사역이 성장하며 확장할 수 있었던 주요 요인 가운데 하나는 이 목사의 부인 윤함애 사모, 독노회가 파송한 전도인 이선광[50]과 쉐핑(한국명 서서평)[51] 선교사 등이 제주 여성 사역을 위해 헌신했기 때문이다. 바울의 선교사역에도 "두아디라 시에 있는 자색 옷감 장사로서 하나님을

섬기는 루디아라 하는 여자"와 바울을 도왔던 여자들의 이름이 기록되어 있다.[52]

이처럼 초기 제주 개신교 선교 역사에서 여성들의 역할은 매우 중요하였는데, 이는 초기 제주 개신교와 제주 천주교 선교사역의 큰 차이점 가운데 하나이다. 물론 천주교도 수녀들을 제주도로 파송해 사역했지만, 주로 여성 학교(신성여학교) 설립을 위한 것이었다. 반면에 개신교는 이기풍 목사 사모 윤함애, 전도인 이선광, 독일 선교사 서서평 등이 주도적으로 제주 사회에서 제주 개신교 여성들을 위한 리더로 활동했다.

선교 도구로서의 의료봉사와 교육정책

제주 개신교 선교사역에 영향을 미친 많은 요인이 있지만, 여기서는 의료봉사와 교육정책에 대해서 살펴보겠다.

첫째, 제주도는 의료사역에 대한 필요가 컸는데, 다른 지역보다 질병이 자주 발생하는 지역이었기 때문이다. 윤용택은 "사람들이 주로 거주하던 해안지대에는 일 년 내내 미생물 번식이 가능하기 때문에 방역(防疫)이 미비하던 시절에 질병 위험이 상존했다"라고 했다.[53] 제주도는 주로 역병과 콜레라가 만연하여 목숨을 잃었다.[54] 1909년 초에는 "괴질로 3,000여 명이 사망"하였다.[55] 이런 상황을 볼 때 제주도는 어느 지역보다 의료시설이 필요한 곳이었다. 이런 제주도의 형편을 알게 된 이기풍 목사는 의료선교를 강하게 원하였다. 1910년 〈남장로회 연례보고서〉는 다음과 같이 기록하고 있다.

> J. F. Preston과 한 주간의 제주여행을 했으며, 섬 주민들이 교회 예배에 참석하고 진료를 받으려는 열심은 정결한 어린 양의 속죄의 능력뿐만 아니라 병과 고통으로부터의 구원에 대한 그들의 필사적인 요구의 애절한 증언이다. 우리는 더 많은 의료 순회가 수행되어야 한다고 믿는다. 첫 방문 때 많은 환자들을 돌본 목포 진료소에서 온 학생들을 통해 제주에 약 2개월 동안 의료사역이 계속되었다.[56]

또한 광주 기독병원 원장 윌슨(Robert M. Wilson, 한국명 우월순) 의사는 1912년 5월 가족과 함께 제주도에 의료선교차 방문했고, 이런 말을 남겼다.

> 우리는 3년 동안 제주도에 병원을 세워 달라는 요구를 받았다. … 치료받으러 너무 많은 사람들이 오기 때문에 우리들 네 사람은 이들을 잠잠케 하였다. … 두 번째 날에 나는 숨이 넘어가는 사람을 치료하기 위하여 서둘러 따라갔는데, 그는 도로상에 의식도 없이 숨도 제대로 쉬지 못한 상태였다. … 거의 죽은 것과 같았지만 마지막 조치를 취하기로 하였다. … 손바닥 크기만 한 덜 익은 소고기 조각을 끄집어냈다. 인공호흡과 힘든 조치를 취하여 반 시간 뒤부터 숨 쉬게 되었다. … 아침에는 50-70명의 환자를 치료하고

오후에는 3-4건의 수술을 하였다.[57]

제주도는 개신교 선교를 위해 의료원이 필요했다. 한국인 의료선교사 오긍선은 "제주도 사역은 밝으며, 이 목사가 일한다. 지난봄에 윌슨이 한 주간 동안 그곳에서 진료하였다. 그곳에 선교 의사가 상주하기를 바란다"[58]라고 했다. 그러나 재정적 이유로 제주도 의료원은 세워지지 않았다. 한편 남장로회 선교부는 꾸준히 제주도 의료선교를 실시해 각종 질병을 치료해 줌으로써 제주인들에게 다가갈 수 있는 선교의 접촉점을 마련했다. 제주도는 다른 어떤 지역보다도 의료적 치료와 시설에 대한 필요가 절실했다.

둘째, 제주 선교를 위한 교육 사업에 대해 살펴보면, 당시 국내 근대화의 움직임 가운데 조선예수교장로회는 신교육을 주요 사역으로 택했다. 제주 출신 신자인 김재원과 조봉호는 제주 선교를 위한 지역 교육시설의 필요성에 대해 노회에 요청했고, 제주에 유배 중이던 박영효의 도움으로 1908년에 제주 성내교회가 남녀소학교(후에 '영흥학교'로 발전)를 설립하였다. 조봉호는 제주도민을 위한 교육기관인 영흥(永興)학교 교원으로 참여해 경성에서 유학하면서 쌓은 역량을 제주도민을 위한 교육에 쏟아놓았다.[59] 조봉호와 박영효, 이승훈이 영흥학교와 깊은 관련을 맺고 있었던 것으로 보이며, 이기풍 목사 역시 제주 지역에 있는 신자들과 유배 온 지식인들과 함께 학교를 통한 선교적 방안을 찾고

자 했던 것으로 보인다. 그러나 이러한 필요와 오랜 역사에도 불구하고 오늘날 제주 지역에는 미션스쿨이 존재하지 않는다. 매우 안타까운 일이자 제주 개신교 선교를 위한 문제점으로 작용하는 것으로 보인다.

제주노회가 펴낸《제주 기독교 100년사》에는 "모슬포와 산남지역에서도 어린아이들을 위한 아동학교를 시작하였을 것으로 보며, 이 모임이 모체가 되어서 교회로 발전하였을 것으로 본다"라고 기록되어 있다.[60] 김찬흡은《제주항일인사실기》에서 다음과 같이 말한다.

> 개신교 전파와 민족 문화의 창달을 위해 1920년 모슬포에 광선의숙을 개설하였다. 이 사숙은 4년제로 초등학교를 담당, 개신교의 박애사상을 바탕으로 한 민족주의 교육방침으로 운영하였다. 광복 조선, 즉 '조선(朝鮮)을 광복(光復)한다'는 뜻으로 광선의숙이라 명명하고, 또 모슬포교회 부설교육기관으로 운영하였는데 교사들은 강유언, 정을규, 최정숙, 원용혁, 정동수 등이 담당하였으며 이들은 철저한 기독교인들이다.[61]

이처럼 초기 제주 개신교는 선교에서 제주 사회문화에 필요한 것을 파악하고 그것에 맞는 선교 방안을 모색했다. 그런데 제주 지역에 의료와 교육의 모체가 되는 기관을 설립하지 못한 결과, 교회에 대한 긍정적 인식을 심어 주는 데 한계가 있었고 지속적으로 성장하지 못한 주요 요인으로 작용했다.

민족과 함께한 제주 개신교

제주 개신교는 민족의식과 연계되어 발전해 왔다. 1919년 3·1만세운동이 경성은 물론 전국 각지로 퍼져 나갈 때, 다른 지역의 교회 못지않게 제주 개신교인들도 독립운동과 저항운동에 적극 동참했다. 특히 조봉호는 금성리 개신교 신앙공동체의 평신도 리더이자 근대화 신지식인으로서, 제주도민을 위한 교육에 힘을 쏟았다.

그는 1919년 3·1만세운동이 경성은 물론 전국 각지로 퍼져 나갈 때 애국애족 정신에 불을 지폈으며, 더 나아가 독립운동에 적극 나서는 촉매 역할을 했다. 3·1운동 이후 뜻있는 애국지사들은 일제에 조직적으로 항거하기 위해 중국 상하이에 대한민국 임시정부를 수립하였고 조국 광복을 위한 독립군 양성을 위해 '독립군 군자금 모금 운동'을 비밀리에 진행하였다. 이때 제주 지역도 1919년 5월 조봉호를 중심으로 3명의 목회자가 함께 이 일에 적극 가담했다. 이형우는 "조봉호의 독립군 군자군 모금 사건은 제주 개신교와 민족운동과의 연관성을 이해할 수 있는 중요한 사건이다"라고 평가하였다.[62] 조봉호는 교회 조직과 일반 조직을 동원하여 모금이 시작된 지 50여 일에 4,450명이 참여하여 만 원에 달하는 자금을 모금하였다.[63] 차종순은 《제주 기독교 100년사》에서 조봉호를 다음과 같이 평가하였다.

순국지사 조봉호 기념비[64]

한쪽으로는 기독교 신앙이고 다른 한쪽으로는 민족적 애국심이라고 말할 수 있다. 이 두 가지가 합쳐져서 조봉호는 제주도의 지식인이며 동시에 기독교인으로서 제주도 독립운동을 이끌었던 것으로 알 수 있다.[65]

조봉호와 3명의 목회자(김창국, 윤식명, 임정찬)와 제주 개신교는 민족과 함께하였다. 제8회 조선예수교장로회 '총회의 선교 보고'[66]를 보면, "제주 사람들이 개신교를 진실로 믿을 만한 도라고 인정할 뿐만 아니라, 칭송하고 환영하는 놀라운 변화가 일어났던 것"이다. 그뿐만 아니라 해방과 4·3사건에는 제주 출신의 이도종 목사와 조남수 목사의 제주도민을 위한 돌봄과 희생과 순교가 있었다.

반면, 천주교의 경우 프랑스 선교사 뮈텔과 드망즈 주교는 한결같이 성직자나 신자들이 3·1운동에 참여하지 않기를 바랐으며, 신학생들에게는 이 독립운동에 참여하지 않도록 명하였다고 한다. 물론 천주교 신자들도 알게 모르게 도처에서 3·1운동에 가담하기도 했겠지만, 공개적으로 가담하지는 못했던 것 같다.[67] 이러한 점에서 제주도민들에게 개신교는 천주교와 달리 민족과 함께하는 종교로 인식되었고, 〈표 6〉에서 본 것과 같이 개신교가 천주교보다 수적으로 세 배 정도 많아지게 하는 선교의 장을 만드는 계기가 되었다. 이는 제주 개신교 선교에 의미하는 바가 매우 크다.

제주 사회문화에 유입된 개신교와 천주교의 8·15해방 이후부터 2000년 이전까지의 선교 방안

여기서는 8·15해방 이후부터 2000년 이전까지 제주 개신교와 천주교가 어떤 모습으로 성장해 왔는지, 그리고 각각의 선교 방안은 무엇이었는지를 비교·분석하며 살펴보고자 한다. 먼저, 일제강점기를 지나 8·15해방 이후부터 2000년 이전까지 개신교와 천주교의 교세 현황을 연도별로 비교·분석하였다.

이 시기의 교세를 비교해 볼 때, 1990년대 후반에 이르러서는 개신교보다 천주교가 크게 약진했음이 눈에 띈다. 이를 토대로 초기 제주 천주교가 갖고 있던 제주 사회문화에 대한 부정적 인식을 어떻게 극복하고 성장할 수 있었는지, 그리고 제주 개신교는 2000년 이전까지 어떤 모습으로 성장해 왔는지를 살펴보고자 한다.

8·15해방 이후부터 2000년 이전까지 제주 천주교 선교 방식

천주교는 일제강점기를 지나 8·15해방 이후까지 제주인들의 천주교에 대한 부정적 인식 때문에 성장이 정체되어 있었다. 그런데 한국전쟁을 지나면서 부정적 이미지를 극복하고 2000년즈음까지 지속적으로 성장하며 약진하였다. 이렇게 약진하며 성장할 수 있었던 요인은 무엇이었을까? 물론 개신교와 같이 천주교도 6·25전쟁으로 인해 제주도로 피난한 성도들의 유입도 있었지만,[68] 신성여학교 재건과 함께 한림본당에서 시무한 패트릭 제

〈표 7〉 **제주 천주교[69]와 제주 개신교[70]의 교세 현황** (단위: 명)

연도	제주 전체 인구	천주교	개신교
1935	199,063	529(0.3%)	1,506(0.8%)
1950	254,589	814(0.3%)	1,734(0.7%)
1960	281,663	9,144(3.2%)	14,061(5%)
1985[71]	488,576	18,958(3.9%)	36,183(7.4%)
1995	505,438	31,143(6.1%)	42,235(8.3%)

임스 맥그린치 신부의 농촌지역 부흥운동과 신용협동조합운동에서 그 요인을 찾을 수 있다. 천주교는 복음 전파의 대상이 되는 지역사회와의 관계를 재설정하고, 평신도 단체와 교육기관 및 수도회가 적극적인 활동을 펼쳤다.

신성여학교 재건과 교육기관의 활동

천주교는 1909년 제주도에 신성여학교를 설립했지만, 라크루(한국명 구마슬) 신부가 1915년 전주본당으로 옮겨 간 데다가 재정문제까지 겹쳐진 상황에 일제의 탄압까지 있어 1916년 강제 휴교했다. 그러다가 1946년 '신성여자중학교'(3년제)를 야간 1학급으로 개교하여 인가를 받았다.[72] 신성여학교 졸업생들의 헌신과 신부들의 후원, '신성부흥위원회' 조직과 미군정 당국에 대한 호소를 통해 옛 신성여학교 건물을 되찾으면서 다시 개교할 수 있었다. 또한 주민들로부터 좋은 평가를 받아 학생 수가 증가하면서 경제적 어려움을 극복하고 운영될 수 있었다.

한편 신성여자중학교가 학부형들에게 인기를 얻으면서 주민들은 어린이 교육까지 맡아 주기를 희망하였고, 이로써 1947년 신성여자중학교 부속 '신성유치원'을 개원했다. 그리고 1953년에는 '신성여자고등학교'를 인가받았다.[73] 학교를 통한 여성들의 교육 참여 증대는 제주 사회에서 천주교의 이미지를 개선했을 뿐만 아니라, 제주 사회 전반에 선교적으로 직간접적인 영향을 미쳤다.

앞서 언급했다시피 초기 제주 개신교 선교 전략 가운데 하나는 교육정책이었다. 개신교는 교육의 결과로 신지식을 받아들였고, 이에 따른 실천으로 자주독립을 위해 3·1운동을 비롯해 여러 독립운동에 적극 참여했다. 제주인들은 이런 활동을 보면서 개신교는 믿을 만한 도라고 인정했으며, 개신교에 대한 놀라운 인식 변화와 더불어 천주교보다 교세가 앞서는 성장세를 보였다.

그런데 8·15해방과 4·3사건, 한국전쟁을 지나면서 제주 개신교는 교육정책에서 실패한 모양새를 보였다. 영흥학교나 광선의숙 등이 공인된 교육기관으로 발전하지 못한 것이다. 반면에 천주교는 신성여학교를 재건함으로써 제주 사회문화 가운데 긍정적 이미지를 보여 주었고, 이것은 교육정책의 성공, 제주 천주교의 성장으로 이어졌다.

패트릭 제임스 맥그린치 신부의 선교 방식

아일랜드 출신의 패트릭 제임스 맥그린치(한국명 임피재)[74] 신부를 가졌던 제주 천주교의 선교 방안에 대해서는 다음 몇 가지로 요약할 수 있다.

첫째, 농촌지역 개발에 참여하는 것이었다. 맥그린치 신부는 제주 지역의 농촌이 매우 어렵게 생활하는 것을 보고 농촌부흥운동을 위해 1957년에 학생 25명을 설득하여 '4H 클럽'을 조직하였다.[75] 맥그린치 신부는 고향에서 보내온 후원금으로 양 35마리를 구입하여 학생들의 자립을 위해 직접 기르도록 하였을 뿐만 아니라, 닭과 돼지 종자를 나누어 주는 가축은행을 설립했다. 1960년에는 독일 주교회의 해외원조위원회인 미시오(Missio)와 미국 가톨릭구제회(CRS)로부터 후원과 원조를 약속받아 한림목장(현 성이시돌중앙실습목장)을 개장하였고, 1969년에는 제주도 축산 행정 당국과 제휴하여 중산간 지대의 개척 단지 조성 사업에 따른 자금 및 기술 교육을 지원하기도 했다.[76]

한편 맥그린치 신부가 가장 관심을 기울인 분야는 신용협동조합운동이었다. 이 운동의 목적은 "상부상조의 정신과 그리스도교의 애덕을 실천함으로써 경제적인 효과를 거두는 동시에 간접적으로는 천주교 운동에 참여하는 평신도들의 활동 단체로" 성장하는 것이었다.[77] 맥그린치 신부는 1962년에 제주도 '한림신용협동조합'을 창립하고 이 운동을 도입하였다. 이어 제주도에서 두 번째로 설립된 신협 또한 천주교에서 설립한 '제주천주교신용협동조합'이었다. 이 밖에도 맥그린치 신부는 금악, 오라, 선흘 등에 있는 토지를 매입한 뒤, 집과 축사를 지어 98명이나 되는 가난한 젊은 농부들의 정착을 도움으로써 성공적으로 개척 농가 사업을 이뤄 나갈 수 있게 했다.

둘째, 의료시설을 통해 지역 주민들을 섬기는 것이었다. 맥그린치 신부는 가난한 도민들을 위한 병원이 필요하다는 것을 절실히 느끼고 있었다. 실제로 제주도는 다른 지역보다 질병이 자주 발생했으며, 병을 앓고 있는 사람이 많았다. 또한 해안지대에는 일 년 내내 미생물이 번식했는데, 방역이 미비하던 시절인 만큼 질병 위험이 상존했다. 특히 바다에서 일을 하는 해녀들은 잠수병이라고 불리는 신경통과 두통, 그리고 미생물 번식으로 위장병도 많이 앓았다. 또한 역병과 콜레라도 만연하였다. 이처럼 그 어느 지역보다도 병원에 대한 필요성이 절실하다는 사실을 안 맥그린치 신부는 고향 아일랜드로 가서 성골롬반외방선교수녀회를 찾아가 의사와 간호사를 보내 달라고 요청했으며, 그 결과 1970년 한림읍에 비영리 의료기관인 '성이시돌의원'을 개원하게 되었다.[78]

성이시돌의원은 가난한 환자들에게 무료로 진료하는 것을 운영 원칙으로 삼았으며, 부족한 재정은 이시돌목장에서 나오는 이익금으로 충당했다. 치료를 받고 완쾌되는 환자가 성당을 찾는 경우도 늘어 감으로써 제주 천주교는 큰 선교적 성과를 얻을 수 있었다.[79]

평신도 단체와 수도회의 다양한 활동

제주 천주교는 1969년 설립되기 시작한 '사도회'를 중심으로 평신도 활동이 펼쳐졌으며, 여러 기관이 조직되면서 복음 전파가 활발히 이루어졌다. 특별히 제주 사회문화에 적합한 선교 방안이자 나눔 운동의 일환으로, 무의촌 의료 봉사활동과 성소수자와 같은 약자들을 위한 교육이 이루어졌다. 또한 천주교 본당과 사제가 증가하고, 수도회 활동도 활발해졌다. 1991년에는 기도 순례지 '은총의 동산'을 조성했고, 같은 해에는 '폐품 수집 운동'과 '아나바다 운동' 등과 같은 환경운동에도 적극 참여하였다.

제주 천주교는 소외되고 가난한 자를 돌볼 뿐만 아니라, '제주 가톨릭 호스피스 자원 봉사회' 등을 통해 제주 사회문화에 맞는 선교 방안을 가지고 하나가 되어 이를 꾸준히 진행하고 있다. 이는 오늘날 제주 개신교 선교에 시사하는 바가 크다. 개교회 중심, 교파 중심이라는 한계가 분명히 존재하지만, 제주 사회문화 안에서 개신교의 이미지와 인식을 새롭게 하는 노력은 함께 풀어 가야 할 숙제임이 분명하다.

8·15해방 이후부터 2000년 이전까지 제주 개신교 선교 방식

제주 사회문화에 유입된 개신교는 초기에는 제주 민간신앙과 민간신앙에 습합된 외래종교의 문화적 형태, 그리고 토속문화로 인해 어려움을 겪었지만, 일제강점기를 거치면서 제주 사회에 긍정적으로 정착했음을 앞에서 살펴보았다. 여기서는 8·15해방과 4·3사건, 한국전쟁을 지나 2000년대 이전까지 제주 개신교가 어떤 모습으로 성장해 왔는지, 천주교와 비교하여 어떤 점이 차별화된 정책이었는지 살펴보고자 한다.

8·15해방과 4·3사건

박용규는 1945년 이후 "제주 개신교는 선교지라는 탈을 벗고 한국 교회의 당당한 일원으로 발전하였다"라고 평가하고 있다.[80] 초기 제주 개신교가 정착 단계에서 벗어나 이후 지속적으로 성장할 수 있었던 요인은 무엇이며 어떤 사례가 있었는지, 그 과정에서 생성된 부정적 이미지는 무엇이었는지 몇 가지로 살펴보자.

첫째, 8·15해방과 미군정의 시작과 더불어 제주 사회가 좌익과 우익으로 나뉘었음을 지적할 수 있겠다. 제주의 경우 좌익이 우세하였고, 좌익계는 미군정과 투쟁하면서 우익인사를 밀어내어 결국 제주는 좌익의 장이 되고 말았다.[81] 이는 전재민(戰災民)[82]과 같은 비평적 사고를 가진 이[83]들과 더불어 과거 독자적인 국가의 자주적 정체성을 묻어 둔 채 변방의 유배지의 미개한 사람으로 취급받았던 이들의 소외와 불만이 좌익 성향으로 드러난 것으로 생각해 볼 수 있겠다.[84]

이러한 배경에서 우익단체인 서북청년과 철도경찰이 제주도로 오면서 상황이 반전되었고, 한라단과 이승만의 독립촉성국민회 제주 지부도 결성되었다. 1947년 이 우익단체들이 대동청년단을 결성하고 그 산하에 반공청년단을 조직했다.[85] 좌익과 우익의 구조는 제주 사회를 혼동과 갈등 구조로 만들었으며, 좌익과 우익의 대립과 충돌이 심화되어 갔다.

제주 개신교 또한 이에 영향을 받아 좌익과 우익의 대립에 노출 및 방치되어 있었다. 이렇게 방치된 교회를 재건하기 위해 제주 출신 목회자들이 움직였는데,[86] 이들은 제주 전역을 순회하며 전도 강연을 했다. 또한 이들의 전도 사업을 위해 제주 출신 그리스도인들의 모임인 '일립동신회'가 협력하기도 했다.

둘째, 8·15해방 이후 제주 개신교는 조남수 목사 혼자 사역하고 있었다. 일제 말까지 한림교회에서 사역하던 강문호 목사는 미국의 폭격에 의해 교회가 폭파되면서 일제 말에서 1948년까지는 어디에서 무엇을 했는지 구체적인 언급이 없다. 이도종 목사는 일제강점기 신사참배로 인해 지도자로서 참회의 마음으로 목회일선에서 물러나 있었다. 조남수 목사는 제주도 내 24개 교회를 혼자 돌봐야 했으며, 방치된 교회들을 순회했다.[87] 이후 이도종 목사도 조남수 목사의 설득에 항복하여 함께 제주 교회들을 돌보았다.

이러던 중 1948년 4월 3일 제주 4·3사건이 발생했고, 제주 개신교도 적지 않은 피해를 입었다. 당시 제주노회장이었던 강문호 목사는 1949년 4월 새문안교회에서 있었던 제35회 총회에 제주도 4·3사건과 관련하여 교회의 피해 상황을 조사한 후 다음과 같이 보고했다.

제주도는 개벽 이래 처음 보는 민족 상쟁의 처참한 사태에 빠져 사상자는 양민이 1,512명, 반도(叛徒)가 수만 명, 가옥 손실은 3만 4,611동, 이재자 8만 6,757명, 학교 소실은 초등학교 175, 고중등학교 11교, 교회 관계 피해는 피살자 15명, 이도종 목사는 작년 6월 16일 교회로 가던 도중에 납치된 후 종적이 없사오며, 허성재 장로는 중학생에게 살해를 당하였고, 서귀포교회 임 씨는 예배당 소제를 하던 중 폭도에게 피해를 당하였고, 교회 건물 피해는 서귀포, 협재, 삼양, 조수 4처 예배당이 소실되고 서귀포, 세화 2처 목사 댁이 소실되었고, 교인가옥 소실은 서귀포 1, 중문 1, 인성 3, 협제 6, 삼양 15, 제주읍 1, 외도 3, 남원 3, 이상 합 33호이옵고, 농작물 형편은 전 경각지의 1분의 1에 불과하오며, 총성이 그칠 사이 없으므로 민중은 공포에 싸여 실로 생지옥을 이루고 있습니다. 이런 사태에 당하여 중앙 정부에서는 반도 진압에 주력함과 동시에 이재민 구호에 힘쓰고 있고, 신구 양 선교사 단체에서는 구호 물품을 가지고 가서 분급하기도 하며, 진상을 조사하는 등의 활동이 있으나, 같이 동포된 우리 민족에게서는 아직까지 개인이나 단체로서 여기에 대한 여하한 동태도 없음은 실로 유감천만사외다. 민족의 동맥이 되어야 할 우리 총회는 급속한 시일에 위문단을 특파하여 진상을 조사하시며, 조국의 평화수립과 아울러 동포의 구령을 위하여 유효한 대책을 강구하여 주시옵고, 또 총회로서 중앙정부에 종군 목사제도 설치를 건의하여 주시옵기를 청원하오니 조량하시옵소서.[88]

이러한 혹독한 시련과 혼란에서 제주 개신교는 좌익에 반대하는 입장을 취하면서도 우익단체에 직접 참여하여 좌익과 투쟁하는 일에 앞장서는 것은 조심했다. 예수님께서 제자들을 세상으로 파송하시면서 "너희는 뱀같이 지혜롭고 비둘기같이 순결하라"[89]라고 말씀하신 것처럼 제주 개신교는 좌익과 우익의 대결 구도에 휩쓸리지 않고 지혜롭고 순결하게 행동했고, 이로써 오직 하나님만이 의지할 대상이라는 사실을 그리스도인들은 물론 제주 사람들도 깊이 인식하기 시작했다.[90] 특히 조남수 목사와 이도종 목사처럼 이웃 사랑을 실천하는 제주 출신의 지도자들이 있었다는 점에 주목할 필요가 있다.

셋째, 4·3사건은 제주도민들에게 교회의 위상을 바르게 인식할 수 있는 계기가 되었다. 개신교는 조상숭배를 배격하는 서양 외래종교로 인식되어 배척당하기도 했지만, 이후 이웃 사랑과 함께 생명을 살리는 종교로 인정받게 되었다.[91] 큰 시련이 때로 새로운 기회를 가져다준다고 했듯이, 제주도 치안을 담당하는 개신교인 경찰과 군인들의 배려, 교회당 건축을 위한 헌금, 제주 선교에 협력한 사람들과 기관 등으로 인해 오히려 이 시기에 교회가 크게 성장했다. 4·3사건 이후 5년도 되지 않아 24개 교회가 35개로 증가했다. 바울이 고백한 것처럼 "환난은 인내를, 인내는 연단을, 연단은 소망을"[92] 이루시는 하나님의 역사를, 가장 혹독한 시련과 고난 속에서 제주 개신교가 경험한 것이다.[93]

한국전쟁과 디아스포라

1950년 6월 25일, 한국전쟁이 발발하면서 많은 피난민이 제주를 찾았다. 하지만 한국전쟁 기간에도 4·3사건은 여전히 진행 중이었고 고통당한 제주 사람들의 아픔이 교회 안에도 진하게 스며들어 있었다. 그러나 전쟁을 피해 한반도의 최남단 섬까지 찾아온 피난민들에게 제주도와 제주 교회는 오히려 그들을 품고 수용하는 상처 입은 치유자이자 도피성 역할을 감당하였다.

한국전쟁은 민족에게는 비극이었지만, 제주 개신교에는 새로운 기회가 되었다. 1950년 7월 16일에 제주와 성산포에 만여 명의 피난민이 도착했고, 이어서 1951년 1월 4일 중공군이 개입함으로써 후퇴하던 인파와 함께 많은 피난민이 제주에 도착한 결과 제주도에 유입된 피난민이 5만 명에서 6만 명에 이른다.[94]

이 시기 제주도는 여전히 4·3사건의 영향 아래 신음하는 섬으로서 지역교회 역시 이 고통으로 아픔을 겪고 있었으며, 전도의 사명을 감당할 일꾼이 턱없이 부족했다. 이러한 때에 전쟁으로 인해 제주도를 찾은 수많은 피난 성도의 유입은 제주 교회에 많은 변화와 성장을 일으키는 활력과 자극이 되었다. 당시 개신교인들이 즐겨 보던 잡지 〈신앙생활〉은 제주를 찾은 수많은 피난민 가운데 개신교인(피난민 디아스포라)은 피난 성도가 9,663명 피난 목사가 180명이라고 보도하였다.[95]

제주도의 지역교회들은 그리스도의 박애정신으로 피난민들과 피난 성도들을 따뜻하게 맞아들였다. 제주시 서부교회와 동부교회는 양 교회에 모인 피난 성도들이 장소가 모자라 강대상 전면에까지 피난보따리를 놓고 생활할 수 있도록 허용했으며, 이들이 주일 오후 1시에 예배를 드릴 수 있도록 장소와 시간을 배려하였다고 한다. 대체로 서부교회에는 장로교인이 모였고 동부교회에는 감리교인이 모여 예배를 드렸는데, 서부교회에는 600여 명이 동부교회에는 500여 명이 예배에 정기적으로 참석하게 되었다.[96] 모슬포교회의 경우, 피난민을 위해 백미 두 가마와 된장, 간장, 마늘과 부식까지 마련해 놓고 피난민을 맞이할 준비를 하였지만, 대정 지역에 피난민 배정이 누락된 사실을 뒤늦게 확인하고 조남수 목사가 성읍 산중까지 가서 피난민 150세대를 인솔하여 데려와 모슬포교회에서 합숙하게 하며 피난 동포들을 정성껏 도왔다.[97]

이렇게 제주 여러 곳에서 예배드리던 피난 성도들은 점차 제주시로 모여들게 되었으며, 뜨겁게 예배하고 기도하면서 피난민들 자체적으로 교회 설립의 필요성을 느끼다가 '피난민교회'를 세우기도 했다. 이들 중 일부는 '제주영락교회'를 설립했다. 당시 피난 성도들이 겪은 육체적 어려움과 영적인 고통은 이들에게 더욱 간절한 신앙의 열정을 심어 주었고, 제주 전역에 흩어져 눈물로 기도함으로써 교회를 세워 갔다. 예장(통합) 교회의 경우, 제주 지역에는 도두교회, 한라교회, 제주영락교회, 화북교회를, 조천 지역에는 신촌교회, 함덕교회를, 서귀포 지역에는 효돈교회, 보목교회, 토평교회, 시온교회를 세웠다. 도서 지역에는 추광교회, 비양도교회를 세우기도 하였다.[98] 제주의 경우, 이기풍 목사의 제주 선교 이래 장로교회 외에 다른 교단이 없었다. 하지만 제주 지역에 피난 온 성도들에 의해 감리교회 4곳과 성결교회 1곳이 세워졌다.

이렇게 한국전쟁으로 제주 지역에 피난 온 개신교인들로 인해 제주에 많은 교회가 세워졌으며, 성장의 동력이 되었다. 유대인 디아스포라와 회당이 교회의 발전에 결정적인 역할을 했던 것과 같이[99] 제주의 피난민 디아스포라와 그들의 모임도 제주 기독교 선교에서 매우 중요한 역할을 했다.

제주 사회문화에 비친 제주 교회의 이미지

일제강점기를 지나 8·15해방과 4·3사건, 한국전쟁으로 이어지는 역사에서 제주 개신교가 성장할 수 있었던 요인은 민족과 지역의 아픔과 고통에 함께한 점이었다. 그러나 제주 교회는 4·3사건 무력진압 과정에 개입된 정황이 불거지고,[100] 한국전쟁 이후 다시 한번 교파 분열이라는 아픔을 경험(예장과 기장의 분열, 통합과 합동의 분열[101])하면서 궨당문화 중심의 지역사회로 구성된 제주도민들에게 긍정적인 면보다는 부정적인 영향을 미쳤다.[102]

천주교는 중앙체제로서 하나의 제주 선교 방안을 모색하고 여성교육을 위한 신성여학교와 자녀 교육을 위한 신성유치원을 설립, 농촌지역 개발운동의 일환으로 성이시돌목장과 신용협동조합을 운영하였다. 또한 가난한 병자들을 치료하기 위해 한림읍에 성이돌의원을 설립하는 등 제주 사회문화에 시의적절하고 적합한 선교 방안을 가지고 제주 사회 속으로 깊이 들어가 제주인들과 함께하는 노력을 쏟았다.

그에 반해 제주 개신교는 4·3사건의 부정적 이미지와 교파 분열로 인해 외적인 방향(사회참여와 지역 개발, 선교)보다는 내적 방향(개교회)에 힘을 쏟아 온 것으로 보인다. 제주 개신교 역시 다양한 시설을 설립하는 등 여러 시도를 해왔지만, 이는 어디까지나 개교회 중심의 사역으로 국한되었다는 점이 천주교와 대조된다. 교회의 부설 기관이 제주 지역사회에 선교 도구로 사용되어 왔고 사용되고 있음은 분명한 사실이다. 하지만 제주 사회에 개신교가 어떤 이미지로 비쳐지고 있는지를 스스로 평가하며 함께 공공의 선을 이루어 가야 할 것이다. 제주 개신교는 지역사회를 위한 교육시설(미션스쿨)이나 의료시설이 전무하여 제주인들과 함께하는 간접 선교 도구가 부족했다는 아쉬움이 크다.

제주 사회문화에 유입된 개신교와 천주교의 2000년 이후부터 현재까지의 선교 방안

2000년 이후 제주사회는 개발과 환경문제 등 다양한 사회 이슈를 안고 있다. 이러한 상황에서 개신교와 천주교는 어떠한 선교 방안을 가지고 선교해 왔는지, 그리고 어떻게 제주 사회문화에 접근하고 있는지 성장 사례를 비교하며 살펴보고자 한다.

〈표 8〉 제주 천주교와 제주 개신교의 교세 현황[103] (단위: 명)

연도	제주 전체 인구	천주교	개신교
2005	505,438	54,764(10.8%)	38,183(7.5%)
2015	624,395	46,043(8.7%)	58,258(9.33%)

2000년 이후부터 현재까지 개신교와 천주교의 선교 방안을 비교·분석하기 위해, 먼저 선교의 결과론적 데이터라고 할 수 있는 두 종교의 교세 현황을 살펴보았다. 종교인구 조사를 포함한 해를 기준으로 2005년과 2015년 기록을 대조 기준으로 삼았는데, 2005년과 2015년 사이에 제주 개신교와 천주교의 교세가 역전되었음을 확인할 수 있다(〈표 8〉). 참고로 2005년 이후 제주 전체 인구는 완만한 증가세를 보이고 있다.

2000년부터 2015년 사이 제주의 주된 인구 증가 요인은 귀농·귀촌으로 인한 이주민의 유입을 들 수 있다. 그리고 그중에는 상당수의 개신교인이 포함되어 있어서 자연스레 지역교회로의 유입이 일어나게 되었다. 그러나 제시된 교세 현황만으로 두 종교의 추이를 속단하기에는 이르다고 본다. 실제 제주인들은 지역사회 내에서 천주교의 사회적 기여와 활동이 개신교에 비해 더 활발하게 이루어지고 있다고 보편적으로 공감하고 있기 때문이다.[104] 좀 더 정확한 비교·분석과 평가는 향후 2025년 통계청 종교인구 총조사 자료를 통해 확인할 수 있으리라 기대한다.

2000년 이후부터 현재까지 제주 천주교 선교 방식

2000년 이후 제주 사회문화에서 제주 천주교가 어떤 선교 방안을 모색하고 있으며, 어떠한 실천을 하고 있는지를 통해 선교적 성장 사례를 살펴보고자 한다.

제주 전통문화와 함께하는 선교

한국 천주교는 1742년 중국에서 발표된 '제사금령'에 따라 한국의 전통풍습과 문화에 대한 이해 없이 미신의 위험성 때문에 모든 제사를 금지했다. 제주 천주교 역시 민간신앙과 문화를 비난하고 조상에게 제사하는 것을 거부했는데, 이는 제주 선교를 하는 데에 큰 장벽이었다.

그런데 1962-1965년에 개최된 제2차 바티칸공의회에서는 비그리스도 종교와 문화에 대해 배타적 독선주의를 지양하고 민족의 특성과 전통을 존중하는 토착화의 필요성을 주장한다.[105] 이를 반영한 16개 문헌 중 토착화 정신을 언급한 내용을 요약하면 다음과 같다.[106]

첫째, 교회는 전례에서, 신앙이나 공동체 전체의 선익(善益)에 관련되지 않는 것이라면 엄격한 통일성을 강제하지 않는다는 점이다. 민족과 인종이 지닌 정신 유산은 계승 발전시키되 미신이나 심각한 오류가 아니라면 무엇이든 호의로 존중하며, 참되고 올바른 전례 정신에 부합하는 경우 전례로 받아들이는 데까지 확장되는 것을 볼 수 있다.

둘째, 교회의 활동에서, 사람들의 마음과 정신 그리고 그들의 고유한 의례와 문화의 좋은 것을 수용 가능토록 해 하느님의 영광과 악마의 패배와 인간의 행복을 목적으로 치유되고 승화되며 완성되도록 한다는 목적을 갖고 있다.

셋째, 교회의 선교활동에 관해서는, '교회들은 창조주의 영광을 찬양하고 구세주의 은총을 밝혀 주고 그리스도인 생활을 올바로 영위하는 데 이바지'할 수 있다면, 민족의 풍습과 전통 또는 지식과 예술 등에서 얼마든지 얻어 올 수 있다고 밝히고 있다.

금지되었던 조상제사를 제2차 바티칸공의회 이후 1990년대부터 본격적으로 수용했는데, 조상제사 수용이 본격화되던 1990년대와 제주 천주교의 약진 시기가 맞물려 있는 것은 주목할 만하다. 제주 전통문화를 계승하면서 종교생활을 자유롭게 할 수 있는 종교로서 천주교를 선호하고 선택하는 것으로 보인다.[107]

또한 장례문화를 통해 간접적인 천주교 선교 방안을 모색한 점도 제주 사회문화를 잘 해석한 결과로 보인다. 제주 궨당문화는 주로 제주 사람들의 결혼과 가족제도, 장례, 제사와 명절, 노동, 마을공동체의 연합 등을 통해 구체적으로 살펴볼 수 있으며, 그 주된 내용은 밀접한 연대와 상호부조 등으로 요약된다. 특별히 장례는 궨당문화에서 매우 중요한 상호부조 문화이며, 모든 지역 사람이 함께 애도하며 참여한다. 제주 천주교는 장례에 참여함으로써[108] 그들의 아픔과 고통 가운데 봉사와 위로를 통해 또 다른 궨당으로 다가갔다. 이러한 방안은 좋은 이웃이 되어 주는 것이자 간접적인 선교의 장을 열어 가는 것으로 보인다.

제주 사회와 함께하는 선교

천주교는 지역사회와의 연계를 중심으로, 지역 내의 다양한 사회·정치·문화·환경 등의 현안과 이슈에 대해서 사회교리[109]를 바탕으로 한 평화와 상생을 모토로 주민의 권익을 위해 연대하고 있다. 예를 들어, 4·3사건의 진상규명과 강정마을 해군기지 건설, 제주 제2공항 설립과 같은 이슈에 대해 적극적인 태도로 지역사회와 연대하고 있다. 예를 들면 다음과 같다.

첫째, 제주 천주교는 제주가 가진 가장 큰 아픔인 4·3사건의 진상규명과 회복과 화해, 나아가 평화로운 상생을 지향하며 다양한 활동을 전개해 나가고 있다. 특별히 제주교구는 4·3사건 특별위원회를 구성하여 4·3사건을 알리는 학술 심포지엄을 개최하였고, 4·3유족회를 비롯한 여러 사회단체에 화해와 상생의 메시지를 전달하면서도 진실규명 노력에 큰 지지를 보내고 있다. 4·3사건 평화의 기도문을 제작하여 배포하고 십자가의 길을 평화공원에서 진행하였다. 제주교구의 강우일 주교는 유엔본부 콘퍼런스룸에서 열린 '제주 4·3 UN 인권 심포지엄'에서 포럼의 기조발제를 맡기도 하였다. 이는 제주교구가 제주의 오랜 아픔인 4·3사건을 십자가의 신학으로 이해하고 품으려고 노력하는 선교 방안이라고 볼 수 있다.[110]

둘째, 제주의 대표적인 현안 갈등 사례인 강정마을 해군기지

건설과 관련해서도 제주 천주교는 지역 주민과 연대하여 반대운동을 전개하였다. 이러한 적극적 사회참여는 현대 세계의 문제에 대한 천주교회의 공식입장인 사회교리를 바탕으로 이루어질 수 있었다. 특별히 2015년 10월, 제주교구는 성프란치스코평화센터를 건립하면서 기존의 기조반대운동에서 평화운동으로 전환, '제주 평화의 섬 실현을 위한 천주교연대'를 결성하여 해군기지 공사장 입구에 설치된 천막성당에서 매일 생명평화미사를 드렸다. 물론 이는 지나친 사회참여라는 내부적 반발과 소요로 이어지기도 했지만, 강우일 제주교구장이 주교회 의장으로 선출되면서 한국 천주교회의 구성원들이 더욱 의지를 담아 공개적으로 해군기지 반대운동에 참여할 수 있는 길을 열어 주었다. 이는 한국 교회 주교단의 지지를 받고 있다는 사실을 상징적으로 보여 주었다. 강우일 주교는 해군기지 반대운동에 대한 미국 천주교회의 지지를 얻기 위해 미국 천주교 주교회의 국제정의평화위원회 리처드 페이츠(Richard E. Pates) 주교에게 서한을 보냈다. 답신에는 미국 주교회의는 오바마 정부에 제주 해군기지 건설에 대한 우려를 표명했다는 것과 한국 교회를 지지한다는 내용이 담겨 있었다. 이로써 외국 천주교회의 지지를 얻는 효과도 가져왔다.[112]

한편 제주 천주교는 현재 제주 사회의 가장 큰 이슈인 제주 제2공항 설립 여부에 대해서도 도민 여론과 입장을 같이하며 연대하고 있다. 제주교구장인 강우일 주교를 비롯해 천주교인권위원회 등으로 구성된 '생명·평화의 섬 제주를 사랑하는 사람들'을 주축으로 제2공항에 대한 반대 입장을 피력하며 청와대 앞 분수대 광장에서 생명평화 100배 미사를 진행하였다.[113]

또한 제주에서 과열되고 있는 부동산 투기에 대해서도 우려를 표명하면서 한국환경정책·평가연구원(KEI)이 환경부에 제출한 제2공항 전략환경영향평가서와 자치도의 정책 번복 등을 토대로 반대운동을 전개하고 있다. 이는 프란치스코 교황의 말처럼 "우리가 살아가는 지구는 인간의 소유물이 아니라 하느님의 선물이다. 제주는 수천 년 동안 인간과 자연이 공존하며 살아온 '공동의 집'이며 우리의 것만이 아니라 이 땅을 살아갈 후대에게 물려주어야 할 소중한 유산"이라는 인식에서 기인한 것으로 보인다.

지금까지의 내용을 요약하면, 제주 천주교는 제주의 전통문화와 역사 그리고 동시대를 살아가는 제주 사회와 사람들의 현안과 갈등에 연대하였으며, 평화와 정의, 생명이라는 대의를 토대로 적극적인 사회참여로 선교를 감당하고 있다. 이는 소외를 겪고 있는 이들, 약자들의 입장에서 든든한 위로가 되어 주는 사례라고 볼 수 있다. 제주 개신교는 이를 거울 삼아 제주 사회에 공존하는 여러 이슈 앞에서 찬성이냐 반대냐의 논쟁을 넘어 성경이 말하는 태도와 제주 사회에 대한 공공의 목적·보존을 위해 지역사회 갈등에 적극 참여하여 지역과 함께해야 할 것이다.

2000년 이후부터 현재까지 제주 개신교 선교 방식

2000년 이후 제주 사회문화에서 제주 개신교는 어떤 적합한 선교 방안을 모색하며 실천하고 있는지, 그 선교적 성장 사례는 무엇이었는지 살펴보고자 한다.

다양한 연합 행사를 통한 교회 이미지 개선[114]

2000년 이후, 제주 지역 복음화와 개신교 이미지 개선을 위한 다양한 연합 행사가 진행되었다. 여기에는 제주 기독교 100주년 기념연합예배 및 대축제, 기독교 지도자 세미나, 제주 교회 및 기독교 단체 총감 제작, 제주 기독교 100주년 기념 영상물 제작, 제주 기독교 100주년을 선포하는 다양한 홍보물 제작, 타임캡슐 설치 등이 있었다. 이외에도 제주노회(통합) 자체의 대규모 기념예배 및 축제집회, 제주 기독교 100년사 발간 및 출판기념회, 제주기독교소아재단 설립, 제주 기독교학교 설립사업 등이 전개되었다.[115] 이후 제주 선교 110주년 행사로 'EXPLO 2018 제주선교대회', 2019년 '제주성시화운동'이 출범하였고, 같은 해 3·1운동 100주년 기념성회 등 다양한 연합 행사가 진행되었다. 또한 제주 복음화 선교를 위한 기독교 방송과 언론 단체가 설립되어, 매체를 통해 교계 소식과 복음을 지역사회에 전하는 역할을 감당하게 되었다.

이러한 연합 행사와 여러 선교 사업, 그리고 기독교 방송과 언론 단체의 설립과 성장 등은 지난 제주 기독교 100년을 감사하며 하나님의 영광을 선포하는 계기가 되었다. 또한 향후 교회의 연합과 제주 복음화를 위해 역량을 집결하는 효과를 기대할 수 있었다. 그러나 이러한 사업과 행사가 과연 제주 사회와 제주인들에게 실제적으로 어떤 영향을 주었는지에 대한 물음과 과제는 여전하다. 자칫 개신교만의 축제와 행사에 지나지 않았는지 되짚어 봐야 할 것이다.

이러한 교회 연합 사업 등이 좀 더 선교적으로 영향력을 미치기 위해서는 제주 사회와 지역을 위한 구체적인 대안 제시가 마련되어야 하며, 사회적 소외계층을 대변하는 대사회적 역할[116]의 지속과 확장 또한 필요하다. 또한 제주 기독교학교 설립 사업의 진척과 더불어 제주성시화운동을 통한 제주 사회문화에 대한 구체적이고 효과적인 선교 방안을 마련하고 실천하는 지속적인 노력도 필요하다고 본다.

다양한 교육과 요양시설

2000년 이후 제주에는 개신교적 대안학교와 어린이 교육기관, 지역아동센터 등이 설립되었고, 종합사회복지관을 비롯해 요양시설 등이 설립·운영되고 있다. 2023년 현재 대한예수교장로회(통합) 제주노회에 소속된 시설은 기독교 요양시설 17곳, 종합사회복지관 1곳, 지역아동센터 16곳, 부설유치원 3곳, 부설어린이집이 23곳에 달한다.[117] 여기에 다른 교단의 시설까지 더하면 꽤 많은 개신교 관련 시설이 운영되고 있음을 보게 된다. 결과적

〈표 9〉 비종교인의 호감 종교(한국갤럽)

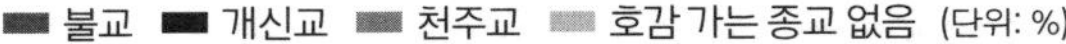

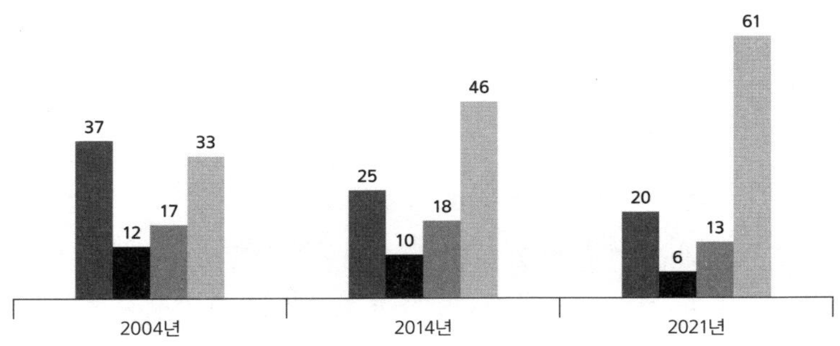

으로, 이러한 시설들은 각기 나름의 기독교적 세계관과 봉사정신을 통하여 대사회적 사업을 이루어 감으로써 이웃 사랑을 몸소 실천하고 있는 것으로 볼 수 있다. 이는 개신교가 사회적 접근을 용이하게 하고 지역의 필요를 충족시키는 선교적 도구로 사용되고 있는 증거라고 하겠다.

그러나 교계의 자평을 넘어서 이러한 노력이 과연 제주 지역사회와 문화에서 제주도민들에게 어떻게 비치고 있는지는 좀 더 심도 있게 들여다보아야 할 것이다. 그도 그럴 것이 한국갤럽의 한 조사에 따르면, 그간 개신교의 대사회적 사업에도 불구하고 개신교에 대한 한국인의 호감도, 그리고 사회에 대한 영향력과 기여도 평가에서 비종교인들이 개신교(종교단체 포함)를 바라보는 시각이 호감과 긍정적인 면보다는 비호감과 무관심, 그리고

〈표 10〉 한국인의 종교와 종교의 사회적 영향력(한국갤럽)

	"요즘 우리 사회에서 종교의 영향력이 증가하고 있다"					
연도	1984	1989	1997	2004	2014	2021
불교인	66%	69%	54%	54%	50%	21%
개신교인	84%	81%	64%	55%	59%	26%
천주교인	77%	80%	67%	68%	48%	18%
비종교인	63%	66%	58%	52%	40%	15%

〈표 11〉 한국인의 종교와 종교의 사회적 기여(한국갤럽)

	사례 수 (명)	종교의 사회적 기여				사회에 도움을 준다 (계)	도움을 주지 않는다 (계)
		매우 도움을 준다	어느 정도 도움을 준다	별로 도움을 주지 않는다	전혀 도움을 주지 않는다		
2014. 4. 17.-5. 2.	1,500	6%	57%	32%	6%	63%	38%
2021. 3. 18.-4. 7.	1,500	3%	35%	49%	12%	38%	62%
불교인	244	2%	57%	32%	9%	59%	41%
개신교인	261	10%	70%	20%	0%	80%	20%
천주교인	87	4%	61%	28%	6%	65%	35%
비종교인	902	1%	17%	65%	17%	18%	82%

부정적 요인이 강하게 작용한 것으로 나타났기 때문이다(〈표 9〉, 〈표 10〉, 〈표 11〉 참조).[118]

이러한 상황 가운데 천주교와 불교는 제주인의 마음을 얻기 위해 사회적 연대와 공존을 시도[119]하고 있는 데 반해, 개신교는 타 종교에 비해 적극적으로 다가가는 자세가 부족한 듯 보인다. 물론 타 종교와 같이 문화혼합주의적 방향으로 가자는 것은 아니지만, 제주인의 마음을 얻기 위해서는 적합한 사회적 접근과 함께 교단을 넘어서는 연대가 필요하다. 그래야 제주 선교에 대한 부정적인 요인들을 제거할 수 있을 것이다.

요약 및 제언

5장에서는 제주 사회문화의 관점에서 본 개신교와 천주교의 선교 방안을 고찰하였다. 초기 선교에서부터 현재에 이르기까지 개신교와 천주교의 역사를 살펴보고, 개신교와 천주교가 제주 사회문화에 뿌리를 내리며 성장할 수 있었던 요인을 알아보았다. 정리하면 다음과 같다.

첫째, 초기 제주 천주교는 한국인 신부 김원영과 함께 외국인 신부를 파견하여 정치적으로나 재정적으로 든든한 후원을 했고, 제주인들에게 익숙한 전통적인 세계관을 이용하여 기독교 교리를 설명하려는 시도와 함께 제주 사회문화에 맞는 선교 방안을 통해 단기간에 뿌리를 내리고 성장했다. 하지만 정교유착과 신부와 신자들의 오만한 태도, 외국인 신부들의 자문화 중심 선교 방식이 결국 이재수의 난으로 이어졌고, 일제강점기까지 제주 천주교는 부정적 이미지에서 벗어나지 못했다.

둘째, 반면 제주 개신교는 이기풍 목사를 단독으로 파송하는 험난한 제주 선교를 감행했다. 천주교와 달리 제주 사회문화를 이해하지 못하고 일방적인 선교 방법으로 접근한 결과, 선교 초기에는 많은 장벽에 부딪쳤다. 하지만 이내 이러한 어려움을 극복할 수 있었는데, 제주에 있던 두 개의 자생적 개신교 신앙공동체와의 만남이 큰 역할을 했다. 그 공동체에는 평신도 리더들이 존재하고 있었고, 이기풍 목사와 만난 뒤 서로 협력이 있었음을 관찰할 수 있었다. 또한 이기풍 목사의 강력한 성령의 치유사역과 여성 사역자들의 헌신, 선교 도구로서의 의료와 교육정책, 그리고 3·1운동을 기점으로 제주인들은 개신교가 민족과 함께하는 종교라는 긍정적인 이미지를 갖게 되었다. 이러한 것들이 복합되어 제주 개신교가 지역에서 성장할 수 있었다.

셋째, 제주 천주교는 신성여학교를 재건하고 신성유치원을 신설함으로써 제주 사회에서 여성들의 역할을 증대하는 데 매우 중요한 역할을 했다. 농촌지역 개발을 위한 이시돌목장과 신용협동조합 운영 및 제주 사회에 필요한 병원을 신설하여 제주 사회문화에 적합한 선교 방안을 가지고 제주도민에게 다가갔을 뿐만 아니라, 사회적 책임을 구현하고자 하였다. 이러한 점에서 천주교의 제주 선교는 매우 문화적이며 전략적 관점에서 이루어졌다고 볼 수 있다.

넷째, 제주 개신교는 간접 선교의 도움 없이 직접 선교에 의존했다. 박용규는 제주 개신교가 학교 설립과 병원 운영 등 간접 선교를 지원해 줄 수 없는 열악한 환경에서 선교를 진행했다고 했다.[120] 이런 열악한 환경에도 불구하고 제주 개신교는 제주 출신 목회자들의 헌신과 제주 교회를 돕는 기관과 사람들이 있어 성장할 수 있었다. 좌익과 우익의 이념 가운데 어느 한쪽에 편승하지 않고 균형 잡힌 시각으로 이웃 사랑과 함께 생명을 살리는 개신교로의 인식 전환이 일제강점기부터 지속적으로 제주 사회에 영향을 미쳤다. 또한 한국전쟁으로 인해 수많은 피난민이 제주 전 지역으로 흩어졌는데, 이것이 제주 교회에 영향을 주었다. 그러나 아쉽게도 이 시기 교파 분열과 함께 이민자들만의 교회 개척으로 인해 궨당문화에서 오는 갈등과 아픔이 부정적 요인으로 작용했다. 문화적이며 전략적 관점을 가지고 제주 사회문화 속으로 깊이 들어가는 천주교와 같은 선교 방안이 미흡했다는 점을 관찰할 수 있었다.

다섯째, 제주 천주교는 토착문화의 수용과 제주 사회의 아픔인 4·3사건, 강정 해군기지, 그리고 제2공항 문제 등에 대해 적극적으로 나서며 제주 사회에 가까이 다가갔다. 반면, 제주 개신교는 제주 토착문화를 여전히 선교의 장벽으로만 인식하며, 역사적 아픔과 현재의 문제에 대해 적극적으로 다가가는 모습이 미흡했다.[121]

6장

제주 사회문화 관점에서 본 개신교 선교 방안

6장에서는 이 연구의 최종 목적인 제주 사회문화에 적합한 개신교 선교 방안을 제시하고자 한다. 이를 위해 지금까지 제주 민간신앙의 이해와 제주인의 의식세계를 분석하였고, 제주 사회문화의 특이성에 대해서도 자세히 살펴보았다. 특히 불교, 유교, 도교 등으로 대표되는 외래종교가 제주 사회문화와의 습합 과정을 통해 제주인의 의식구조와 제주 민속문화에 어떠한 형태를 이루며 영향을 주었는지 알아보았다. 또한 5장에서는 제주 개신교와 제주 천주교가 어떤 선교 방식을 취했으며 이것이 어떻게 유입·정착되어 오늘에 이르렀는지 비교·분석했다.

서론에서 밝힌 바와 같이 오늘날 제주 개신교 복음화율은 9-10%이지만 순수 제주도민의 복음화율은 2-3% 정도로, 미전도 종족[1] 수준에 머물러 있음을 문제 제기하며, 그 원인이 무엇인지 살피기 위해 제주 사회문화 전반을 분석하고 연구하였다. 마지막으로 제주 사회문화 관점에 적합한[2] 개신교 선교 방안을 제시하고자 한다.

제주 사회문화에 대한 올바른 인식과 공존[3]

제주 사회문화에 대한 제주 개신교의 선교 방안의 첫 번째 과제는 제주 사회문화에 대한 올바른 인식과 공존에 근거한 선교적 접근을 들 수 있다.

제주 사회문화에 대한 올바른 인식

초기 제주 개신교 선교사 이기풍 목사[4]와 천주교[5]의 제주 사회문화에 대한 선교적 접근은 자문화중심주의(Ethnocentrism)적인 공격적 선교였다. 이러한 선교적 접근은 제주 사회문화를 전혀 고려하지 않은 일방적 선교로 볼 수 있다. 따라서 제주 지역의 교회성장과 선교를 위해서는 우선적으로 제주 사회문화를 배우려는 자세와 선교 현장인 제주 사회문화를 겸손하게 분석하고 진단하는 일이 필요하다.

제주 사회문화를 배우려는 자세

제주 사회에는 오랫동안 고립과 단절, 배제라는 이름이 팽배해 왔다. 제주 사회에서 인식하는 일상의 외부세계는 바로 '육지'라는 말로 표현된다. 제주 사람들이 제주 밖으로 나갈 때 흔히 "육지 간다"고 한다. 육지라는 말에 대한 제주 사람들의 일반적인 인식은 제주 사람들만의 세계관과 문화를 함축하고 있다. 제주도를 전혀 경험하지 않았거나 사전 이해가 전무한 상태에서 파송받은 목회자들은 제주 또는 제주 사람들에 대한 이해가 과거 변방의 유배지로 국한되기도 했고, 유배당한 사람들이 가졌던 일반적 사고[6]를 가지고 입도하기 일쑤였다. 따라서 육지의 관점으로 제주 교회와 사람들을 대하기 전에 겸손한 마음으로 제주 사회문화를 배워 가는 시간이 필요하다.

도널드 맥가브란은 지역에서 교회가 성장하려면 기본적으로 세 가지 요소를 함께 고려해야 한다고 한다.[7] 첫째는 상황적 요소이다. 둘째는 제도적 요소이다. 셋째는 영적 요소이다. 이는 제주 사회문화가 직면하고 있는 문제와 한계에도 동일하게 접목할 수 있다. 또한 폴 히버트는 새로운 문화에 적응하는 방법에서 새로운 문화를 배우라고 말한다.[8] 문화는 그 문화에 참여함으로써 가장 잘 배울 수 있는 것이다. 문화를 배우면서 그 지역 사회 구성원으로서 관계를 형성하고 신뢰를 쌓아 갈 수 있다. 이러한 태도를 제주에 빗대어 보면, 제주의 궨당문화 속으로 들어가는 과정이라고 할 수 있겠다. 그는 또한 마빈 메이어스(Marvin Mayers)의 말을 인용하여 "새로운 문화권에 들어가는 가장 중요한 단계는 신임을 얻는 것이다. 사람들이 우리를 신뢰할 때에만 우리가 말하는 것을 듣는다. 따라서 신뢰 형성은 우리가 섬겨야 할 사람들에 대한 관심과 용납에서 시작한다"라고 했다.[9] 한편 T. 하이야트(Irwin T. Hyatt, Jr.)는 "다른 사람들을 이해하기 위해서는 그들이 살았던 동일한 세상에 살면서 그들의 생각을 그대로 수용할 필요가 있다"라고 말했다.[10] 김영동은 "다른 사람을 이해하고 사랑하는 선교적 신학의 길에는 늘 문화라는 장벽이자 통로가 가로 놓여 있다"라고 하였다.[11] 그러므로 원문화의 토착민이 살아가고 있는 제주 사회와 문화에 대해 관심을 갖고, 인정과 이해를 통해 그들을 용납하는 과정이 수반되어야 비로소 신뢰적 관계가 발전적으로 형성될 수 있을 것이다.

이처럼 제주도에 오는 목회자는 선교 현장인 제주 사회문화 속으로 들어와 관계를 맺으면서 겸손한 자세로 이곳을 배우고 신뢰를 쌓는 일부터 시작해야 한다. 이러한 점에서 볼 때 초기 제주 개신교와 천주교의 선교 정책 및 접근에 아쉬움이 크다. 그도 그럴 것이 초기 제주 천주교 선교사들은 오리엔탈리즘[12]과 선교적 소명이 뒤섞여 있었기 때문에 제주가 가진 고유한 문화를 야만적인 것으로 보았다. 따라서 그들에게 제주와 제주 사회문화는 천주교를 통해 문명화해야 하는 미개한 대상에 불과했다. 그리고 이러한 이해와 방식은 급기야 제주도민들과의 극단적 충돌을 야기하기에 이르렀다.[13]

이는 개신교도 마찬가지였다. 초기 제주 개신교 이기풍 목사 역시 선교 현장으로서의 제주의 고유한 문화 이해를 배제한 채 자문화 중심적 태도로 복음을 전하였다. 제주 사회문화에 대한 사전 지식과 경험 없이 자신이 터득하여 익숙한 신학적·선교적 입장으로만 제주 사회문화와 접촉했던 것으로 보인다. 지금도 목회자들 가운데 이러한 마음으로 제주 교회와 제주 선교사역을 하는 이들이 있음을 볼 때마다 안타까움을 금할 수 없다.

사도 바울은 데살로니가에서 단순히 메시지를 전하는 것을 넘어 사람들과의 관계에서 복음을 전하고 있다고 말한다.[14] 우월감이나 자문화 중심적 사고가 아닌 부모가 자녀를 대하듯이, 그리고 형제를 대하듯이 사랑하며 신뢰를 쌓기 위해 수고하였다고 말한다. 예를 들어, 제주 지역에서 사역을 하면서 제주 목회를 하지 않겠다고 말하는 사역자들이 제주인들에게 어떤 모습으로 비치고 있을까? 사도 바울은 데살로니가인들을 자녀와 형제를 대하듯이 대하고 있다. 김견수는 제주 선교에서 "사회적 접근은 매우 신중하게, 그리고 현지인들과 어울리는 빛과 소금이 되는 방향으로 전개해야 하며, 주인 의식보다는 종의 의식을 가지며, 가르치려고 하는 자세보다는 배우려고 하는 자세를 가지는 것이 필요하다"라고 말한다.[15] 도널드 맥가브란과 폴 히버트가 말하는 것과 같이 제주 사회문화의 상황과 제도와 영적 요소를 파악하고 겸손히 배움의 자세로, 그리고 자녀와 형제를 대하는 것같이 제주인들에게 다가가는 태도가 필요하겠다.

제주 사회문화에 대한 분석과 진단

제주 사회문화에 대한 올바른 인식을 위해서는 선교 현장인 제주 사회와 문화를 깊이 숙고하면서 분석하고 진단해야 한다. 김선필은 "자기 문화를 존중하지 않고 생존권마저 위협하는 이방인을 환영할 공동체를 찾기는 어려울 것이다"라고 했다.[16] 윤용택은 그의 글에서 제주섬 생태문화인의 현대적 의의에 대해 다음과 같이 말한다.

> 민간신앙에 깃든 '자연외경' 정신, 신구간 풍속 속의 '자연순응' 정신, 돗통시 문화 속의 '자연순환' 정신, 갈옷에 깃든 '소박실용' 정신, 수눌음 문화 속의 '상부상조' 정신, 분가제도와 궨당문화 속의 '자립공존' 정신이 스며들어 있다.[17]

따라서 생태 문화적인 제주인은 '따로' 하는 삶(자립)과 '함께'하는 삶(공존)을 유연하게 넘나들면서 경제적·정신적으로 최선의 합리적 삶을 추구해 왔다고 할 수 있을 것이다.[18] 이는 또한 제주 지역의 전통문화가 갖는 내용과 형식 자체보다 오랜 세월에 깃들어 함양되어 온 제주인의 정신과 지혜를 눈여겨보아야 한다는 것을 의미한다. 단순히 문화의 내용과 형식을 보고 그 사회와 문화 전반을 재단하거나 평가해서는 안 된다. 왜냐하면 김영동이 말한 바 "동일한 문화에 있는 사람이라고 해서 복음의 의사소통이 자동적으로 원활히 된다는 보장은 없기" 때문이다.[19] 따라서 한국일이 언급한 것처럼 "선교 현장으로서 제주에 대한 분석과 진단"이 필수적으로 동반되어야만 한다.[20]

한편 한국일은 그리스도인의 선교적 소명이 두 차원, 즉 개인적·교회적 차원을 기본으로 하여 세상에서 하나님이 행하시는 선교활동에 참여하도록 부름받는 것이라면 넓고, 유연하고, 시대적 과제에 적합하게 창의적 접근 방식을 취할 수 있다고 말하면서 다음과 같이 정리했다.

> 선교 개념의 확장(복음 전파와 사회봉사의 책임 의식), 선교 현장의 다양성, 종교 문화에 대한 열린 접근, 지역사회 전체를 품는 포괄적 선교, 지역사회 복음화를 위해 보다 다양한 패턴의 협력선교 등 통전적 선교가 제시하는 관점으로 제주도를 바라본다면 독특한 상황에서 유연하고 창의적인 선교 전략을 모색할 수 있지 않을까 생각한다.[21]

이렇듯 통전적이면서도 창의적인 선교를 위해서는 텍스트를 넘어 콘텍스트로서 목회 현장인 제주의 사회문화를 올바르게 분석하고 진단하는 일이 필요하다. 그래야 제주 사회문화에 적합한 개신교 선교 방안을 찾아갈 수 있을 것이다.

필자는 이러한 견해를 따라 제주 사회문화와 전통, 종교의 전 분야를 살펴보면서 제주 선교 현장을 숙고하는 동시에 분석할 수 있었으며, 또한 제주 선교를 위한 진단을 새롭게 할 수 있었다. 따라서 제주 사회문화에 적합한 최고의 선교 방안은 선교 현장이자 선교의 대상인 제주 사람들과 제주 사회문화와 역사를 올바르게 분석하고 인식하며 이해하는 데서부터 시작되어야 한다.

제주 사회문화와의 올바른 공존

개신교가 제주 사회문화에서 올바르게 공존하기 위해서는 문화에 대한 깊은 숙고와 함께 지혜가 필요하다. 문화는 이 땅에서 하나님의 뜻이 이루어지게 하기 위해 하나님과 우리가 사용할 만한 것이기 때문이다.[22] 그러나 한편 찰스 크래프트는 다음과 같이 상황화에 대한 위험도 지적했다.

> 성경적으로 적합한 기독교를 발전시켜 나가는 일에는 상당한 위험이 있다. '혼합주의'의 위험은 언제나 나타난다. 혼합주의는 기독교적 가정들과 기독교와 양립할 수 없는 세계관의 전제가 혼합되어, 그 결과 성경적인 기독교가 아닌 것이 되어 버린다.[23]

개신교와 제주 사회문화의 공존은 '혼합주의적' 위험성이 도사리고 있다. 그러나 이는 여느 선교 현장에서든지 반드시 극복해야만 하는 중대한 과제이다. 어느 곳에서라도 지역사회 문화를 무시하거나 배격할 수 없기 때문이다. 그래서 한국일은 "현지 문화를 존중하고 이해하는 자세를 가져야 한다"라고 했다.[24] 사도 바울은 고린도전서에서 다음과 같이 말했다.

> 내가 모든 사람에게서 자유로우나 스스로 모든 사람에게 종이 된 것은 더 많은 사람을 얻고자 함이라. 유대인들에게 내가 유대인과 같이 된 것은 유대인들을 얻고자 함이요 율법 아래에 있는 자들에게는 내가 율법 아래에 있지 아니하나 율법 아래에 있는 자같이 된 것은 율법 아래에 있는 자들을 얻고자 함이요 율법 없는 자에게는 내가 하나님께는 율법 없는 자가 아니요 도리어 그리스도의 율법 아래에 있는 자이나 율법 없는 자와 같이 된 것은 율법 없는 자들을 얻고자 함이라. 약한 자들에게 내가 약한 자와 같이 된 것은 약한 자들을 얻고자 함이요 내가 여러 사람에게 여러 모습이 된 것은 아무쪼록 몇 사람이라도 구원하고자 함이니.[25]

사도 바울에게서 우리는 여러 사람에게 여러 모습으로 올바르게 관계 맺고자 접근했던 모습을 볼 수 있다. 그렇다면 제주 사회문화에서 올바르게 연대적 관계를 맺고 개신교적 선교사역을 하는 데 필요한 접근과 방안은 무엇일까?

제주 사회문화와의 연대적 관계

제주 사회문화와의 연대적 관계를 맺는 데 중요한 요소는 '지속성'과 '신뢰성'이다. 신뢰는 하루아침에 쌓이는 것이 아니다. 육지에서 이주해 온 사람이 제주 사회문화를 알고 배운다 하더라도, 소위 제주의 쿰다문화에서 궨당문화로 흡수되어 녹아들기까지 적어도 3년에서 5년 정도가 걸린다고 한다. 제주 사람들의 공동체 의식과 연대는 지역 텃세와는 또 다른 차원에서 이방 사람들에게 낯설고 쉽지 않은 문화임이 분명하다. 그리고 이는 역사적 아픔과 제주만의 고유한 문화에서 기인한 것임을 생각할 때 쉽게 간과할 수 없는 문제이다.

그러나 더욱 안타까운 점은, 이러한 불신의 문화가 제주 사회문화를 넘어 지금까지도 목회 현장에 고스란히 전이되어 있다는 사실이다. 이는 곧 목회자와 교회에 대한 신뢰성의 문제, 타지에서 온 그리스도인들과의 관계적 어려움으로 나타나고 있다. 물론 이 사안에서도 제주 사람들이 가지고 있는 기질과 배타성이 무관하지 않다.

실제로 이기풍 목사는 육지인 최초로 제주 선교사로 파송되었다. 하지만 제주에서의 사역은 불과 7년(1908-1915)[26] 정도였다. 그 후 육지에서 온 목회자들의 제주 사역 기간 또한 길지 않았다. 단지 거쳐 가는 지역에 불과하지 않았나 싶은 대목이다. 물론 선교 현장인 제주 지역사회와 교회에서 헌신적으로 목회사역을 감당한 것 자체를 부정하는 것은 아니다. 다만 단기 사역은 장기적인 관점에서 볼 때 제주 지역사회를 위한 선교적 방안이나 실천 면에서 분명한 한계를 보여 주고 있다.

제주 사람들이 가지고 있는 배타성과 폐쇄성은 제주에 정착하려는, 육지에서 온 목회자와 신자들에게 꽤나 어려운 문제였을 것이다. 그리고 그것이 결국 제주에 정착하지 못하고 떠나게 만드는 요인이었다고 볼 수 있다. 필자가 캠퍼스사역을 하던 시기에 육지에서 온 Y교회 부목사를 만나 이야기를 나눈 적이 있다. 그는 제주의 궨당문화 때문에 목회를 할 수 없다고 토로했고, 머지않아 제주를 떠나 육지로 사역지를 옮겨 갔다. 최근에는 육지에서 온 P교회 담임목사와 제주의 쿰다문화에 대해 이야기를 나누었다. 많은 공감을 하며 제주 문화를 이해하는 것을 보았다.

필자가 캠퍼스사역을 할 때, 사역 현장에 있는 대학생과 청년들에게 들었던 이야기가 지금도 마음속 깊이 자리 잡고 있다. 교회에 부임한 목회자에게 건넨 첫인사가 언제 사임하고 육지(다른 데로)로 갈 것이냐는 질문이었다고 한다. 이는 타 지역 목회자에 대한 제주 성도들의 신뢰 수준을 보여 주는 사례이자, 지속적이지 못한 사역의 한계가 고스란히 성도들의 몫이며 제주 개신교의 고질적인 문제로 축적되어 있음을 보여 주는 사례이다.

서론에서 밝힌 것과 같이 육지에서 온 목회자와 지도자들은, 타지인의 관점에서 제주만이 가지고 있는 제주 사람들의 의식구조와 문화를 잘 이해하지 못하고 배타적 문화로 여기면서 복음사역을 감당해야 했기에 많은 어려움과 불편함을 겪었을 것이다. 그러나 그에 못지않게 목회지를 따라 제주에 왔다가 잠시 머문 뒤 다시 육지로 옮기는 목회자들을 반복적으로 경험한 제주의 성도들은 더는 상처받지 않기 위해 이에 무뎌지거나 마음을 닫는 악순환이 이어져 오고 있다. 외부인을 받아들이고 헤어지는 것에 익숙하지 않는 제주 사람들만의 문화와 의식구조 또한 맥락을 같이하고 있다.

이러한 이해를 바탕으로 하는 실제 선교 사례가 있다. 제주 지역에 대한 예시는 아니지만, 섬이라는 환경을 고려할 때 충분히 주목할 만하여 소개한다. 담임목사와 성도들의 지속적 헌신과 신뢰로 사역을 이룬 노대교회[27] 이야기이다. 노대교회는 경남 통영시 욕지면의 인구 350여 명(2003년 기준)이 거주하는 노대도에 위치해 있으며, 당시 77년의 역사를 지니고 있었다. 선교 초기만 해도 지역 주민들이 신봉하는 미신으로 인해 교회 건축을 완강히 반대해 다른 섬에서 흙을 운반해 교회를 지어야 할 정도였다. 그러나 1977년에 부임한 목회자가 2003년까지 꾸준히 인내하면서 지속적으로 목회를 한 결과, 교인 수가 180-200명까지 증가했다. 이러한 교회성장에는 헌신적인 교인들의 역할도 있었지만, 어려운 환경에서도 그곳을 떠나지 않고 20년 넘게 생명을 다해 목회한 담임목사의 수고가 있었다는 점에 주목해야 할 것이다.

실제로 제주 개신교 역사를 살펴보면, 최근까지도 제주 지역을 위해 평생 목회하다가 제주에서 사역을 마친 목회자를 거의 찾아볼 수 없다. 물론 제주 지역이 다른 곳에 비해 목회자에게 더 많은 노력과 희생을 요구하는 형편이라서 제주 선교를 지속하기 힘겨웠을 수 있다. 하지만 타인을 받아들이는 것과 헤어지는 것이 익숙하지 않은 제주인들에게 지속성 없는 단절의 반복은 신뢰성을 얻지 못하고 연대적 관계를 맺는 데에 분명한 장애물이자 한계로 작용했다. 폴 히버트는 "문화를 배우면서 그 지역사회의 한 구성원으로서 관계를 형성하게 된다. 새로운 문화를 배운다는 것이 전도의 중요한 수단이 된다는 점은 흥미 있는 사실이다"라고 했다.[28] 또한 올란도 코스타스(Orlando E. Costas)는 "공동체는 유기적인 삶에서 그 구성원의 참여를 확대하며 신앙에 대한 이해를 심화하고 자신이 처해 있는 사회적 상황에서 종의 모습으로 화육해 들어가는 것"이라고 했다.[29] 이에 비추어 볼 때 바람직한 제주 선교를 위해서는 지속성과 신뢰성이 바탕이 되어야 하며, 제주 사회문화와 연대적 관계[30]를 이루며 나아갈 때 더욱 효과적으로 접근할 수 있을 것이다.

제주 사회문화에서 연대적 관계를 통한 성공적 사례

제주 사회문화에서 연대적 관계를 통해 성공한 선교적 사례로는 다음을 들 수 있다.

첫째, 아일랜드 출신의 패트릭 제임스 맥그린치 신부가 제주도 한림에 정착한 사례이다. 맥그린치 신부는 26세(1954년)에 제주도로 파송받아 한림본당에 부임했다. 당시 제주 지역은 전쟁 직후 경제적 어려움으로 인해 굶주리는 사람이 많았다. 이들을 장기적으로 돕기 위해 맥그린치 신부는 빈농 구호 대책이 필요함을 역설하며 각처를 돌아다니면서 후원을 받아 '4H 클럽'을 시작하고, 이후 '가축은행'을 설립하였다. 이것이 확장되어 한림목장(현 성이시돌중앙실습목장)으로 발전하였다. 또한 신용협동조합과 가난한 자들을 치료하기 위한 목적으로 성이시돌의원을 개설하였으며, 성이시돌노인대학과 경로당, 수녀원, 피정센터, 젊음의 집, 한림 성이시돌유치원, 어린이집, 기도와 묵상의 장소인 삼뫼소 은총의동산 등을 설립·개설하는 데 앞장섰다.

맥그린치 신부는 제주 농촌지역의 개발과 선교를 위해 평생을 헌신하였다. 그런 그의 노력 덕분인지 신앙적 측면을 넘어서서 제주 축산업의 선구자로도 추앙받고 있다. 그는 사명의 자리인 제주 땅에서 평생을 헌신하다가 제주에서 눈을 감았다.[31] 그의 지속적인 헌신은 지역사회의 신뢰와 함께 연대적 관계로 이어지게 되었고, 천주교의 인식 고취는 물론 그 지역에서 5,000명이 넘는 천주교 신자를 탄생시켰다.[32] 이는 지속성과 신뢰를 바탕으로, 궨당문화 가운데 있는 제주 지역사회로 들어간 간접 선교의 한 모델로 볼 수 있다.

둘째, 제주 한경면 조수교회의 김정기 목사의 사례이다. 김정기 목사는 타지인으로서 입도한 후 제주 한경면 조수리의 조그만 웃뜨레[33] 농촌마을에 있는 조수교회에 2003년 10월 부임하여 2021년 4월 은퇴하였다. 그가 부임할 때만 해도 신자 수가 몇십 명이었는데, 은퇴할 때에는 100여 명으로 늘었다. 농촌마을 교회가 이렇게 성장할 수 있었던 요인은 목회자의 개인적 특성도 있었지만, 지역문화에 적합한 목회사역으로의 전환과 접근에서 비롯하였다고 평가할 수 있다. 김정기 목사는 미술을 전공하였고 사모는 음악을 전공하였는데, 이러한 은사와 기능이 지역사회의 문화적 수요와 때마침 어우러지면서 선교적 접촉점을 형성하게 된 것이다. 그로 인해 농촌마을 교회에서 문화교실은 물론 작은 음악회와 미술전시회 등을 열게 되었고, 해당 지역의 농산품과 특산품을 주품목으로 삼아 함께 나누는 주말장터도 열었다. 공동으로 밭을 임대하여 교인들이 함께 농사에 참여하고, 수확한 농산물을 히말라야 지역에 신학교를 세우는 일에 쓰는 등 지역과 연계하며 연대하는 목회사역을 펼쳤다. 김정기 목사와 조수교회의 선교적 접근 방식은 지역사회와 연대적 관계를 맺은 매우 긍정적인 사례로 볼 수 있다.

셋째, 제주 표선(남쪽 지역) 출신이며 오랫동안 선교단체에서 사역하다가 사임하고 금악리(서쪽 지역)에 정착한 목회자[34]의 사례를 들 수 있다. 그는 캠퍼스에서 사역하다가 금악에 들어가 정착하고 그곳에 마을공동체를 형성해 살고 있다. 처음에는 제주 남쪽 출신이 서쪽 지역에 들어와 사는 것을 보고 그를 의심하고 배타적으로 대했다고 한다. 그런데 그 마을공동체의 일원이 되기 위해 밭일을 돕고 독거노인의 집안일을 도와주고 마을 모임에도 적극적으로 참여하다 보니(많은 시간이 지나),[35] 자연스럽게 금악 마을의 이웃궨당으로 받아들여졌다고 한다. 마을 사람들은 이 부부를 지켜봤고, 이 부부는 마을 사람들의 배타적이며 무관심한 태도를 지속적인 섬김과 동화 노력으로 견뎌 냈다. 이들은 쿰다문화와 궨당문화 안에서 제주인들과 연대적 관계를 맺고 신뢰를 쌓아 갔다. 지금은 한 마을공동체 안에서 궨당이자 삼춘으로, 자연스럽게 신앙공동체를 세워 가는 중이다. 이러한 접근은 신앙공동체를 그 지역 안에 개척하기 위한 모델이며, 지역과 함께 연대적 관계를 맺기 위한 좋은 사례라 할 것이다.

넷째, 구좌읍 세화에 있는 구좌제일교회의 사례이다. 이 교회에서 시무하는 황호민 목사 부부는 교회 앞 공터에서 조손 가정의 남매를 만나 돌보면서, 이 지역에 돌봄이 필요한 더 많은 아이들이 있다는 사실을 알게 되었다. 이후 그들을 위한 '공부방'을 시작으로 2004년 '해바라기 지역아동센터'를 개소하고, 가정과 공교육이 담당하지 못하는 여러 역할과 기능을 수행하며 지역의 마을 교육공동체 사역을 하고 있다. 또한 구좌의 청소년들과 함께 라디오 방송국을 운영하고 마을신문을 만들어 동네 홍보를 위한 사진도 제작했으며, 구좌 어린이합창단을 창단하고 정기연주회를 개최하기도 하였다. 공부방 아이들이 동네 삼춘들에게 들은 당근 농사 이야기를 바탕으로 그림책을 펴냈고, 그림 전시회 및 마을의 주요 생산물인 당근 굿즈도 제작하여 판매했다.

이러한 노력을 꾸준히 한 결과, 지역 주민과 마을의 활동가들과 협력하여 청소년 전용 공간이자 커뮤니티인 '마을교육공동체 별밭'[36]을 개소하게 되었다. 이는 지역 주민과의 관계와 신뢰를 바탕으로 교회가 지역과 하나 되는 이상적인 공동체의 모습이라 할 수 있겠다. 지역의 아이들을 키우는 교회로 칭찬받고 있는데, 이러한 결실은 한 지역에서 20년간 좋은 관계를 맺고 섬김의 자리에서 꾸준히 실천한 결과이다. 그 지역에 적합한 선교 방안을 '돌봄'과 '교육'에 두고 꾸준히 풀어낸 좋은 예이다.

다섯째, 필자가 섬기고 있는 제주신광교회[37]의 문화사역 사례이다. 제주신광교회의 문화사역은 토요문화사역, 신광플리마켓, 주말농장, 문화센터, 제주문화원 등으로 운영·추진되고 있다. 먼저, 토요문화사역은 지역의 교회를 섬길 수 있는 반주자와 찬양사역자를 양성하기 위해 시작했으며, 매주 토요일 다양한 악기 강습과 찬양, 전도를 위한 문화선교사역을 중점적으로 운영하고 있다.

신광플리마켓은 한 달에 한 번 매주 마지막 주일예배 후, 교회 안에서 선교를 위한 나눔의 장터로 운영되고 있다. 이때 모금된 돈은 선교사와 지역에 있는 미자립교회에 전액 후원하고 있다. 신광플리마켓은 교회의 성도들뿐만 아니라 인근 주민과 지역에 있는 가게들도 참여함으로써 지역과 소통하는 계기를 마련하고 성도들의 선교적 훈련과 함께 나눔 정신을 배양하는 장이 되고 있다. 또한 주말농장을 통해 타 지역에서 이주해 온 교인들과 자녀들에게 흙을 직접 만져 볼 수 있는 기회를 주고 있다. 가족 텃밭을 제공해 농사 경험을 쌓게 하고 가족 안에 정서적 나눔도 고양시키고 있다. 텃밭을 통해 지역과 교회 안에서 교제를 함으로써 교회 정착률을 높이는 데 기여하고 있다.

앞으로 문화센터를 설립해 더욱 효과적인 문화선교사역과 선교사 쉼터사역을 감당하고자 추진 중이다. 가칭 '제주문화원'은 필자가 사회문화적으로 제주도를 들여다보면서 갖게 된 비전으로, '제주문화원'을 통해 제주선교포럼의 장으로 이어지기를 기대하고 있다.

앞에서 살펴본 여러 사례는 지역사회에서 교회가 창의적 공간으로서 만남과 섬김과 공존과 변혁의 장을 담당하고, 교회 문을 여는 것으로부터 출발한다. 이는 제주와 같은 선교적 여건과 지역사회의 구조적 특징 안에서 접촉과 만남과 교제를 통한 전도의 기회를 창출하는 데 의의가 있다.

제주 사회문화 변혁을 위한 개신교적 문화 공간 및 접근 방식 창출

제주 사회문화 관점에서 본 제주 개신교의 선교 방안은, 먼저 제주 사회문화에 맞는 창의적 공간과 문화 변혁을 위한 개신교적 접근 방식을 창출하는 것이다. 이러한 공간과 접근 방식은 간접 선교의 역할에서 중요한 요소가 될 것이다. 한국일은 선교 현장에는 다음과 같이 다양한 선교 접근이 필요하다고 말한다.

> 오늘의 선교 현장은 다양한 접근을 필요로 한다. 그것은 선교 현장의 특성에 따라 다양한 방식과 접근을 필요로 하는 것이다. 예를 들면, 베트남 같은 선교 제한 지역에서 선교는 NGO 형태로 진행된다. 집 짓기, 학교 세우기, 봉사활동 등이 선교 전략이 아니라 선교 자체가 된다. 캄보디아에서는 직업학교, 자활센터, 동티모르와 같은 분쟁지역에서는 평화교육 등과 같은 접근이 하나님의 사

랑의 구체적인 표현이다.[38]

제주 사회는 어느 선교 현장보다도 매우 다양하고 독특한 특징이 있다. 궨당문화와 같은 사회문화적 요인으로 인해 개인적인 회심이든 집단 개종이든, 다른 지역과 달리 쉽게 일어나지 않는 특징이 있다. 이러한 현상은 개신교가 제주 사회문화와 단절 및 분리[39]된 데서 오는 것이 아닌가 싶다. 따라서 제주 사회문화의 변혁을 위해 선교 현장으로 들어가려면 다양한 창의적 문화 공간과 함께 다양한 개신교적 접근 방식이 필요하다.

제주 사회문화 변혁을 위한 창의적 문화 공간 창출

제주 사회문화의 변혁을 위한 창의적 문화 공간을 창출하려면 새로운 문화를 이해하면서도 제주 사회문화에 맞는 대안 문화 공간이 필요하다. 이러한 창의적 문화 접근은 서로 간에 접촉 기회를 제공함으로써 간접 선교의 장으로 활용될 수 있을 것이다.

제주 사회문화를 이해하는 창의적 문화 공간

제주 사회문화 안에 창의적 문화 공간을 창출하는 일은 지역사회와의 접촉점을 마련함으로써 간접 선교의 장을 마련하는 의미가 있다. 앤디 크라우치(Andy Crouch)는 문화에 대한 그리스도인의 자세로 비평가, 소비자, 모방자, 비난자의 모습이 아닌 예술가이자 정원사와 같은 문화의 창조자 또는 계발자가 되어야 함을

제주 성읍에 있는 팽나무40

강조한다.[41] 새로운 문화를 창조하기 위한 공간을 마련하는 것은 새로운 문화와 가치를 받아들이는 것과 같다. 예를 들어, 한국의 사랑방 문화[42]와 같은 것이다. 제주의 경우, 지역마다 팽나무 밑에 평상이 놓여 있었고 그곳이 사랑방 역할을 해왔다.[43]

복음을 받아들이지 않거나 개신교에 거부감을 느끼는 사람은 교회공동체에 발길을 하기가 쉽지 않다. 그러나 대안적·문화적인 개념으로서의 공간은 비그리스도인들이 거부감을 느끼지 않으면서도 창조적인 문화를 새롭게 인식하도록 만들며, 복음을 받아들이는 데 도움을 줄 수 있을 것이다. 따라서 사람을 이어 줄 수 있는 매개체로서의 창조적 문화 공간은 간접 선교를 위해 중요한 역할을 할 것이다.

물론 교회마다 나름대로 그 지역과 교회에 맞는 공간을 창출하고 그곳에서 지역 주민들을 만남으로써 전도의 기회를 마련하고 있기는 하다. 그런데 공간의 개념을, 이제는 교회 안에서 밖으로, 제주 전체로 확장해 갈 수 있는 방안이 무엇일까 함께 고민해 보면 좋겠다. 예를 들어, 마을회관에서 지역 주민들과 함께하는 축제로서 추수감사절을 기획해 본다거나 작은 음악회, 마을과 함께하는 연합운동회 같은 행사를 지역사회와 공동으로 준비하고 진행하거나, 마을 청소 및 마을 모임에 교인들이 적극적으로 참여함으로써 지역과 소통하며 유형무형의 공간을 활용하는 접점을 마련해 가는 것 등이다. 교회 밖에 또 다른 교회의 모습을 만들어 가는 것이다. 이것은 현지인들의 문화를 받아들이느냐 거부하느냐의 차원이 아니라 접촉과 교제의 장을 마련하는 '문화 창조자 또는 개발자'로서의 역할을 의미한다.

제주 사회문화에 맞는 창의적 공간[44] 매뉴얼

제주 사회문화에 맞는 대안문화 공간 창출에서 가장 중요한 것은 접촉과 기회의 공간을 마련하는 것이다. 서성환은 선교의 한 전략으로 "섬김을 출발점으로 삼아 단계적으로 만남과 대화와 공존을 거쳐 변혁에 이르게 하자"라고 했다.[45] 한국일은 "선교 현장의 다양한 필요에 따른 다차원적 접근 방식"에 대해 말했다.[46] 이것은 간접 선교의 일환으로 접촉과 기회의 공간을 만들어 내자는 의미로 해석할 수 있겠다. 교회는 지역 안에 있으므로 그 지역과 소통해야 하며, 그러기 위해서는 지역과 교회가 만날 수 있는 창의적 공간을 만들어 내야 한다. 그리고 그 안에서 지역 주민과의 만남의 기회를 넓혀 가야 할 것이다. 하지만 이제 만남의 공간을 교회 안에만 한정 짓거나 제한해서는 안 되고, 교회 밖으로, 지역으로, 그리고 제주도로, 그 개념을 확장해 나갈 수 있는 매개를 마련해야 한다.

이를 위해 필자는 제주 사회문화 안에서 접촉과 섬김과 공존의 장으로서, 또한 간접 선교를 위한 방안으로서, 창의적 문화 공간을 매뉴얼화할 필요성을 느끼고 있다.

새로운 공동체 문화 만들기

제주 사회문화의 특이성을 이해하는 데 매우 중요한 요소 중 하나가 제주의 궨당문화였다. 제주에는 지역마다 어느 정도 가족과 친척으로 구성된 공동체 또는 집성촌이 존재한다. 그런데 제주의 궨당문화는 한 사람 한 사람의 인간관계로부터 시작해 지역과 사회를 아우르는 구조적이면서도 강력한 네트워크를 형성하고 있다. 이 네트워크는 공동체적 속성을 넘어 일종의 권력구조로서 보이지 않는 힘을 가지고 있다. 심지어 그 안에는 민간신앙과 불교, 유교가 습합되어 혼합주의적 성향도 있다.

이러한 문화에 들어가기 위해서는, 그리고 그들과 함께하기 위해서는 대안적 공동체 문화, 즉 새로운 궨당문화를 만들어 가야 할 것이다. 예를 들면, 지역 주민으로서, 그리고 제주도민으로서 교양 있는 대안적 시민(지역) 공동체를 구성하여 그리스도인의 세계관과 시민교양을 가지고 사람들을 대하는 것이다. 정재영은 시민 공동체를 다음과 같이 정의하고 있다. "시민 공동체는 가족이나 혈연, 민족 등 타고난 지위에 의해 기초한 전통 공동체와 달리, 시민의 덕성에 초점을 둔 현대사회의 새로운 공동체를 뜻한다."[47] 리처드 마우는 "교양이란 우리가 아는 사람들을 존귀하게 대하는 것 이상이다. 그것은 또한 우리가 함께 영위하는 공동체의 삶에 관심을 기울이는 일이다. 그것은 가까운 관계를 열심히 가꾸는 일뿐 아니라 시민사회(civitas)에 대한 깊은 관심"이라고 표현했다.[48] 이외에도 지역에 맞는 사회적기업 등을 만드는 것도 좋은 방법이라고 생각한다. 사회적기업은 사회적 목적 실현을 위해 지역사회와 협력적인 네트워크를 구축하고 사회문제 해결이나 지역의 가치 있는 일을 함께 추구함으로써 접촉과 기회를 마련하여 새로운 관계를 형성하는 또 하나의 창조적 궨당문화가 될 수 있을 것이다.

이처럼 대안적 시민(지역) 공동체나 사회적기업은 종교를 넘어 지역의 발전과 개발, 그리고 보존을 위해 공동의 관심을 가지고 협력하는 것이다. 그리고 그 안에서 그리스도인으로서의 높은 도덕성과 지역 사랑과 봉사의 정신을 보여 줌으로써 접촉과 기회의 장을 최대한 활용하여 그리스도인에 대한, 교회에 대한 긍정적 이미지를 고취하며 복음의 가치와 삶을 드러내 보여 주어 간접 선교가 일어나도록 하는 것이다.

지역에 맞는 동호회 만들기

현대사회에서는 다양성이 존중받고 있다. 이에 맞물려 개인주의가 더욱 심화되는 양상을 보이고 있다. 따라서 공동체를 구속이나 통제로 인지하는 경향이 늘고 있으며, 이것이 자연스럽게 공동체에 대한 거부감이나 기피 등으로 표출되면서 공동체성이 약화하는 것을 경험하게 된다. 그런데 아이러니하게도 공통된 기호와 목적이 성립하면 얼마든지 공동체(특히 작은 공동체)에 속해 활동하기를 선호하는 양상을 보인다. 이것은 지인 대 지인으로 엮여 비교적 제한적인 인간관계를 하고 있는 궨당문화권의 제주 사람들에게 좀 더 수월하고 적합하게 다가갈 수 있는 선교적 접촉점이 될 수 있다. 이를테면, 제주 사회문화 맥락 안에서 공통의 기호와 목적을 통해 다양한 사람들이 접촉하고 소통할 수 있는 기회를 창출해 나가는 것이다. 동호회를 개설하거나 지역에 있는 동호회에 참여하는 것 등이다. 교회가 동호회를 개설하여 운영할 경우, 신앙의 색채를 띠기보다는 모든 사람이 거부감 없이 자유롭게 참여할 수 있도록 하면서도 복음을 전파하는 기회로 삼아야 할 것이다.

실제 이러한 사회적 경향을 따라 이미 많은 교회가 일종의 동호회를 개설하고 운영하고 있다. 예컨대, 청주의 ○○교회의 경우, 마라톤, 테니스, 야구, 우드볼, 축구, 탁구 등 스포츠 관련 동호회를 폭넓게 개설·운영하고 있으며, 색소폰 앙상블, 우쿨렐레 등의 음악 관련 동호회도 운영하고 있다. 그뿐만 아니라 걷기(트래킹), 사진, 워십댄스, 등산 선교회와 같은 동호회도 진행하고 있다. 또 같은 지역의 ○○교회도, 골프, 배드민턴, 족구, 배구, 볼링 등의 스포츠 동호회를 운영하고 있다. 기타, 하모니카, 오카리나와 같은 음악 동호회와 독서, (안마, 지압), 낚시, 자전거 등의 동호회를 성도들과 지역의 수요에 따라 다양하게 기획·운영하고 있다.

이는 지역과 교회마다 다소 차이가 있지만, 성도나 지역민의 기호와 필요에 따라 얼마든지 선별하여 개설·운영할 수 있다는 점에서 실제적이고 효과적인 창의적 선교 방안이다.

제주 지역의 경우, 이러한 접근과 시도가 조금씩 이루어지고 있으나, 일부 인기 스포츠나 등산, 오름 등정과 같이 다소 특정 분야에 국한되어 있는 실정이다. 따라서 성도들이나 지역민이 필요로 하는 다양하고 실제적인 수요를 파악하는 일이 급선무이다. 이를 시작으로 하나의 창의적 무형 공간으로서의 작은 공동체인 동호회로 확장해 나가는 접근과 시도가 필요하다.

필자가 시무하는 제주신광교회의 경우, 탁구동호회와 오름 동호회가 개설·운영되고 있으며, 이주민과 어린이들을 위한 주말농장도 실시하고 있다. 이는 교회 문턱을 낮춰 지역에 있는 비그리스도인들과 접촉하는 장으로 역할하고 있다.

지역에 맞는 봉사회 만들기

개신교 관점[49]에서 지역과 소통하는 공간으로서 '사회봉사회'를 구성하는 것은 선교적인 측면에서 매우 중요한 선교 방안 중 하나라고 생각한다. 과거 새마을운동과 같이 아침마다 마을을 가꾸는 일에 하나가 되어 실천했던 것을 추억해 볼 수 있겠다. 앞서 말한 것처럼 궨당문화로 인해 사회구조적으로 접촉과 교제의 장을 마련할 수 없는 구조라면, 지역교회가 지역을 위한 봉사단을 구성하여 필요한 일을 찾아 섬기고 봉사함으로써 접촉과 만남의 장을 공익화하고 그 기회를 넓혀 감으로써 지역과 함께하는 교회라는 인상을 심어 나갈 수 있을 것이다.

김영호는 '자원봉사자'를 뜻하는 'Volunteer'의 의미를 "유지자, 지원병 등으로 통용되고 법적으로는 임의 대행자, 무상봉사자 등으로 인식되어 왔으나 점차적으로 사회사업과 관련하여 오늘날에는 일반적으로 '무상 봉사하는 사람'이라고 정의되고 있다"라고 했다.[50] 또한 정재영은 자원봉사 운동은 "경제 위기로 인한 복지국가의 해체 그리고 시장 원리가 더 강화된 경제 패러다임에 대응하여, 자연과 인간의 공존을 지향하는 사회 패러다임을 중심으로 경제를 사회에 통합하고 문화와 창조성에 뿌리를 둔 인간의 목적의식을 인간에게 돌려주는 운동"으로 이해할 수 있다고 했다.[51]

이를 실천하려면, 먼저 대한예수교장로회(통합) 제주노회 사회봉사부의 역할을, 노회 안에 있는 교회의 어려움을 돌보는 데서 그치지 않고 지역사회를 섬기는 것에까지 확대해야 할 것이다. 예수님이 말씀하신 '선한 사마리아 사람'[52]처럼 교회를 넘어 어려움에 처한 이웃을 돌보는 역할이 필요하다. 이를테면, 사회봉사부 부속기구로서 '평신도와 함께하는 지역 봉사회'를 구성하여 자연재해 등으로 피해가 발생했을 때 적극적으로 봉사하며, 또한 필요로 하는 지역에 노회 사회봉사부 부속 봉사단이 찾아가 봉사 역할을 감당하는 것도 방안이 될 것이다. 더 나아가, 기독교 기관이나 시설과 연계된 사회봉사처를 통해 지역과 소통하는 창의적 공간을 만들어 가는 것도 생각해 볼 수 있다.

하지만 무엇보다 이러한 사회봉사의 관심과 실천과 확장을 위해서는 사회봉사에 대한 의식 전환과 공동체의 체질 개선이 우선되어야 할 것이다. 이를 위해 믿음 생활과 사회봉사 생활에 동등한 중요성을 부여하고, 교회를 사회봉사적 구조로 개편하여 재정을 지원하고, 위원회, 인력배치, 교육프로그램 등과 같은 사회봉사적 요소를 강화해 나가는 일이 필요하다. 이러한 맥락에서 서성환은 교회는 그 지역의 사회봉사적인 필요를 정확하게 조사하고 진단하여 치밀하게 준비하고, 교회가 져야 할 책임을 잘 감당하되, 전문교육이 필요한 자원봉사자들에 대한 훈련과 연수가 있어야 한다고 말했다.[53]

봉사회를 만들 때, 개교회 자체로 하든지 지역교회들과 연대해서 하든지, 또는 제주노회에 있는 사회봉사부에서 주최하든지, 읍면단위의 지자체와 기관들과 연대해서 하든지, 각각의 형편에 따라 할 수 있을 것이다. 다만, 그 지역과 상황에 따라 적절한 봉사의 실천을 개신교가 앞장서서 해나갈 때 선교적으로 좋은 이미지를 심어 줄 뿐만 아니라 창의적 공간을 만드는 기회가 될 것이다. 이는 결국 간접 선교의 도구로 사용될 수 있을 것이다.

새로운 장례문화 만들기

필자는 제주의 민간신앙에 뿌리를 둔 가정에서 태어나 어릴 적부터 제주 장례문화의 밀접한 영향 아래 살아왔다. 부친은 마을의 많은 장례를 주관하셨는데, 이를 위해 일정을 조율하고 모든 것을 직접 돌보셨다. 마을에 장례가 생기면 부친은 물론 인근의 모든 주민이 장례절차가 끝날 때까지 사적인 일을 멈추고서라도 장례에 적극적으로 참여해 각자 맡은 역할을 감당하고 섬겨 주었다. 특히 모든 더러운 일을 멀리하고 정성과 노력으로 상여를 화려하게 장식해 줌으로써 고인을 정성으로 보내 드리곤 했다. 이러한 장례문화는 혈연과 지연 등 친인척 통혼관계로 형성된 궨당을 중심으로 하는 마을공동체 의식이었다.

제주 천주교는 제주의 장례문화가 가진 이러한 특징을 고려하여 장례절차에 비중을 두어 신자들이 동참하여 슬픈 자를 위로하고 봉사하도록 권장하고 있다. 이는 제주의 장례문화 정신을 계승하여, 이른바 슬픈 자의 궨당이 되어 줌으로써 제주 선교에서 천주교의 이미지를 개선·향상하는 데 일조하였다.

그렇다면 제주 개신교는 죽음 앞에 슬퍼하는 자들에게 어떤 종교로 인식되고 있을까? 문화적으로는 어떤 선도와 변혁을 주도하고 있는가? 궨당문화가 깊이 스며든 제주 지역 선교를 위해서는 교회가 궨당사회인 마을로 들어가고, 특히 정서적 결집의 표상인 장례(심지어 비그리스도인의 장례라 할지라도)에 적극적으로 참여하여 새로운 공동체 의식을 가질 수 있도록 그 역할을 감당해야 할 것이다.

이러한 정신은 성경에서도 찾아볼 수 있다. 이를테면, 야곱의 죽음[54]이나 나사로의 죽음[55] 앞에서 많은 이가 함께 곡하며 위로하는 모습이다. 슬퍼하는 자와 함께 슬퍼하고 우는 자의 곁에서 진심을 다해 울고 위로하고 섬길 때, 비로소 서로 동화되고 또 하나의 변혁적인 궨당이 형성되리라고 본다.

폴 히버트는 개신교인들은 반의식적(antiritual) 경향이 강하다고 지적하였다. 그는 의미 있고 삶이 있는 의식(儀式)을 만들어 보급하는 것이 세계관 변화에 중요한 촉진이 되며, 동시에 우상숭배적인 의식에 대한 대책은 의식 자체를 없애 버리는 것이 아니라 거기에 참여함으로써 변형할 수 있도록 검토하고 재창조하는 것이라고 강조한다.[56] 제주의 장례문화가 그리스도인이 보기에 우상숭배적인 의식처럼 보일지라도, 그 의식 자체를 무시하고 없애기보다 그것에 문화적으로 참여함으로써 지역 안에서 좀 더 효과적인 선교와 복음을 전하는 계기로 활용하는 지혜가 필요하겠다.

제주 사회문화 변혁을 위한 개신교적 접근 방식 창출

제주 사회문화 변혁을 위한 개신교적 접근 방식 창출은 매우 중요한 선교 전략 가운데 하나이다. 필자는 사회문화 변혁을 위한 다양한 접근 방식을 다음과 같이 정리해 보았다.

NGO를 통한 지역사회와의 소통과 참여

'NGO'(Non Governmental Organization)라는 용어가 국제사회에 등장하게 된 것은 대체로 제2차 세계대전 이후라고 볼 수 있다.[57] 1968년 UN 경제사회이사회(ECOSOC)에서 결의안 1296조가 통과되면서 공식적으로 드러나게 되었다. NGO는 비정부성, 공익성, 연대성, 자원성, 공식성, 국제성의 특징을 가진 민간 단체로서, 좁은 의미로는 '시민단체'를 일컫는다.

필자는 개신교가 지역사회와 함께 환경과 기후변화, 식량과 기아문제에 대한 대처 등 다양한 사회 이슈를 놓고 서로 소통하고 참여하는 방안으로, 문화 변혁의 관점에서의 선교 방식과 창의적 공간으로 나아가기 위해 NGO와 적절한 관계를 맺는 일이 필요하다고 본다. 이혁배는 기독교 NGO에 대해 다음과 같이 정의한다.

> 한국 사회에서 NGO란 하나님 나라의 도래를 희망하고 있는 그리스도인들이 정부와 기업의 민주화를 비롯하여 정치, 경제, 문화 등 사회 전체의 개혁을 추구하거나 정부가 포괄하지 못하는 사회적 약자 계층과 결핍자들에 대한 사회 서비스를 제공하기 위해 결성된 시민운동단체를 의미한다.[58]

개신교 및 교회는 지역사회 안에 존재하고 있으므로 지역사회가 가진 공공의 목적[59]을 위해서 함께해야 할 것이다. 물론 지역사회에 대한 개신교의 선교적 사명을 감당하는 것이 우선적 목적이겠지만, 그에 못지않게, 아니 그와 더불어 지역사회의 창조성과 함께 공공성을 위해서 그리고 지역사회 발전을 위해서 교회가 함께 존재한다고 보아야 할 것이다. 이는 앞서 말한 것처럼 대안적 시민단체(NGO)나 사회적기업과 구성 및 연계하여 공공의 목적과 안녕을 위해 협력함으로써 구현될 수 있으리라 생각한다.

지역 선교를 위한 '제주선교포럼'

그 지역사회의 문화를 알지 못하거나 이해하지 못하면 적절한 선교사역을 전개하기가 어렵다. 특히 제주는 이미 앞서 언급한 것처럼 제주도만이 가지고 있는 독특한 문화와 역사적 기억, 구조 때문에 개인적이든지 집단적이든지 복음을 전하기가 쉽지 않다. 따라서 제주 지역의 사회문화와 역사를 알지 못한 채 그저 타지인의 관점으로 제주 목회사역을 시작한다면, 곧 문화충격과 함께 갈등의 골이 생기지 않을 수 없다. 그래서 적어도 3-5년 정도를 지내고야 비로소 제주 목회를 할 수 있다는 말이 돌 정도이다. 선교사가 그 지역문화를 관찰하고 연구하는 것처럼 타지에서 제주 목회를 하러 오는 목회자는 3-5년 동안 제주 사회문화를 배워 가며 공존과 상생을 위한 노력을 해야 할 것이다.

그런데 안타깝게도 이러한 제주 사회문화를 개신교적 관점에서 전문적으로 조망하거나 뒷받침해 줄 학술 활동이 거의 없다. 이것은 선교 역사가 100년을 넘는 제주 개신교의 민낯을 보여 준다. 따라서 필자는 연구 및 학술 활동을 위한 '제주선교포럼'[60]과 '전문적인 연구소'[61]를 세우는 일이 시급하다고 본다. 연구소는 제주 지역의 사회문화를 문화인류학과 민속학 등으로 조명해 내고, 기독교 세계관으로 제주 사회를 진단하며, 제주 개신교 역사를 다루는 연구자들과 함께 선교적 대안을 마련하며, 제주 선교를 위한 학술 활동을 펼칠 것이다. 포럼은 제주 목회 현장의 무속문화와 제주인의 기질과 특이성을 배우고 공감하는 공간으로서 제주 선교를 하는 데에 매우 중요한 동력이 될 것이다. 이를 위해서는 교회와 노회, 교단을 넘어서는 범기독교적인 협력과 지원이 뒷받침되어야 할 것이다.

지역교회와의 연대와 협력

대한예수교장로회(통합) 총회 농어촌부 부설 농어촌선교연구소에 따르면, "제주도는 70년대 지역사회 단위로 정부가 주도한 잘살기 사회운동 중에, 한국형 지역사회개발운동의 성과에서 전국 최고의 성공사례 지역으로 평가된다"라고 했다.[62] 이는 지역의 교회가 지역사회와의 연대와 협력을 통해 지역사회의 개발에 참여하고, 얼마든지 다양하게 긍정적인 역할을 감당할 수 있음을 시사한다. 각 지역에서 실행되고 있는 실제적인 예로는, 농업개발과 소득증대, 문화활동, 집 짓기 및 보수, 지역학교와 연대한 취학학생 증가 운동, 농촌일손돕기 등이 있으며, 다양한 선교적 접근 방식을 통해 지역사회와 소통하고 있다.

새뮤얼 부히스(Samuel J. Voorhies)는 "그리스도인 개발 사역자의 일은 전체 공동체나 지역을 위해 지역사회 내부에서부터 변화가 일어나도록 촉진하는 것"이라고 하였으며, 그중 핵심적 변화는 가치관과 비전의 변화라고 역설하였다. 또한 이를 위한 총체적인 변혁적 개발을 위해 필요한 열 가지 기본 원리와 가치관에 대해 다음과 같이 설명하고 있다.

(1) 사람의 소중함을 인정하라. (2) 지역문화를 이해하고 존중하라. (3) 사람에게는 자신의 미래에 이바지하고 미래를 결정할 능력이 있다는 것을 믿으라. (4) 기술이 아니라 사람들을 초점으로 삼으라. (5) 빈곤은 육체적이고 물질적인 차원과 영적이고 사회적인 차원이 다 포함된다는 것을 깨달으라. (6) 그리스도의 복음을 전달하는 언어와 사람을 섬기고 병자들을 고치고 의의 본이 되신 그리스도의 행동, 그리스도의 나라의 삶이 드러날 수 있도록 하나님의 도우심으로 일하는 표적을 통해서 그리스도를 전하는 방식으로 개발에 접근하라. (7) 지역 사람들에게 행하는 사회적, 기술적, 경제적, 교육적인 개입은 모두 수용자의 세계관으로 이해되고 해석된다는 것을 깨달으라. (8) 하나님이 이미 그 지역사회에서 일하고 계심을 인정하라. (9) 사람은 그리스도와의 관계를 통해 변화됨을 믿으라. (10) 교회가 지속적이고 풍성한 변혁을 위한 기본임을 인식하라.[63]

위와 같은 선교적 가치관과 비전을 함양함으로써 지역교회가 지역사회 개발을 위해 연대하며 협력하는 접근이 필요하다. 이러한 노력은 다름 아닌 지역과의 소통과 논의에서 시작되어야 하며, 궁극적으로는 지역교회의 범주를 넘어서 노회와 기관의 연대를 통해 지원하는 구조적 시스템을 구축해야 할 것이다. 제주 천주교 선교의 성공 사례로 손꼽히는 한림과 금악 지역에서의 지역사회 개발을 위한 선교적 연대와 협력, 곧 맥그린치 신부를 필두로 지속적인 연대와 후원을 통해 결실한 지역 선교 방법에 주목해야 하는 이유이다.

증가하는 이주민과 난민에 대한 선교적 합의

제주 지역의 최근 인구변화 동향을 살펴보면, 귀농·귀촌을 통한 이주민, 국제결혼을 통한 결혼이민자, 해외근로자와 난민의 유입이 늘고 있고, 이에 따른 갈등도 점차 불거지고 있다. 종교와 민족이 다른 이들이 다양하게 유입되는 상황에서 제주 개신교는 어떻게 효과적으로 복음을 전하고 그들을 지역사회와 교회공동체 안으로 맞아들일지에 대해 범기독교적인 인식과 합의, 일치가 요구되고 있다.

2018년 4월, 그동안 타 국가의 문제로만 여겨 왔던 난민 문제가 국내에서도 주요 이슈로 떠올랐다. 이는 예멘인들이 제주에 입국해 집단으로 난민 신청을 한 데서 비롯되었다. 비단 제주뿐만 아니라 경기도 김포의 경우, 방글라데시 난민들이 난민공동체에서 난민 인정자 혹은 인도적 체류자 지위로 지내고 있다.

난민 문제를 통해 국가는 물론이고 특별히 제주 지역사회는 이에 대한 낮은 인식과 함께 인종적·이질적 문화에 대한 혐오감과 거부감을 여실히 드러냈다. 또한 이에 대한 찬반양론이 지역사회의 주된 갈등 이슈로 자리하게 되었다.

국가와 마찬가지로 제주 사회 역시 난민 문제에 대한 사회적 학습이 전무했던 터라 적절한 대응과 방안이 미흡했으며, 법 적용과 해석 등에서도 여론이 엇갈렸다. 난민 수용 문제를 두고 보편적 인권 보호라는 입장과 자국민 보호라는 입장에서 갈등이 불거졌고, 이는 인식적·제도적 미흡함과 더불어 혼란을 가중시켰다.

그러나 난민에 관한 국가와 지방정부 및 여론의 우려와 혼란 가운데서도 주목할 점이 있었다. 그것은 제주도 내 시민단체와 육지부 전문가들이 '제주 난민 인권을 위한 범도민 위원회', 또는 '난민네트워크 제주대책위원회'를 구성하여 난민들의 취업상담, 법률지원, 사회적응 등을 지원했던 일이다. 이들은 예멘 난민들을 대상으로 한국 사회에 대한 이해로부터 기초적인 법과 질서에 대해 교육을 지원하였다. 또한 시민단체 등과 '멘토링(멘토 73명 위촉)시스템'을 구축하여 난민들의 안정적 정착을 지원키로 하였으며,[64] 민간에서는 자원활동가와의 상담을 통해 쉼터시설과 종교시설, 숙박시설에서 숙식을 제공해 주었다. 또한 건강 체크를 위한 의료지원 체계를 구축하여 지역에서 1차 진료를 지원하고, 2차 진료는 종합병원과 연계하여 받을 수 있도록 하였다. 이뿐만 아니라 혹시 발생할지 모르는 법적 분쟁에 대비하여 법률팀을 구성하고 이들을 위한 통번역활동, 노무 관련 상담창구도 개설하였다. 혼란이 가중되고 있던 제주 사회의 도민들을 위해서는 난민에 대한 이해를 고취하고 예멘에 관한 문화강좌를 개설함으로써 난민 수용에 대한 부담과 저항을 낮추고자 노력하였다.[65]

이처럼 민간네트워크가 정부와 지자체보다 좀 더 능동적이고 실제적으로 난민 문제와 현안에 대처한 것은, 그들을 대면해야 할 교계에도 시시하는 바가 크다. 이는 보편적 인권 보호의 기치 아래서 실현 가능한 인도적 지원을 아끼지 않으면서도 자국민의 불안과 부담을 줄이기 위한 활동으로서, 향후 난민 선교를 위한 교회의 선교적 인식과 접근 면에서 좋은 본보기였다. 이어 좀 더 실효적인 난민법 제정과 시행, 그리고 난민에 대한 자국민의 인식개선을 위한 교육과 기회 제공과 같은 제도적 뒷받침도 따라야 할 것이다.

앞서 언급한 대로, 난민 외에도 제주로의 인구 유입은 다방면으로 이루어졌다. 특히 타 지역에서 온 이주민 유입이 가장 두드러진다. 이러한 이주 열풍은 제주 각 지역사회로 이어졌고, 그 영향으로 교세도 자연스럽게 커지는 계기가 되었다. 그러나 한편으로는 유입 인구와 궨당문화, 유입 교인과 기존 교인 간의 보이지 않는 갈등으로 인해 여러 문제가 발생했다. 결국 이러한 갈등과 문제 상황 가운데서 지역의 각 교회가 어떻게 상생과 합의를 이끌 것인가 하는 지역교회의 역할이 매우 중시되고 있다. 지역교회가 피스메이커 역할을 감당하고 주도해 갈 수 있느냐가 지역교회의 성장에 영향을 주는 또 하나의 요인이 되고 있다. 따라서 결혼이민자와 난민, 귀농·귀촌 이주민 유입에 대한 사회적 합의뿐만 아니라 지역과 교회, 교인 간의 합의가 필요하다. 외부인들은 기존 교인들의 수고를 인정하고 배려하고, 기존 교인들은 포용과 이해를 통해 이주민들이 마을에 정착할 수 있도록 궨당(다리 역할)이 되어 주어야 할 것이다.

제주 사회문화에 적합한 선교적 접근 방안

여기서는 제주 개신교 선교 역사 가운데 있었던 주요 성장 요인을 살펴보고 성공적 사례를 제시하고자 한다.

제주 개신교 선교 역사의 성공적 사례에서 찾은 선교 방안

제주 개신교 선교 역사의 전 과정을 살펴본 결과, 다음과 같은 것들을 제주 사회문화에 적합한 선교적 접근 방식으로 시도할 수 있겠다.

제주 전통문화(조상제사)의 재해석과 적용

앞에서 밝힌 것처럼 한국 천주교는 1742년 중국에서 발표한 제사금령에 따라 한국의 전통 풍습과 문화에 대한 이해 없이 모든 제례를 미신의 위험성 때문에 금지했었다. 이에 따라 제주 천주교도 제주 사회문화에 들어왔을 때, 민간신앙과 제주 문화를 비난하였고 조상에게 제사하는 것을 거부하였다. 그런데 제2차 바티칸공의회 이후 1990년대부터 천주교가 조상제사[66]를 수용함으로써 제주 사회에서 가장 강력했던 선교의 장벽을 제거했다.

개신교의 게일(J. S. Gale) 선교사는 일찍이 한국의 조상제사를 종교적인 차원으로 보지 않고, 조상을 극진히 모시고자 하는 한국인들의 '국민적 생활'(national life)이며 문화 그 자체라고 표현[67]하기도 했지만, 한국 교회는 조상제사를 우상숭배로 규정하며 조상제사 문제만큼은 절대로 양보할 수 없다는 견해를 견지해 왔다. 제주 개신교도 동일한 입장을 취한 터라 비그리스도인 친척과의 접촉점 마련에 장애 요소로 작용했다. 그렇지만 개신교계 안에서도 조상제사에 대한 온건한 입장이 일부 존재한다. 이런 입장은 제사를 무조건 반대하기보다 이에 대한 체계적 이해와 수용적 태도를 역설하면서 '토착화'의 필요성을 제기한다. 물론 이런 견해는 조상제사를 개신교적 추도예배로 전환시키는 것을 포함하고 있다.[68]

유림 대표 최영갑 성균관유도회총본부 회장은 2022년 "현대 유교가 조선시대 유교를 그대로 가지고 온 느낌인데 시대에 맞게 현대화하겠다"라고 밝힌 바 있다. 또한 "제사가 많은 집안에서 빨리 간소하게 해달라고 한다"면서 제사의 간소화 방침도 밝혔다.[69]

필자도 불교와 유교와 민간신앙이 혼재하는 가정에서 태어나 개신교를 받아들이기 전까지 제사 문화에서 생활하였다. 그 당시 제주의 제사는 조상뿐만 아니라 다양한 가신(家神)을 숭배하는 형태를 보였다. 가신으로는 정지,[70] 고팡,[71] 올레,[72] 집, 용왕신 등이 있었으며, 이들에게 제물을 드리고 숭배하던 의례는 현대에 와서 점차 그 역할과 가치가 축소되고 형식화되어 이제는 조상에게 절하는 형태로 간소화되었다.

도널드 맥가브란은 질그릇에 담긴 보화는 결코 바뀔 수 없지만 질그릇 자체는 상황에 따라 적절한 그릇으로 바뀌어야 한다고 보았다. 그는 문화에 적응 가능한 것과 불가능한 것을 구분하기 위하여 기독교1, 기독교2, 기독교3, 기독교4 등의 용어를 사용하였다.[73] 또한 예루살렘공의회는 이방인의 구원을 위해 "우상의 더러운 것과 음행과 목매어 죽인 것과 피"를 제외하고는 그들의 문화를 수용하도록 결정하였다.[74]

이러한 맥락에서 조상제사를 어떻게 재해석할 것인가 하는 문제가 매우 중요하다. 종교적 제의와 형식이 시대에 맞는 문화로 변혁해 가는 좋은 본보기가 될 수 있기 때문이다. 이를 위해 기존의 전통문화를 성찰하고 시대에 맞게 재개념화[75]해야 할 것이다.

성령의 치유사역

제주 사회는 무속신앙을 중심으로 하는 민간신앙이 사람들의 신앙적 근간을 이루고 있다고 해도 과언이 아니다. 그뿐만 아니라 불교와 유교와 도교가 민간신앙의 토대 위에 습합되면서 제주 사람들의 생활방식과 문화에 다양한 형태로 녹아들어 있다. 이러한 특징은 제주의 '전통 민속문화'로 혼재되어 자리매김하게 되었으며 오늘날까지 이어지고 있다.

한편 제주가 가진 고유한 전통 민속문화 가운데 하나인 '궨당문화'는 친인척 관계를 중심으로 강력한 연대를 이루는 특징이 있다. 그리고 이러한 연대를 더욱 견고히 이어 주는 공통 매개가 '조상제사'이다. 그래서 제주 사람들에게 조상제사는 비단 전통 민속문화 양식과 문화 요소라는 개념에 국한되지 않고 가신(무속의 신들)과 연계된 종교문화적 요소로서 숭배적 행위도 담고 있다. 제주에서는 이러한 정신·문화·종교적 양식을 총괄하는 심방(무당)의 역할이 두드러졌으며, 신당과 무가(본풀이)가 발달하게 되었다. 근래에 와서는 탐라문화제 및 탐라국 입춘굿과 지역 마을의 포제 등이 다양한 형태로 복원되어 행해지고 있다. 이러한 행사와 의식 가운데는 제주인의 의식세계와 정신을 지배하는 미신적이고 무속적인 요소가 내재되어 있다. 또한 유형·무형의 전통문화를 통해 제주인들에게 이러한 요소가 계속 교육되고 이념화되고 있다는 것을 인지해야 한다.

제주의 전통 민속문화는 단지 그것을 의식과 정신문화, 미풍양속이나 문화적 콘텐츠 또는 종교적 양식 등으로 분류하고 세분화하기가 어렵다. 전통 민속문화라는 이름으로 한데 묶여 있기 때문이다. 따라서 전통 민속문화에 내재되어 있는 무속신앙의 요소를 분별해 내는 지식과 안목이 요구된다.[76] 예컨대 무가와 같은 경우만 보더라도, 그 자체는 신을 칭송하는 종교적 색채가 다분하지만 근래에는 과거 제주인의 정신문화를 엿볼 수 있는 데 가치를 두고 보존·계승해야 할 문화 콘텐츠 또는 문화재로 인식되고 있다. 기독교인으로서 우리는 하나님을 대적하는 요소가 전통 민속문화의 옷을 입고 혼합되어 숨겨져 있다는 점 또한 간과해서는 안 될 것이다.

찰스 크래프트는 그의 책《기독교 문화인류학》에서 개신교

〈표 12〉 세 단계 속에 존재하는 대결[77]

	시작	필요	과정	결과
1단계	사단에 매임	이해할 수 있는 자유	능력 대결	예수께 대한 헌신
	무지/오류	충분한 이해	진리 대결	
	비기독교적 신뢰	예수께 헌신할 것에 대한 도전	신뢰 대결	
2단계	예수께 대한 헌신	보호, 치유, 축복, 축사를 제공하기 위한 영적 전투	능력 대결	하나님과 하나님의 백성들과의 관계 성장
		가르침	진리 대결	
		대위임령과 복종에 대한 도전	신뢰 대결	
3단계	하나님과 하나님의 백성들과의 관계 성장	권위 있는 기도	능력 대결	1단계에 있는 사람들을 향한 증인
		가르침	진리 대결	
		헌신에 대한 도전	신뢰 대결	

인들이 하는 모든 경험에는 세 가지 대결이 존재한다고 주장하며 〈표 12〉와 같이 정리하였다. 또한 문화인류학자인 앨런 티펫 역시 전통 종교인들에게 선교하는 전략으로 '능력 대결'(power encounter)이 요구된다고 했다.[78]

전호진은 샤머니즘을 믿는 사람에게 전도할 수 있는 전도의 메시지를 다음과 같이 정리하고 있다.[79] 첫째는, 창조주와 자연의 지배자로서의 하나님을 전하는 것이다. 둘째로, 샤머니즘에 놓인 사람들에게 마귀의 권세를 물리치고 질병의 궁극적 치유자가 되시는 분이 예수 그리스도임을 전해야 한다. 셋째로, 샤머니즘의 무당을 넘어서는 신과 인간의 참 중보자이신 예수 그리스도를 전해야 한다. 넷째로, 귀신의 능력과는 비할 바 안 되는 성령의 사역을 강조하고 아울러 신학적으로 성령론을 발전시켜야 한다. 다섯째로, 애니미즘과 샤머니즘에 대한 선교 전략을 세울 때는 토착화를 신중하게 시도해야 한다.

이상의 내용을 종합하면, 무속신앙을 기반으로 한 제주 전통 민속문화에 대한 선교는 이른바 '능력과 진리와 신뢰 대결'로 점철된다. 과연 진정한 진리와 능력이 어디에서 오는지, 또한 무엇이 진정 신뢰할 만한 것인지, 그 진위 여부에 대한 실력이 요구되는 것이다. 초기 제주 개신교 선교 역사 안에서도 이기풍 목사가 능력과 진리와 신뢰의 대결을 했던 것을 살펴볼 수 있다. 예를 들어, 귀신을 내쫓으며 병자를 고치는 '능력 대결'[80]과 신유를 통한 개신교 하나님의 우월성을 선포하는 '진리 대결',[81] 젊은 구도자들과의 관계에 헌신하는 '신뢰 대결'[82]을 했다. 이러한 선교 방식은 제주 사회문화 속에서 무속신앙에 젖어 있는 이들에게 복음을 전할 수 있는 좋은 사례라고 할 수 있겠다.

의료와 교육정책

제주도는 다른 지역보다도 기후로 인한 질병이 자주 발생하는 곳이었다. 일 년 내내 미생물이 번식하는 반면 방역은 미비해서 질병 위험이 매우 높았다. 그렇기에 의료적 시설에 대한 수요와 필요성이 일찍부터 대두되었다. 따라서 의료 분야는 제주 복음사역을 위한 중요한 선교적 도구가 될 수밖에 없었다.

이에 미국 남장로교 한국선교회는 제주도에 의료선교를 시도하였는데, 15일에서 30일 동안, 어떨 때는 두 달 동안 제주에 머물면서 제주도민들의 각종 질병을 치료해 주었다. 이는 초기 제주 개신교가 제주 현지인들에게 다가갈 수 있는 접촉점이 되었고, 자연스럽게 부흥회로 이어져 초기 제주 개신교가 부흥하는 데 큰 힘이 되었다.[83]

다른 하나는 교육정책을 들 수 있다. 조선예수교장로회의 주요 정책 사업은 신교육사역이었다. 이에 따라 제주에도 성내교회 안에 남녀소학교(후에 '영흥학교'로 발전)가 설립되었고, 선교의 한 방편으로 여러 곳에 학교가 설립되었다. 교육을 통해 개신교적 접근과 접촉이 확장됨으로써 자연스럽게 복음을 전하는 계기가 되었다. 학교를 통한 개신교 전래를 시작으로 사회변혁과 개혁의 초석이 놓였고, 점차 발전할 수 있었던 기반이 되었다. 이것은 천주교가 제주 선교 초기부터 선교 전략과 정책으로 시행해 온 것이기도 하다.

이런 교육적 혜택을 많이 받은 지역[84]이 다른 지역에 비해 사회적 영향력이 얼마나 큰지는 수치적으로 나타난다. 따라서 사회적 약자를 돌볼 수 있는 의료기관, 그리고 제주 사회의 변혁과 정의, 성장을 위한 지도자를 양성하는 개신교적 교육시설과 교육정책이 꼭 필요하다. 이를 위해서는 지역사회의 의료 보건 상황을 정확히 파악하고, 교육에 대한 구체적이고 실천적인 접근 방법을 모색해야 할 것이다.

타 지역과 같은 기독교 재단의 의료기관이나 유관시설 등을 갖출 수 없다면, 지역사회 보건을 위한 기독교적인 의료·보건 선교회 등을 조직하여 운영하는 방법도 좋은 모델이 될 것이다. 교회와 지역의 필요에 따라 현장을 찾아가 협력하고 섬긴다면, 비기독교인들과의 접촉이 자유롭게 일어나 간접 선교가 이루어질 것이다. 또한 의료시설에 종사하는 사람들을 '제자화'하고 '완전화'[85]하는 것도 좋은 방안이 될 수 있을 것이다. '의료'라는 직업을 통해 대사회적 책임과 함께 사랑을 실천하는 장으로 이어질 수 있도록 하는 것이다.

교육 또한 이와 동일한 방법으로 접근해 나갈 필요가 있다. 근래에 들어 타 지역의 미션스쿨도 어려운 상황 가운데 놓이는 것을 보게 된다. 그러므로 또 다른 기독교적인 학교를 세우기보다는 기독교적인 세계관을 가진 교수와 교사들을 발굴하여 소그룹으로 지도를 하거나, 선교회를 조직하여 참된 교육 이념을 실현할 수 있도록 도와야 한다. 이를 통해 자연스레 비전을 나누고 좋은 생각을 공유하여 학생들에게 기독 교사로서 선한 영향력을 끼칠 수 있을 것이다.

요약하자면, 사랑과 섬김으로 지역사회의 의료·보건과 교육을 실천하는 것에서 시작하여 전문적인 포럼을 통해 지역사회 문화에 맞는 보건과 교육정책을 하나씩 수립해 나가는 노력이 필요하다.

지역사회와 함께하는 개신교

제주 개신교와 천주교 선교 역사의 전 과정을 들여다본 결과, 이들 종교가 제주 사회문화와 더불어 가장 부흥하고 성장했던 시기는 지역과 함께할 때였음을 알 수 있었다. 일제강점기를 지나 한국전쟁 시기까지 제주 개신교는 민족 및 제주도민들과 함께하는 종교로서의 인식을 심어 주었던 것을 확인할 수 있었다. 〈표 6〉에서 보았듯이 1938년 기준 그리스도인 숫자를 보면, 천주교인은 453명인 데 비해 개신교인은 1,346명이다. 3배가량 개신교가 성장했음을 확인할 수 있다.

천주교는 성직자나 신자들이 3·1운동에 참여하지 않기를 바랐고, 신학생들에게도 독립운동에 참여하지 않도록 지시했다. 반면 개신교는 조봉호를 필두로 해서 목사와 교회가 독립군 군자금 모금을 앞장서 감당했다. 이로써 제주인들은 제주 개신교를 민족과 함께하는 종교로 보았다. 또한 개신교를 진실로 믿을 만한 도라고 인정했을 뿐만 아니라, 칭송하고 환영하는 놀라운 변화가 일어났었다.

한편 제주 천주교는 일제강점기 이후 깊은 침체에 빠져 있다가 이를 벗어나기 위해 미션스쿨이나 지역사회 개발에 적극적으로 참여하였다. 이는 장기적인 관점에서 지역사회에 큰 영향을 주었으며, 제주 천주교의 인식을 긍정적으로 전환하는 계기가 되었다. 앞서 살펴본 것처럼 제2차 바티칸공의회 이후 천주교가 조상제사를 수용한 점도 영향을 미쳤겠지만, 좀 더 근본적인 요인은 제주 사회와 함께하는 천주교의 이미지 전환에 있었다고 볼 수 있다.

이후 제주 천주교는 꾸준히 지역사회와 연계하여 지역 내의 다양한 사회·정치·문화·환경 등의 현안과 이슈에 대해 사회적 교리를 바탕으로 평화와 상생을 모토로 주민의 권익을 위해 연대해 왔다. 지금도 4·3사건 특별위원회를 구성하여 4·3사건을 알리는 학술 심포지엄을 개최하고, 4·3사건 평화의 기도문을 제작하고, 강정마을 해군기지와 제2공항 등 다양한 제주 사회 이슈에 대해 지역 주민과 연대하며 참여하고 있다.

그렇다고 여기서 지역사회 이슈와 역사적 아픔에 대해 찬반을 논하고자 하는 것은 아니다. 지역의 역사적 아픔과 오늘날 산적한 현안으로 인해 갈등하고 대립하는 대신 평화와 공존과 상생을 위해 종교적 역할, 특히 예언자적 역할을 함께하자고 제안하는 것이다.

제주 개신교회는 일차적으로 제주 지역의 선교를 위해 존재한다. 그렇기에 제주 지역과 함께하는 제주 개신교로서의 이미지 전환이 필요하다. 5장에서 확인한 바, 역사적으로 가장 어려운 시기에 오히려 개신교가 성장할 수 있었던 근본 요인은 지역사회와 지역인들과 함께하는 데 있었음을 잊지 말아야 할 것이다.

현지인 지도자 및 평신도 지도자와의 협력과 공존

이기풍 목사가 제주도로 파송받은 지 1년도 채 되지 않아 원입인 9명, 주일 출석 20명이라는 선교 결과가 보고되었다.[86] 그리고 제주도로 파송한 지 3년 만에 예배당 3곳, 예배 처소 두 곳과 160명의 교우, 또한 17명의 학생이 재학하고 있는 학교 한 곳을 설립했다.[87] 이기풍 목사가 제주도에서 선교사역을 한 지 5년쯤 되는 해에는 6명의 사역자가 제주에서 사역하고 있었고, 교회도 12개(예배당 10곳, 기도처 2곳)나 설립되었다.[88] 이기풍 목사는 7년간의 선교사역을 마치고 제주를 떠났다.[89] 이기풍 목사의 제주 사역 기간이 이렇게 짧은데도 불구하고 많은 결실이 가능했던 것은 성령의 능력 가운데 귀신을 내쫓으며 많은 병자를 고치는 치유사역에도 그 이유가 있었지만, 제주 현지인 평신도 사역자들과 젊은 구도자들과의 협력 그리고 그들의 헌신이 있었기에 가능하였다. 이호리와 금성리 신앙공동체의 평신도 지도자 김재원과 조봉호, 그리고 젊은 구도자 김행권, 홍순흥이 그들이다. 그뿐만 아니라 제주에 유배되어 온 박영효와 이승훈과 같은 협력자도 있었다. 또한 앞에서 다룬 대로 현지인 여성 사역자들의 봉사와 헌신도 빼놓을 수 없다.

제주는 어느 지역보다 독특하고 고유한 문화를 통해 형성된 제주인만의 의식과 사회구조를 가지고 있기에 선교 현장을 잘 아는 토착민의 도움이 절실히 필요한 곳이기도 하다. 한국일도 "현지에서 장기간 활동하고 있는 선교사의 안내를 받아 현지에서 필요한 내용에 초점을 맞추어야 한다"라고 말한다.[90] 선교지라면 어디나 마찬가지겠지만, 특히 제주는 어느 지역보다 독특하고 다르다는 것을 인정하고 현지인과 협력하는 마음 자세가 필요하다. 또한 현지인 그리스도인들도 궨당문화의 속성을 넘어 타지의 지도자가 목회 현장에 잘 적응할 수 있도록 기다리며 최선을 다해 섬겨야 할 것이다. 이러한 협력과 공존 문화가 목회 현장마다 자리 잡을 때 더욱 효과적인 사역이 이루어질 것이다.

여성 사역자 세우기

제주에 있는 많은 여성 신화는 대부분 여성의 당당함과 강인한 삶의 정체성을 반영하고 있으며, 남성 부재[91]에서 발생하는 문제로 인해 여성 중심의 노동과 경제활동이 주류를 이루게 됨을 담아내고 있다. 또한 근대화로 오면서 여성에게도 교육 기회가 확대되면서 여성은 전통적 사고에서 벗어나 근대 교육과 민족계몽운동에 앞장서게 되었고, 이를 통해 제주 사회 전반에 걸쳐 두루 영향력을 미쳤다. 제주는 남성보다 여성의 수가 상대적으로 많았기 때문에 축첩을 두는 일이 빈번하였고, 결혼 후 분가가 원칙이며, 상부상조 개념을 가지고 있었다. 가족 내 여성은 자율성이 있고 지위도 비교적 높았다. 이러한 점에서 김덕삼과 최원혁은 "섬은 여성이 많고, 여성이 중심이 되는 문화를 조성했다"라고 언급한다.[92]

이러한 사회구조에서 여성 사역자의 리더십과 역할은 매우 중요했다. 실제로 제주 천주교는 제주 사회문화에 맞게 신성여학교를 설립하여 일찍부터 오늘날까지 교육과 신앙 면에서 여성의 역할을 강조하고 사회적 지도자로 세워 왔다. 또한 제주 개신교 선교 역사에서도 제주 여성들의 믿음과 삶과 역할이 얼마나 중요했는지 살펴볼 수 있었다.[93]

과거부터 오늘날까지 다른 어느 지역보다 여성의 역할이 중요했던 점을 고려해 볼 때, 교회가 여성 지도자를 양성하고 세우는 일은 사회적·선교적 관점에서 매우 중요한 요소이다. 이정숙은 서구에는 "여성들이 가면 교회도 간다"라는 말이 있다고 한다. 이는 종교 변화의 패턴을 여성이 결정한다는 말이며, 여성들의 자발적 교회 활동 참여가 곧 교회를 활성화시킨다는 말이기도 하다.[94]

송인규는 "흔히 '여성이 남성에 비해 더 종교적'이라고 말하고, 듣는 이도 특별히 고민 없이 그 말에 동의한다"라고 했다.[95] 이와 같이 종교성과 종교 변화의 패턴에서 여성들이 주요한 역할을 해왔다면, 다양한 분야에서 더욱 적극적으로 여성 사역자들을 양성하고 세워 가야 할 것이다. 이를 위해서는 여성들을 위한 전문적인 교육과 훈련이 필요하며, 전문성을 가진 여성들이 교회와 사회 곳곳에 세워지고 그 역할을 감당할 수 있도록 해야 한다. 다만 교회가 지나칠 정도로 "여성화"(feminization)[96]되는 체질로 가는 것은 주의해야 하며, 여성이 교회에 기여할 수 있는 바를 바르게 제시해야 한다.

제주 사회문화에서 개신교에 대한 이미지 개선 방안

지금까지 제주의 사회문화적 특성과 개신교 선교의 긍정적·부정적 역할 등을 살펴보았다. 제주 사회문화에서 더욱 효과적으로 선교사역을 감당하려면 개신교에 대한 이미지 개선이 필요하다. 이를 위해서는 적어도 다음과 같은 것들이 지속적으로 실천되어야 할 것이다.

그리스도인의 사회적 책임—빛과 소금의 역할

전통적으로 한국 사회는 가족 또는 공동체 중심의 사회구조를 이루고 있었다.[97] 그러나 1980년대 이후의 급진적인 경제·사회 변화는 가족과 공동체 중심의 문화를 해체시켰고 개인화를 부추겼다.[98] 이러한 개인화 경향은 한국 교회 안에서도 고스란히 드러나게 되었다. 지금까지 한국 교회 교인들은 내세 지향적인 개인구원론과 함께 성취 지향적이며 소비 지향적인 개인주의 담론에 더 귀를 기울이고 호응하였다.[99] 이는 개교회 중심주의와 더불어 인터넷의 발달로 극대화된 초개인주의(Hyper-individualism) 시대의 흐름과도 맞물린다.[100] 그러면서 점차 불거진 개신교의 많은 부조리와 병폐로 인해 개신교는 이기적인 공동체이자 사회성이 결여된 개인주의적 집단으로 인식되게 되었다.[101] 이러한 문제는 사회에서 교회의 이미지와 그 역할에 매우 부정적인 요인으로 작용하고 있다.[102]

그러나 이는 개신교 진리에 대한 몰이해에서 기인한 성급한 일반화의 오류라고 볼 수 있다. 물론 그간의 부정적인 사건 사고를 부인하는 것은 아니다. 그것은 명백한 과오이다. 그러나 본회퍼에 따르면 "예수 그리스도는 타자를 위한 존재"이다.[103] 즉 예수 그리스도는 교회 안에 갇혀 있는 존재가 아니라 오히려 세상 안에서 함께하고 고통하며 더불어 살아가는 존재라는 의미이다. 다시 말해 세상에서 인간과 함께하시는 그리스도라는 것이다.[104] 따라서 그가 바라본 신앙인으로서의 인간은, 세상에 살면서 그리스도 안에서 강해지고 변화되는 인간이다. 그러므로 그러한 인간이 살아가는 세상이란, 단순히 생존의 공간이 아니라 하나님께로부터 그의 백성이 위임받은 공간이며 예수 그리스도 안에 계시된 하나님의 현실을 살아가는 공간이다.[105] 그러므로 그리스도인에게 위임된 세상은 그리스도에 의해 변화되어야 할 세상이며, 현실에 뿌리내린 그리스도인에게는 세상을 변화시킬 책임이 있다.[106] 따라서 오늘날 개신교의 본래적 진리가 도외시되고 그 내용을 잃어버린 것은 교회와 교인들이 그 위임과 책임을 방임한 탓이라고 볼 수 있다.

칼뱅 역시 사회적 책임을 가진 그리스도인에 대해 역설하였다. 그는 그리스도인이 갖는 사회적 책임의 근거로 모든 인간이 하나님의 형상에 의해 창조되었고, 그것은 곧 서로 결합된 사회적 존재임을 뜻한다고 하였다.[107] 또한 종교의 참된 근원이 사회적 책임을 가능케 할 수 있다는 사실을 언급하면서 "모든 사람이 자기 자신에게 몰두하고 있기 때문에 하나님의 사랑이 통치하지 않는다면 이웃을 향한 참된 사랑은 없을 것"이라고 하였다.[108]

존 스토트는 1974년 로잔 언약에서 개인주의를 넘어 사회적 존재로서의 그리스도인의 사회적 책임을 강조하면서 다음과 같이 말한다.

> 물론 사람과의 화해가 곧 하나님과의 화해는 아니며 또 사회 참여가 곧 복음 전도일 수 없으며 정치적 해방이 곧 구원은 아닐지라도, 우리는 복음 전도와 사회 정치적 참여는 우리 그리스도인의 의무의 두 부분임을 확언한다. 이 두 부분은 모두 하나님과 인간에 대한 우리의 교리, 이웃을 향한 우리의 사랑, 그리고 예수 그리스도에 대한 우리의 순종을 나타내는 데 필수적이다. … 우리가 선포하는 구원은 우리로 하여금 개인적 책임과 사회적 책임을 총체적으로 수행하도록 우리를 변화시켜야 한다. 행함이 없는 믿음은 죽은 것이다.[109]

또한 김회권은 하나님의 형상대로 창조된 인간의 존엄을 지키면서 동시에 하나님의 나라와 의를 구현하며 확장시켜 나가려면 모든 형태의 악과 불의에 저항하기 위해 노력하는 빛과 소금(마 5:13-14)의 사명이 있음을 설명한다.[110]

교회와 그리스도인은 세상에 존재하며 세상을 살아간다. 이것은 하나님께로부터 위임된 현실이며 그 현실에서 그리스도인과 교회는 자신의 영역을 지키며 하나님 나라를 확장해 가야 한다. 이것이 여러 신학자가 설명하고 있는 그리스도인의 공통된 사회적 책임이다. 따라서 교회와 성도에게 주어진 사회적 책임을 잘 감당하기 위하여 교회는 이웃과 공동체를 위해 봉사할 수 있는 개신교적 정체성과 정신을 더욱 고취시키고 함양해야 하며, 무엇보다도 개신교인의 도덕적 의무와 역할을 세상에서 수행할 수 있도록 사상적·활동적으로 든든한 기반이 되어야 할 것이다.

언론 및 방송의 역할과 제주노회 커뮤니케이션위원회의 역할 강화

복음의 불모지였던 제주 땅에 신앙의 뿌리가 내려질 수 있었던 것은 앞서 살펴본 바와 같이 사람들을 대면하고 이곳저곳을 순회하면서 전도했던 이들의 헌신과 수고 덕분이었다. 그러나 이러한 복음 전도 방법은 격변하는 시대에서 서서히 한계를 드러내기 시작했다. 더군다나 사회·문화·관습적으로 복음 전파에 걸림돌이 되는 장애 요소가 많은 제주의 경우는 사태가 더욱 심각해졌다. 따라서 지속가능하면서도 효율적이고 파급력 있는 언론매체를 통한 선교 방안이 대두되기 시작했다.

그리하여 제주 지역에는 1971년 '제주극동방송'을 시작으로 2001년에 '제주기독교방송', 2011년에 'CTS제주방송'이 설립되었다. 언론매체로서는 1992년 '제주기독신문사'가 설립되어 그 해 11월 21일 창간호를 배포했다. 이러한 방송과 언론은 제주 지역교회와 지역사회를 이어 주는 데 중요한 역할을 감당하고 있다. 특히 제주극동방송과 CTS제주방송은 "대내의 전도방송과 전도를 위한 보도"를 중심으로 편성되어 있는 순수 복음방송을 표방하고 있고, 제주기독교방송은 "일반 도민과 더불어 신자"를 모두 그 대상으로 삼고 있다.[111]

개교회나 선교단체의 전도활동 등에 국한되던 제주 선교는 이러한 방송매체를 통해 본질적으로 더 많은 사람에게 영향을 끼치게 되었다. 앞으로도 시청자와 청취자를 좀 더 효과적으로 선교하기 위해서 신자들을 주요 대상으로 하는 방송은 더욱 성경적이면서 올바른 개신교 세계관을 형성할 수 있도록 제작·편성해야 할 것이며, 일반 도민들에게도 전송되는 방송의 경우에는 그 영향을 고려해 우리 사회가 나아갈 올바른 방향과 정의를 제시하여 진리의 메신저 역할을 감당해 나가야 할 것이다. 제주기독신문의 경우에도, 제주 교계의 연합과 소통을 위한 매개 역할을 더욱 세심하고 깊이 있게 감당하면서 각 지역의 교회 소개와 예배 안내 등을 통해 간접 선교의 장을 열어 가는 발판이 되어야 할 것이다.

한편 대한예수교장로회(통합) 제주노회 산하 커뮤니케이션위원회는《언론인을 위한 제주 기독교 안내서》[112]를 2017년 9월 발간하였다. 이는 개신교를 바르게 이해할 수 있도록 하는 기초 안내 자료를 언론과 미디어, 관공서, 공공시설, 도서관 등에 제공하고자 하는 데 일차 목적이 있다. 커뮤니케이션위원회가 제주기독신문사와 협업하여 발간한 이 책자는 교회와 언론, 교회와 사회 간의 소통에 유용한 자료로 활용되고 있으며, 도민들이 기독교를 이해하는 데 도움을 주고 있다. 이는 방송, 언론매체를 매개로 하여 선교의 발판을 마련한 좋은 사례라고 할 것이다.

또한 대한예수교장로회(통합) 제주노회 역사위원회에서 발간한《제주 교회 인물사》[113]와 같이 제주의 개신교 인물들을 찾아내어 근현대 제주 사회문화에 미친 영향을 소개하는 것도 개신교에 대한 긍정적 이미지를 만들어 가는 방법 가운데 하나로 볼 수 있을 것이다.

지역사회를 위한 지도자 양성

제주 지역사회를 위한 지도자 양성은 다음과 같이 구분해 볼 수 있다. 제주를 위한 교회 지도자를 양성하는 것과 지역사회의 지도자를 양성하는 것이다. 이는 서로 양분되면서도 한편으로는 동일한 것이다.[114] 이것은 앞서 살펴본 바와 같이 초기 제주 개신교 선교 과정에서 가장 효율적이고 적합한 방안 중 하나였다.[115] 그러나 이후 근현대사의 수난을 당해 내며 그 명맥이 끊어지고 말았다. 그러다 보니 교육과 양성을 통해 선교의 초석을 다졌던 제주 개신교 입장에서는 제주 원주민 교역자의 양성과 지역사회 지도자 양성이야말로 오랜 숙원이었다.

제주에는 1956년에 이르러서야 목회자 양성을 위한 고등성경학교가 설립되었고,[116] 같은 시기 미국 북장로교 선교사 프란시스 킨슬러(Francis Kinsler, 한국명 권세열) 목사를 통해 설립된 '성경구락부'[117]가 제주에 도입되었다. 이는 각 교회의 공간을 사용하고 고등학교 졸업 이상의 자원봉사자를 교사로 활용함으로써 전국적인 운동으로 확장되었다. 또한 제주에는 감리교가 도입한 '웨슬리구락부'(Wesley Clubs)가 있었는데, 이는 피난민들을 비롯해 남녀노소를 막론하고 누구에게나 다양한 교육 및 교양과 혜택을 무료로 제공해 주었다.[118] 한편 1959년 무렵에는 한림 지역을 기반으로 '한림여자복음성경학교'가 개교하였다. 그러나 졸업생이 줄어 1961년 '제주고등성경학교'와 결합하면서 '제주농민성서학원'으로 개칭했고, 이 역시도 그 명맥이 오래가지 못해 1969년에 이르러서 종결되었다.[119]

교회는 지역사회 내에서 시·공간적 재화를 충족시킬 수 있는 좋은 요건을 지니고 있다. 더군다나 교회가 니버의 변혁적 문화관[120]과 같은 선교적 비전과 관점을 함양하고 있다면, 이는 더할 나위 없는 요건을 충족하고 있다고 해도 과언이 아닐 것이다. 따라서 교회가 가지고 있는 기본 재화를 적절하게 활용하면서 지역사회 내의 필요와 수요를 파악해 접목해 간다면, 교회가 지역사회 문화를 선도해 가며 이미지를 개선할 뿐만 아니라 지역과 상생하는 좋은 모델이 될 것이다. 이를 위해서는 무엇보다 지역사회의 필요에 반응하며 함께 호흡할 수 있는 전문적 지도자 양성이 요구된다. 예를 들면, 제주 천주교의 강우일 주교와 같은 지도자라고 할 수 있다.[121] 지역사회 내에 외국인 노동자 유입이나 다문화가정의 분포가 높을 경우, 교회는 이들과 연대하며 고충을 살피고 동행할 수 있어야 한다. 이러한 역할을 원활하게 감당하기 위해서는 언어를 비롯해 문화 이해 교육을 이수받은 지도자가 필요하며, 효과적으로 활동할 수 있는 프로그램 등도 개발해야 한다.[122]

한편 교회는 지역사회의 세대 분포나 가정 구성 실태를 파악함으로써 영유아를 비롯해, 청소년, 노년층 등 각 연령대에 따라 놀이, 진로, 상담, 실버, 세대통합, 가정사역 등의 지도자를 양성해 다양한 사회, 교육, 문화적 프로그램을 전개해 나갈 수도 있다. 또한 지역사회 내의 문화적 수요에 따라 스포츠, 음악, 미술 등 다양한 분야에서 지역사회 문화선교를 위한 지도자를 교육·양성해 냄으로써 개신교의 사회적 책임과 함께 문화적 선도와 변혁의 의미를 구현해 갈 수 있을 것이다.

요약 및 제언

6장에서는 본 연구자의 최종 목적인 '제주 사회문화에 적합한 개신교 선교 방안'에 대해 다양하게 기술하였다. 개신교 선교 방안이 다양하다는 것은 제주 사회문화가 그만큼 복잡한 형식과 구조를 지니고 있음을 반증한다. 따라서 더 많은 개신교 선교 방안이 개발되어야 할 것으로 보인다. 이와 같이 제주 사회문화에 적합한 개신교 선교 방안을 전반적으로 살펴보면서 필자는 다음 몇 가지 사항을 정리할 수 있었다.

첫째, 제주 사회문화에 적합한 개신교의 선교 방안을 마련하기 위해서는 제주 사회문화를 바르게 인식하는 데서 출발해야 할 것이다. 제주 사회문화는 단지 이론적으로 알고 배우는 것으로 접근할 수 있는 영역이 아니다. 겸손과 포용의 마음을 품은 '경험적 배움'을 토대로 접근할 때, 비로소 좀 더 효과적인 개신교 선교가 가능할 것이다. 더 나아가 제주 지역사회와의 연대, 그 연대적 관계에서 긍정적인 사례를 수집하고 분석하는 것이 중요할 것이다. 이러한 연대적 접근 방법이야말로 신뢰라는 자산을 회복하고 형성할 수 있도록 하기 때문이다. 그것이 곧 제주의 배타성과 폐쇄성을 극복하는 초석이요 첩경이 될 것이다. 제주 민속문화 속 궨당문화는 오랜 세월 동안 관계 안에서 형성된 신뢰를 기초로 한다는 것을 기억해야 한다. 물론 혼합주의적인 관계와 선교로 이어지지 않도록 주의해야 한다.

둘째, 제주 사회문화에 적합한 개신교 선교 방안은 제주 사회문화 변혁을 위한 개신교적이며 창의적인 다양한 문화 공간을 창출하는 데 있다. 이를 위해서는 제주 사회문화에 대한 이해와 함께 변혁을 위한 창의적 문화 공간과 접목할 수 있는 개신교적 접근 방식이 요구된다. 제주 사회문화는 궨당문화에 기반함으로써 사회구조가 복잡하고 견고하다. 따라서 개인적 접근 방법이나 집단 개종과 같은 영향과 효과가 다른 지역처럼 쉽게 일어나기 어려운 곳이다. 이러한 점에서 접근이 용이하면서도 다양한 문화 공간 창출은 이웃 사랑을 실천하는 장이자 제주 사회문화의 변혁을 위한 시작이 될 것이다. 따라서 필자는 제주 사회문화에 대한 창의적 공간 매뉴얼과 함께 다양한 대안적 문화 공간과 접근을 제언했다. 또한 제주 사회문화가 갖는 다양성과 복잡성을 고려하여 제주 사회문화에 대한 올바른 방향과 방법, 참여를 제시해 줄 '제주선교포럼' 같은 대안이 필요하다고 피력했다.

셋째, 제주 사회문화에 적합하고 다양한 선교적 접근 방식을 갖는 것이다. 필자는 제주 전통문화(조상제사)에 대한 재해석과 적용, 성령의 치유사역, 의료봉사와 교육정책, 지역사회와 함께하는 교회, 현지인 지도자 및 평신도와의 협력과 공존, 여성 사역자 세우기 등 다양한 대안을 제시하고, 제주 사회문화에 대한 개신교적 이미지 개선 방안을 모색해 보았다. 이를 토대로 제주 개신교 전 역사를 반추하며 성장한 사례를 분석하여 오늘에 맞게 재해석하고 적용할 필요가 있음을 제안했다. 끝으로 개신교의 이미지 개선을 위해 교회가 연합하고 힘을 합하여 실천의 장으로 나아갈 때 좀 더 효과적인 개신교 선교가 일어남을 피력했다.

그리고 이 모든 것에 앞서 제주인들의 상처와 아픔의 소리를 듣고 품으며 그들 가운데 들어가는 다양한 수고와 노력이 선행되어야 할 것이다.

맺음말

어느덧 제주 개신교는 100년이 넘는 선교 역사를 지니게 되었다. 그러나 오늘날 제주 복음화율은 역사가 무색할 만큼 제자리걸음을 걷고 있는 실정이다. 더군다나 어느 시대이건 현저하게 낮은 제주 토착민의 복음 수용 상황은 제주 교회가 봉착한 가장 큰 난관이다.

필자는 본 연구를 통해 제주가 가진 여러 상황과 요인이 매우 복합적으로 얽혀 있음을 알 수 있었다. 섬이라는 지리적 특수성과 이러한 요인들이 결부되면서, 외부적 요인과 영향은 제한하면서도 내부적으로는 고착화되어 오늘에 이르렀다. 초기 제주 선교에서 드러나는 선교적 인식과 접근, 선교 방식으로는 제한된 상황을 겪을 수밖에 없는, 사회·문화·의식·삶의 구조적 한계가 제주 안에 드리워져 있었던 것이다.

제주 기독교의 전 역사를 살펴보면서, 초기 제주 선교와 제주 교회들이 보이는 복음 일변도의 선교적 이해와 접근이, 그동안 상대적으로 혹은 의도적으로 등한시해 온 선교지의 문화적 이해와 의식, 그리고 시대적 요구 및 상황으로부터 괴리된 것임을 알 수 있었다. 더군다나 최근 코로나19로 인해 급변한 사회구조와 인식 등은 교회로 하여금 복음 자체를 제외한 모든 선교적 이해와 접근에 대해 전면 수정을 요구하고 있다.

그러므로 우리는 맥가브란이 말한 교회성장의 핵심 가치를 되짚어 볼 필요가 있다. 그는 '효과적인 복음 전도를 통한 개종'을 말한다. 여기서 개종은 '한 영혼을 교회의 책임 있는 구성원이 되게 하고 교회를 통하여 사회적 변화를 이루는 것'이다. 이것은 비단 교회성장을 위해서뿐만 아니라 교회의 존재적 사명이기도 하다. 맥가브란이 지적한 바대로, 오늘날 사회문화적 다양성 앞에서 선교적 사명을 감당해야 하는 교회의 복음 전도는 말 그대로 효과적이어야 한다. 특별히 섬이라는 특수성과 문화적·종교적·관습적 다양성을 지닌 제주의 경우는 더욱 그래야 한다. 복음을 전해 듣는 사람과 그 사람이 속한 지역과 환경, 그로부터 생성된 의식과 관습, 더 나아가 해당 지역의 문화와 사회구조에 이르기까지, 제반 요인을 충분히 숙고하고, 그것들에 대한 이해를 토대로 선교의 방향성과 방안을 창출해야 한다. 또한 이러한 과정을 통해 궁극적으로 선교지와 선교 대상 간의 이상적인 접촉점을 찾고 적용해야 하는데, 이는 교회뿐만 아니라 사회를 기반으로

하는 각 구성원을 세우는 일이기에 더욱 효과적이고 가치 있다고 하겠다.

지금까지 제주 사회문화 관점에서 선교를 바라보고, 개신교 선교 방안을 마련하면서 다음 몇 가지 작업이 추후 지속되면 좋겠다는 바람을 갖게 되었다.

첫째, 제주도의 문화와 사상, 생각과 신앙심 가운데 깊이 뿌리내리고 있는 제주만의 독특한 세계관을 이해하기 위해서 500편이 넘는 무가를 기독교적 관점에서 분석하고 정리할 필요가 있겠다. 무가는 오랫동안 제주인의 생활에서 특유의 민속문화를 창조하고 제주 역사의 원천과 사상, 도덕적 생활 규범으로 자리 잡고 있다. 그렇기에 이에 대한 후속 연구가 필요하다. 또한 오늘날 개인 중심 사회로의 변화는 제주 사회에 만연했던 민간신앙의 영향력과 궨당문화의 결속력 등을 점차 약화시키고 있다. 이런 개인화 현상은 개신교 공동체를 약화시키는 요인으로도 작용하고 있다. 따라서 이러한 개인화 현상 가운데 교회공동체가 어떻게 제주 사회문화와 공존하며 시대에 맞는 선교적 대안을 찾아가야 할지에 대한 논의와 연구가 필요하겠다.

둘째, 한국 사회와 같이 제주 사회도 이념 갈등으로 인한 양극화 현상이 매우 심하게 일어나고 있다. 일례로, 강정 해군기지와 제주 제2공항 건설 등으로 인해 지역사회 안에 갈등과 분열이 조장되고 있다. 따라서 지역 갈등을 해결하여 화해와 상생의 길로 나아갈 수 있는 방안을 구체적으로 제시할 수 있는 교회의 연합, 그리고 지역사회와의 협력 방안을 위한 후속 연구가 있어야 하겠다.

셋째, 제주 지역의 목회자들이 제주의 민속과 관습을 포함한 제주 사회문화를 배우는 과정이 필요하다. 매년 진행되는 탐라국 입춘굿과 탐라문화제, 국제관악제 등 제주 지역에 있는 다양한 문화예술단의 공연을 관찰하고 그 속에 담겨 있는 사상과 세계관을 분석하여 갈등을 조장하는 의도적인 이념이나 불순 사상을 찾아내는 작업도 필요하다. 따라서 제주 지역에서 진행되는 모든 민속굿 공연과 문화제, 민속문화 공연을 관찰하고 그 속에 반영된 사상과 세계관을 분석하는 연구와, 올바른 방향으로 나아갈 수 있는 대안을 제시할 수 있는 후속 연구가 지속적으로 이어지면 좋겠다.

주

1장 서론

1. 최병길·권귀숙·강상덕·김현돈·한석지·박찬석, "제주섬 정체성 변화에 관한 비교 연구," 〈제주도연구〉 15(1998): 115, 121.
2. 유철인, "제주 사람들의 문화적 정체성," 〈탐라문화〉 5(1986): 74.
3. 유철인, "제주 사람들의 문화적 정체성," 75.
4. 한지은 외, "제주 지역 고령의 선주민이 정착이주민에 대해 가지는 태도 연구," 〈조사연구〉 22/4(2021): 35-38.
5. 백상현, "목회는 믿음의 관계학…은혜가 곳곳으로 흘러가게 해야—제주 선교100주년준비위원장 지낸 박창건 동홍교회 목사," 〈국민일보〉 2021년 8월 10일 자, https://news.kmib.co.kr/article/view.asp?arcid=0924204189 〈데일리굿뉴스〉 2019년 5월 10일 자(박혜정)에서도 동일하게 제주 토착민 복음화율을 2-3%로 보았다.
6. 제주통계포털, https://www.jeju.go.kr/stats/index.htm(2022년 3월 2일 접속); 호남지방통계청, "2000년 이후 20년간(2000-2019) 제주 인구 이동 추이"(2020), 7-10.
7. 통계청, "2015 인구총조사"; 호남지방통계청, "2000년 이후 20년간(2000-

2019) 제주 인구 이동 추이," 7-10. 강재범, "제주 순 유입 인구 증가 추세…특정 지역 편중 현상도," 〈제주일보〉 2021년 11월 26일 자, http://www.jejunews.com 〈표 1〉에서 2017년을 정점으로 인구 증가 추세가 둔화되는 것을 본다. 인구 유입이 증가하는 동안 도내 그리스도인(개신교인) 수도 증가하였다.

8. 김관모, "제주도민 4명 중 1명은 이주민," 〈제주투데이〉 2018년 4월 23일 자, http://www.ijejutoday.com/news/articleView.html?idxno=208257(2022년 12월 10일 접속).
9. 김관모, "제주도민 4명 중 1명은 이주민."
10. 윤영자, "감소하던 교세 반등됐다 전년도 비해 180명 증가," 〈제주기독신문〉 2020년 10월 16일 자, http://www.jejugidok.com/mobile/wpbbs/view.php?wpboard=news&bno=5679(2022년 8월 10일 접속); 장제근, "통합 전체 교인 수 4834명 줄어 10년 전 교세 3만 2539명 수준," 〈제주기독신문〉 2021년 8월 27일 자, http://www.jejugidok.com/kor/wpbbs/view.php?wpboard=news&bno=5982&p=10&cate=(2022년 3월 28일 접속).
11. 통계청, "2015 인구총조사."
12. 찰스 E. 밴 엥겐, 임윤택·서경란 역, 《개혁하는 선교신학》(서울: CLC, 2021), 283-317. "그는 저항세력에 관한 신학적 성찰의 개요에서 다음과 같이 말한다. (1) 모든 사람은 언제나 하나님의 사랑을 받고 있다. (2) 모든 인간은 수용적이다. 인간은 하나님을 알고자 하는 심오한 영적 굶주림을 가지고 있다. (3) 죄와 타락 때문에 모든 인간은 항상 하나님께 저항한다. (4) 어떤 인간 집단들은 모든 선교적 접근에 항상 저항한다. (5) 어떤 특정한 사람들은 어떤 특정한 것들에 대해 어떤 특정한 시간에는 저항한다."
13. 고민희, "제주 기독교의 선교 양태에 관한 비교 연구: 제주 천주교와 개신교 선교 역사를 중심으로," 〈한국기독교신학논총〉 112(2019): 93.
14. 서성환, 《제주 선교 100년, 어제와 오늘과 내일》(서울: 예영커뮤니케이션, 2008), 17-31. 제주에 유입된 대표적인 외래종교는 불교, 유교, 도교, 가톨릭, 개신교, 그리고 최근에 일본에서 유입된 창가학회이다. 이 중에서도 불교와 가톨릭과 창가학회는 계속 성장하고 있다.
15. 유경진·장창일, "'기독교 배타적'…호감도 25% 그쳐," 〈국민일보〉 2022년 4월 27일 자, https://m.kmib.co.kr/view.asp?arcid=0924242493 이 조사에

서 기독교를 대표하는 단어로 '배타적', '물질적', '위선적', '이기적', '세속적'이 꼽혔다. 반면 가톨릭은 '도덕적', '헌신적', '희생적', '진보적'이라는 단어가, 불교는 '포용'과 '상생', '친근'과 '보수'라는 단어가 주를 이루었다.

16. 도널드 맥가브란, 김종일·이요한·전재옥 역, 《교회성장이해》(서울: 한국장로교출판사, 1987), 488-489. 맥가브란은 '인간집단 운동' 용어를 다음과 같이 말한다. "인간은 부족 또는 카스트, 종족, 혈족, 또는 어떤 사회이든 그 사회와 밀착된 유대를 갖고 있다." 그는 "아시아, 아프리카, 오세아니아의 전체 개종자들 가운데 최소한 3분의 2가 인간집단 운동을 통하여 기독교 신앙을 소유하였다"고 한다. 이러한 점에서 제주 사회의 개종도 부분적으로 또는 제한적으로 이루어졌다. 제주도민의 복음화율이 지금까지도 2-3% 미만의 답보상태에 머물러 있는 것은 분명한 저항이 있었기 때문으로 보인다. 도널드 맥가브란은 족속 전체를 기독교화하기 위해서 하지 말아야 할 것을 지적하는데, 그 가운데 "새신자(회심자)들을 그들의 사회로부터 떼어 내는 것" 때문에 "족속 안에서 그리스도를 향한 개종운동이 실패할 수 있다"고 한다[《하나님의 선교전략》(한국장로교출판사, 2011), 30-31]. 제주 사회문화에는 맥가브란이 말하는 '모자이크' 조각들이 모여 이루어진 것같이 아주 밀착된 '궨당'과 함께 마을 공동체를 강력하게 묶어 주는 당(堂)이 존재한다. 이러한 궨당과 당의 중심에는 '조상제사와 마을 공동체의 복과 안녕을 비는 무속신앙'이 자리 잡고 있다. 기독교로 회심한 사람들은 자신들의 종교성(거룩성)을 지키기 위해 이러한 것들에서 분리시켰으며, 궨당은 회심한 자들을 제사나 당에 참여하지 못하게 하였다. 자신들의 복과 안녕을 유지하기 위해서였다. 서로의 가교 역할을 하는 '하나님의 다리'가 차단되었기 때문에 인간집단 운동 면에서 부분적이며 제한적일 수밖에 없었다.

17. 궨당의 정의는 1장과 4장에서 자세히 다루고 있다. 특히 제주 사회문화에서 개별 구원이 왜 어려운지는 4장에서 다루고 있는 궨당 구조의 특성을 통해 이해할 수 있을 것이다.

18. 운영자, "감소하던 교세 반등됐다 전년도 비해 180명 증가," 〈제주기독신문〉 2020년 10월 16일 자, http://www.jejugidok.com/mobile/wpbbs/view.php?wpboard=news&bno=5679(2022년 8월 10일 접속); 장제근, "통합 전체 교인 수 4834명 줄어 10년 전 교세 3만 2539명 수준," 〈제주기독

신문〉 2021년 8월 27일 자, http://www.jejugidok.com/kor/wpbbs/view.php?wpboard=news&bno=5982&p=10&cate=(2022년 3월 28일 접속).

19. 강문호·문태선, 《제주 선교 70년사》(서울: 대한예수교장로회총회, 1978), 163.
20. 초기 제주 기독교 선교 사역자로는 제주에 유배 온 이승훈과 박영효, 그리고 여성 사역자로 이기풍 목사의 사모 윤함애, 전도인 이선광이 있다. 4장에서 따로 언급하겠다.
21. 강문호·문태선, 《제주 선교 70년사》, 68-69.
22. 제주의 민간신앙과 제주인의 의식세계, 제주만의 독특한 문화와 사회구조에서부터 오는 이질감 때문이다.
23. 제주통계청, 제주 인구 현황 제주 통계 포털, http://www.jeju.go.kr/stats/stats/population.htm?year=2022(2022년 2월 5일 접속).
24. 통계청, "2015 인구총조사."
25. 김창현, "이기풍 목사의 선교와 신학: 제주 선교를 중심으로"(한남대학교 석사학위논문, 2015), 53. "제주도는 미신이 많은 지역이었다. 특별히 뱀을 숭상하는 습관이 있었다. 사람들은 뱀을 '뒷집 하라방(할아버지)'이라고 불렀고, 뱀을 위해서 밥도 준비했다. 이기풍은 큰 몽둥이를 들고 뱀을 잡았다. 사람들은 놀랐다. 또한 이기풍의 사모가 제주도에 왔을 때 제주도 사람들은 사모에 대해 '귀신 닮았다'라고 놀렸다. 사실 이 말은 '참 이쁘다'라는 뜻이다."
26. 안승오, 《선교사가 그린 선교사 바울의 생애》(서울: 쿰란출판사, 2002), 120.
27. 한국일, "제주 궨당문화와 제주 선교: 에큐메니칼 선교 관점에서," 〈장신논단〉 30(2007): 377-378.
28. 통계청 자료(2015)를 근거로 개신교 복음화율을 살펴보면, 경상남도 9.94%, 울산 10.4%, 부산 11.6%이다. 참고로 제주 지역은 9.33%이다.
29. 이들은 육지에서 온 목회자들이 너무나 짧은 시간에 더 좋은 목회지를 찾아 떠났다고 고백한다. 물론 목회지에 머물러 있는 동안은 헌신했을 것이다. 그러나 제주인들이 보기에 그들은 제주를 단지 거쳐 가는 하나의 과정으로 삼은 것이다. 궨당문화의 관점에서 볼 때 그들은 궨당이 되기 전에 떠났고, 이 때문에 신뢰를 형성할 수 없었다. 물론 제주 출신의 몇몇 전도사가 제주 지역의 어려운 교회를 찾아 돌보는 일에 헌신했던 모습을 필자는

지금도 기억하고 있다.

30. 고린도후서 10:4, "우리의 싸우는 무기는 육신에 속한 것이 아니요 오직 어떤 견고한 진도 무너뜨리는 하나님의 능력이라 모든 이론을 무너뜨리며."
31. 진성기, 《제주도 민속》(제주: 제주민속연구소, 1997), 15. "제주도는 18,000 신이 있고, 신당은 300여 군데이며, 심방(무당)은 400여 명이며, 무가(본풀이)는 500여 편에 이른다."
32. 서정민, "기독교 선교가 제주 지역 사회에 미친 영향," 〈신학논단〉 28(2000): 190.
33. 김창현, "이기풍 목사의 선교와 신학," 52-55.
34. 도널드 맥가브란, 《교회성장이해》, 262-274. "교회성장은 수많은 인간사회에서 일어나기 때문에 교회성장을 이해하려면 반드시 그 인간사회의 구조를 이해해야 한다. … 사회구조를 이루는 몇 가지 전형적인 요소에 대해 살펴보자. (1) 고유한 문화와 자화상, (2) 종족 의식, (3) 결혼 관습, (4) 엘리트 또는 지배집단, (5) 토지에 대한 권리, (6) 성 관습, (7) 언어 등이다."
35. 2010년 이후 제주 사회는 이민자들로 인해 갑자기 인구가 늘었다. 그들 중 개신교인은 지역교회로 흡수되었다.
36. 찰스 E. 밴 엥겐, 《개혁하는 선교신학》, 200.
37. 조성윤·이상철·하순애, 《제주 지역 민간신앙의 구조와 변용》(서울: 백산서당, 2006).
38. 윤용택, "기후 환경적 측면에서 본 제주 민간신앙," 〈제주도연구〉 44(2015).
39. 진성기, 《제주도학—진성기의 제주도학 세계》(서울: 디딤돌, 2006).
40. 현용준, 《제주도 마을 신앙》(제주: 제주대학교 탐라문화연구소, 2012).
41. 유요한, "제주 토착종교와 외래종교의 충돌과 질서 형성 과정에 관한 연구: 개종주의(Proselytism) 비교 전략을 중심으로," 〈종교와 문화〉 22(2012): 1-36.
42. 신행철, 《제주 사회와 제주인》(서울: 제주대학교출판부, 2004).
43. 김항원, 《제주도 주민의 정체성》(제주: 제주대학교출판부, 1998).
44. 이영권, 《제주 역사 기행》(서울: 한겨레신문사, 2012).
45. 송성대, "제주인의 해민정신, 그 시대적 위상," 〈제주발전포럼〉 52(2015): 63-80.

46. 강봉수, "제주 정체성으로서 '제주정신'에 대한 연구 성과와 제주문화문법," 〈제주도연구〉 50(2018).
47. 윤용택, "제주섬 생태문화의 현대적 의의," 〈탐라문화〉 37(2010): 317-352.
48. 홍기돈, "제주 공동체문화와 4·3항쟁의 발발 조건," 〈탐라문화〉 49(2015): 123-160.
49. 송성대, "제주인의 해민정신, 그 시대적 위상," 66. "여기서 '과학적'이란 표현은 '무엇'(What)에 답하는 '서술적 記述'에 의존한 문화학(지리학)의 종전 패러다임을 넘어 현상에 대한 '왜'(Why), '어떻게'(How)라는 물음을 던지고 답하는 '설명적' 기술(해석)을 했다는 의미이다."
50. 김혜숙, 《제주도 가족과 궨당》(제주: 제주대학교출판부, 1999).
51. 김희정·최낙진, "지역신문 광고에 나타난 지역사회의 인적 네트워크 특성: 제주 A형 광고를 중심으로," 〈한국광고홍보학보〉 13/3(2011).
52. 김창민, 《호적중초와 19세기 후반 제주도 마을의 사회구조》(서울: 역락, 2020).
53. 김준표, "다문화 사회의 정체성 트러블과 제주의 쿰다 문화," 〈현상과인식〉 44/4(2020).
54. 양진건, "유배문화와 제주도: 제주교육의 기저에 대한 이해를 위해," 〈교육인류학연구〉 4/3(2001).
55. 박정환, "제주도 개신교 자생적 신앙공동체의 생성과 성장에 관한 연구: 1904-1930"(장로회신학대학교대학원 박사학위논문, 2013).
56. 김창현, "이기풍 목사의 선교와 신학: 제주 선교를 중심으로"(한남대학교 석사학위논문, 2015).
57. 강문호·문태선, 《제주 선교 70년사》.
58. 박용규, 《제주기독교회사》(서울: 생명의말씀사, 2008).
59. 차종순, 《제주 기독교 100년사》(제주: 대한예수교장로회 제주노회, 2016).
60. 제주노회 역사위원회, 《제주 교회 인물사》(서울: 평화출판사, 2013).
61. 이사례, 《순교보》(서울: 기독교문사, 1991).
62. 제주선교100주년 기념사업 추진위원회, 《제주 천주교회 100년사》(서울: 도서출판 빅벨, 2001).
63. 서정민, "기독교 선교가 제주 지역사회에 미친 영향," 〈신학논단〉 28(2000).

64. 고민희, "제주 기독교의 선교 양태에 관한 비교 연구: 제주 천주교와 개신교 선교 역사를 중심으로," 〈한국기독교신학논총〉 112(2019).
65. 이아브라함병옥, "선교문화방법론으로 본 이기풍의 선교 평가"(서울기독대학교 박사학위논문, 2009).
66. 한국일, "제주 궨당문화와 제주 선교: 에큐메니칼 선교 관점에서."
67. 서성환, 《제주 선교 100년, 어제와 오늘과 내일》(서울: 예영커뮤니케이션, 2008).
68. 김영동, "제주도 '궨당문화'에 대한 창조적 긴장의 문화 신학적 선교," 〈장신논단〉 30(2007).
69. 윤택림, "구술사 연구 방법론"(충북대학교 국가위기관리소, 2008): 63-64. 구술사는 과거의 경험을 기억을 통해서 현재로 불러와서 구술자와 역사가의 대화를 통해서 쓰인 역사라고 정의된다. 또한 구술 자료는 역사적 사건의 사실적 증거도 제공하지만, 개인의 주관적 경험과 해석 그리고 개인을 둘러싼 문화적 생활세계와 세계관을 보여 준다. 구술 자료의 종류로는 구전, 구술증언, 구술생애사가 있다.
70. 곽차섭, 《미시사란 무엇인가》(서울: 푸른역사, 2000), 25-33. 곽차섭은 미시사의 이론과 방법에 대하여 "거시사가 롱샷으로 본 것이라면 미시사는 줌으로 사물을 당겨 보는 것이다. 연구의 초점이 개인에게 있든 공동체 전체에 있든 미시사 연구자는 언제나 실제 이름을 추적하며, 대체로 사회를 문화적 텍스트로 취급하는 경향이 있다. 또한 미시사의 연구 결과는 대개 이야기 식으로 서술하며 이는 역사 서술에서의 문학성 확보를 의미한다. 미시사에서는 거의 예외 없이 '가능성의 역사'를 지향하는데, 가능성이란 실증적 의미에서의 '증거'와 대비되는 말로서 증거의 단편성이 문제가 될 때 증거와 증거를 잇는 최선의 가능성을 받아들인다는 뜻이다"라고 설명한다.
71. 고재환, 《제주속담사전》(서울: 민속원, 2001), 131. '식께, 식깨, 식게, 식개, 시께, 시깨' 등으로 발음에 따라 다양하게 쓴다.
72. 박정환, "제주도 개신교 자생적 신앙공동체의 생성과 성장에 관한 연구: 1904-1930."
73. 현용준, 《제주도 마을 신앙》, 252-253. '궨당문화'에 대해서는 뒤에서 자세히 다루겠다.
74. 김희정·최낙진, "지역신문 광고에 나타난 지역사회의 인적 네트워크 특

성," 270.

75. '쿰다문화'에 대해서는 4장에서 조금 더 자세히 다루겠다.
76. 신행철, 《제주 사회와 제주인》.

2장 제주 민간신앙의 이해

1. 국립국어연구원, 《표준국어대사전》. 더 자세한 설명은 1장 "주요 용어 정의" '민간신앙'을 참고하라.
2. 장정룡·최인학, "민속신앙과 교육," 〈비교민속학〉 25(2003): 132.
3. 김선풍, "민간신앙," 《고양시 민속대관 1》(고양: 고양문화원, 2002), 248.
4. 이원규, 《종교사회학의 이해》(서울: 나남, 2006), 503.
5. 니콜라스 웨이드, 이용주 역, 《종교유전자》(서울: 아카넷, 2015), 21.
6. 카토 히사타케 외, 이신철 역, 《헤겔사전》(서울: 도서출판b, 2009), 274-278.
7. G. W. F. 헤겔, 최신한 역, 《종교철학》(서울: 지식산업사, 1999), 243-244.
8. 문상희, "한국민간신앙의 자연관," 〈연세대학교 신학논단〉 11(1972): 45-53.
9. 김선풍, "민간신앙," 248-249.
10. 장석중, "초등 사회과 교과서에 나타난 민간신앙 내용의 분석: 교수요목기부터 제7차 교육과정까지"(서울교육대학교 교육대학원 석사학위논문, 2008), 7.
11. 이필영, "민속과 신앙—마을신앙 연구 성과를 중심으로," 〈한국사론〉 29(1999): 174-179.
12. 최종석, "한국불교와 도교신앙의 교섭—산신신앙, 용왕신앙, 칠성신앙을 중심으로," 〈한국불교학〉 61(2011): 15-22, 35.
13. 최현욱, "무속신앙과 불교의 습합에 관한 연구"(대구한의대학교대학원 박사학위논문, 2020), 51.
14. 박용식, 《한국 말의 원시 종수사상 연구》(서울: 일지사, 1984), 73-77.
15. 이은봉, 《한국고대종교사상》(서울: 집문당, 1999), 102.
16. 최현욱, "무속신앙과 불교의 습합에 관한 연구," 58.
17. 최종석, "한국불교와 도교신앙의 교섭," 23.

18. 최현욱, "무속신앙과 불교의 습합에 관한 연구," 73-75.

19. 최현욱, "무속신앙과 불교의 습합에 관한 연구," 76-77.

20. 윤용택, "기후 환경적 측면에서 본 제주 민간신앙," 〈제주도연구〉 44(2015): 69-73. 하순애는《제주 지역 민간신앙의 구조와 변용》(서울: 백산서당, 2003), 103-104에서 김태곤의 글을 인용하여, 무신의 범위를 굿할 때 직접 제를 받는 신, 무신도에 나타난 신, 신당에서 제를 받는 신, 무속에서 신앙되는 가신으로 설정하면서, 무신의 계통을 가장 넓은 범위에서 자연신 계통과 인신(人神) 계통으로 분류한다. 또한 현용준의 글을 인용하여 제주 무속의 신령을 신령군별로 4류로 나누는데, 다른 사람들이 병렬적으로 분류하는 데 비해 서열적으로 분류한다는 점이 다르다.

21. 윤용택, "기후 환경적 측면에서 본 제주 민간신앙," 68-69. "제주섬에서는 통상적으로 1만 8,000 신이 있다지만 실제로 그 숫자를 헤아릴 수는 없다. 제주섬에서 숭배되는 신은 크게 일반식, 마을신, 집안신 등으로 나뉜다." 하순애도《제주 지역 민간신앙의 구조와 변용》, 104-117에서 일반신, 당신, 일가(일족) 수호신으로 나누어 설명하고 있다.

22. 현용준,《제주도 사람들의 삶》(서울: 민속원, 2009), 86-87. 이영권에 따르면, 제주 3대 사찰 중 법화사는 1269년 중창을 시작하여 1279년에 마쳤고, 수정사는 1340년 이후에 창건되었으며 1521년경에 새롭게 중창되었다고 한다. 제주 불교의 활동을 몽골 지배 시기로 보고 있다.《제주 역사 기행》(서울: 한겨레신문사, 2012), 83-97.

23. 이영권,《제주 역사 기행》, 94-95.《태종실록》 권15, 태종 8년(1408) 2월 丁未.

24. 한금순, "근대 제주불교사"(제주대학교대학원 박사학위논문, 2010), 7-8(재인용).

25. 이영권,《제주 역사 기행》, 82, 97-99.

26. 조성윤·이상철·하순애,《제주 지역 민간신앙의 구조와 변용》(서울: 백산서당, 2006), 247-248.

27. 유요한, "제주 토착종교와 외래종교의 충돌과 질서 형성 과정에 관한 연구: 개종주의(Proselytism) 비교 전략을 중심으로," 〈종교와 문화〉 22(2012): 22.

28. 현용준,《제주도 사람들의 삶》, 266. 현용준은 "제주도에 자리를 잡은 티베트 불교가 토착종교와 상호보완적인 관계를 맺으며 영향을 끼쳤다"고 말한다.

29. 김동섭·문순덕·양영자, 《한국의 가정신앙: 제주도 편》(대전: 국립문화재연구소, 2007), 31.
30. 유요한, "제주 토착종교와 외래종교의 충돌과 질서 형성 과정에 관한 연구," 14.
31. 최현욱, "무속신앙과 불교의 습합에 관한 연구," 58-72, 76-84.
32. '시왕'은 저승을 관장하는 ______에게 올리는 의례인데 천도재, 예수재, 영산재에서도 행해진다.
33. '시왕각청'은 시왕을 따로따로 초청하는 의식이다.
34. '예수재'는 살아 있는 사람의 사후를 위하여 공덕을 쌓는 종교의식을 말하며 생전예수재(生前豫修齋)는 살아생전 다음 생에 받을 과보에 대해 미리 재(齊)를 지내는 의식으로 일명 생재(生齊)라 한다.
35. 불상의 정수리에 향수를 뿌리거나 물을 붓는 의례.
36. 정성권, "제주도 돌하르방의 기원과 전개," 〈탐라문화〉 50(2015): 228, 233-237.
37. 조선시대 제주목을 맡아 다스린 정3품 외직 문관.
38. 제주도 내에 유학 교수관 파견을 요청하는 상소문에 의하면, 이미 제주에는 200명 이상의 유생이 있었다.
39. 최종성, "조선전기 종교혼합과 反(반)혼합주의: 유교, 불교, 무속을 중심으로," 〈종교연구〉 47(2007): 48.
40. 개인 구성원이 처음 관계를 형성하는 가정 및 집을 중심으로 하는 신앙 유형을 '가신신앙'이라고 한다. 집은 터와 건물을 포함하며, 전통적으로는 조상이 대대로 살아온 혈통과 전통이 깃든 곳이다. 따라서 '가신신앙'에는 집의 요소마다 신령이 있어서 집을 보살펴 준다고 믿고 그 대상에게 정기적으로 의례를 올리는 신앙 형태를 뜻한다. 집의 터와 구분에 따라 신령과 기능이 구분되었고, 그에 따라 해당하는 의례를 치른다.
41. 현용준, 《제주도 무속과 그 구조》(서울: 집문당, 2002), 368.
42. 한국민족문화대백과사전, 검색어 "남환박물" http://encykorea.aks.ac.kr/
43. 김새미오, "병와 이형상의 제주지방 의례정비와 음사 철폐에 대한 소고", 〈대동한문학〉 63(2020): 103-140(110).
44. 김일우, "조선 전기 金淨 著《濟州風土錄》의 수록 내용 성격과 가치," 〈史叢〉 103(2021): 89(재인용).
45. 서귀포 송산동 칠성당도 '관청할망당'이라고 불리지만, 관이 적극적으로

토착종교를 수용한 사례인 정의현 관아 내부에 지어진 신당과는 성격이 다른 것으로 보인다. 송산동 당신(堂神)은 공직에 나간 사람의 일이 잘 풀리게 하고, 소송이 걸리거나 감옥에 간 사람을 도와주는 등 관(官)과 관련된 여러 일을 수호하는 신으로 알려져 있다.

46. 안국진, "제주도 종교 지형에 대한 분석—2007 종교학과 학술답사 지역을 중심으로," 〈서울대학교 종교학연구회 종교학 연구〉 26(2007): 113-131(124-125). 제주 지방관들이 무속 의례를 지원하거나 적어도 암묵적으로 동의했던 것은 무속 의례를 행하는 주민과 심방들에게 부과하던 지방 세금 수익이 상당했기 때문이라는 설명도 있다. 그러나 지방세를 징수하기 위해 제주도의 무속 의례를 인정했다는 것은 토착종교 자체의 힘을 고려하지 않은 설명이다. 조선의 지배층은 다른 지역에서도 토착종교를 비공식적으로 인정했고 무속 의례에 세금을 부과하기도 했으나 제주에서만큼 토착종교와 가까운 거리를 유지하지는 않았다.

47. 현용준, 《제주도 사람들의 삶》, 166-167.

48. Boudewijn Walraven, "Popular Religion in a Confucianized Society," in *Culture and the state in Choson Korea*(Cambridge, Mass.: Harvard University Asia Center, 1999): 195.

49. 납읍 포제단은 제주도 무형문화재 제6호로 지정되었다. 마을제는 남성들이 주관하는 유교식 마을제인 포제와 여성들이 주관하는 무속식(포신, 토신, 서신) 마을제인 당굿이 병존하고 있는 민간신앙과 유교가 습합된 사례이다. 포신은 인물재해, 토신은 마을의 수호신, 서신은 홍역이나 마마신을 의미한다.

50. 현용준, 《제주도 사람들의 삶》, 253-254, 276. "예를 들어, 제주시 해인동에서는 1월에 여성 주도로 마을 당제를 수행하고, 7월에 남성들이 포제를 집전한다. 애월리에서는 포제와 당제 모두 1월에 열리는데, 먼저 남성들이 유교식 포제를 지낸 직후에 여성들이 포제에 사용된 음식을 그대로 다시 사용하여 당제를 치른다."

51. 조성윤·이상철·하순애, 《제주 지역 민간신앙의 구조와 변용》, 181, 186, 243-244.

52. 현용준, 《제주도 사람들의 삶》, 226-227.

53. 현용준, 《제주도 신화》(서울: 서문당, 1974), 199-210. '성본풀이', '월정본향당 당신본풀이', '토산 여드렛당 당신본풀이' 등의 제주 신화에는 칠성

신을 잘 대접하고 특히 집으로 모신 가정은 풍요의 복을 받는 반면, 박대한 사람의 집은 화를 입는다는 신앙을 반영하는 내용이 나온다.

54. 정희종, "제주도 농촌사회 상례문화의 특징과 변화 연구—표선면 지역을 중심으로," 〈탐라문화〉 35(2009): 35.

55. 상례는 장례를 포함한 개념이다. 장례는 임종부터 매장까지, 상례는 장례를 포함하여 임종부터 탈상까지의 의례를 포함한 관련 행위를 말한다.

56. 유교식 장례가 제주도에 언제부터 정착되었는지에 대해서는 정확하게 알 수 없다. 《조선왕조실록》 태종과 세종대의 기록에 제주도에서 최초로 삼년상을 치렀다고 나와 있으며, 17세기에 제주목사를 지낸 이원진의 《탐라지》, 18세기 이형상의 《남환박물》에 제주도의 상례에 대한 약간의 기록이 있을 뿐이다.

57. 강진원, "7세기 고구려 도교의 실상과 배경," 〈한국고대사탐구〉 40(2022): 10-13.

58. 김태용, "도교의 생명윤리," 〈도교문화연구〉 28(2008): 129-130.

59. 최종석, "한국불교와 도교신앙의 교섭," 8-9.

60. 최종석, "한국불교와 도교신앙의 교섭," 17.

61. 황패강, 《한국서사문학연구》(서울: 단국대학교출판부, 1972), 118.

62. 황패강, 《한국서사문학연구》, 119.

63. 제주도의 중앙부에 위치하고 있으며, 그 정상부의 지리 좌표는 북위 33도 21분 29초, 동경 126도 31분 53초, 해발고도는 1,950m로서 남한의 최고봉이다. 특히 용암이 갖는 주상절리의 발달과 풍화에 의한 지형적인 특징으로 한라산은 한반도의 어느 곳에서도 찾아볼 수 없는 독특한 자연경관을 이루고 있다. 산정호수인 백록담을 중심으로 동쪽으로는 사라오름과 성판악, 서쪽으로는 윗세오름과 불래오름, 남쪽으로는 방아오름, 북쪽으로는 장구목과 삼각봉 등 수십여 개의 오름이 늘어서 있다. 그리고 이 오름들 사이에 크고 작은 계곡과 기암 등이 해안까지 뻗쳐 제주도라는 섬을 형성하고 있다.

64. 고윤정, "조선시대 한라산 유산기와 등람 연구"(제주대학교대학원 석사학위논문, 2013), 45.

65. 범선규, "《신증동국여지승람》과 《택리지》가 갖는 기후 및 식생 연구 자료적 의의," 〈한국지역지리학회지〉 16/1(2010): 25-26.

66. 김일권, 《고구려 별자리와 신화》(서울: 사계절, 2008), 71. 수명장수를 상징

하는 남극노인성은 매년 춘분과 추분 무렵 남쪽 하늘 지평선 가까이에서 볼 수 있는데, 우리나라에서는 위도 35도 이하인 남해안과 제주도에서나 가능하다고 한다. 하지만 북극거리가 -52도로 상당히 낮아서 관측하기가 매우 어렵기 때문에 예로부터 무병장수한다는 점성이 붙었는지 모른다고 추정하고 있다.

67. 강정효, 《한라산》(서울: 돌베개, 2003), 167.

68. 송지원, "조선시대 별에 대한 제사, 영성제와 노인성제 연구," 〈규장각〉 30(2007): 128-132.

69. 진성기, 《제주도 민속》, 383-388.

70. 윤용택, "기후 환경적 측면에서 본 제주 민간신앙," 67.

71. 고찬화, 《제주의 전설과 민요》(서울: 디딤돌, 2004), 27, 51-54.

72. 진성기, 《한집 고희 기념집—제주도학》(서울: 디딤돌, 2006), 14. '무가'란 '무당의 노래'를 말하며, 제주도 무속사회에서는 '본풀이'라고 한다.

73. 진성기, 《복을 비는 사람들》(서울: 디딤돌, 2008), 21, 24, 58.

74. 진성기, 《한집 고희 기념집—제주도학》, 15.

75. 제주도전통문화연구소, "제주신당조사"(2008-2009), 79.

76. 진성기, 《한집 고희 기념집—제주도학》, 14.

77. 해녀들이 해신(용왕신)에게 안녕과 복을 빌며 제사를 드리며 심방을 불러 굿을 하고 있는 모습이다.

78. 망자의 영혼을 저승으로 보내는 일종의 무혼 의례이다. 영혼의 심정을 듣고 모든 원한을 풀어서 마음 편히 저승으로 가도록 도와주는 데 목적이 있다.

79. 윤용택, "기후 환경적 측면에서 본 제주 민간신앙," 80.

80. 국사편찬위원회, 《(한국사 35) 조선 후기의 문화》(경기: 국사편찬위원회, 2013), 173; 조성윤·이상철·하순애, 《제주 지역 민간신앙의 구조와 변용》, 134-137. "제주도의 신당은 본향당, 일뤠당, 여드렛당, 해신당, 산신당으로 나누어진다." 문무병은 "제주도 당신앙 연구"(1994)에서 250개 당신의 유형을 계통에 따라 분류하였는데, 산신계 61개 24%, 농경신계 120개 48%, 해신계 53개 21%를 차지하고 있다고 밝힌다.

81. 조성윤·이상철·하순애, 《제주 지역 민간신앙의 구조와 변용》. 제주도 민간신앙을 살펴보면, 첫째, 제주도의 당신앙은 육지와는 상당히 다른 면모를 보인다. 둘째, 신앙 대상인 신격에도 특이성이 나타난다. 셋째, 사신(蛇

神)신앙은 제주도에서만 볼 수 있는 특이한 민간신앙이다. 넷째, 도깨비를 당신으로 모시는 신당이 있다는 것 또한 제주도 민간신앙의 독특성이다. 다섯째, 무속은 무당을 중심으로 한 민간층의 전승적 종교 형태라고 정의되는데, 무당에 대한 명칭은 지역별로 약간씩 차이가 난다. 여섯째, 제주도 무속에는 무가, 즉 본풀이가 수다하게 남아 있다. 일곱째, 가짓당이 많은 것 또한 제주도 무속의 독특한 현상이다.

82. 조성윤·이상철·하순애, 《제주 지역 민간신앙의 구조와 변용》, 97.
83. 조성윤·이상철·하순애, 《제주 지역 민간신앙의 구조와 변용》, 98-99.
84. 조성윤, "제주의 무속신앙과 신종교," 〈신종교연구〉 9(2003): 23-24.
85. 본향당은 마을의 수호신이며 제주 민간신앙의 전통 가운데 하나가 당문화이다. 지금도 여전히 당문화의 전통을 이어 가고 있다. 그림 왼쪽에 있는 것이 '소지'인데, 본향당 할망에게 소원을 빌 때 가슴에 품고 말한 다음 팽나무 가지에 걸어 두는 흰 종이를 말한다.
86. 조성윤·이상철·하순애, 《제주 지역 민간신앙의 구조와 변용》, 98.
87. 한국일, "제주 문화와 제주 선교: 에큐메니칼 선교 관점에서," 〈장신논단〉 30(2007): 389.
88. 조성윤·이상철·하순애, 《제주 지역 민간신앙의 구조와 변용》, 236-237.
89. 한국학중앙연구원, "무속신앙의 사고체계," 《한국향토문화전자대전》(2012). 민간신앙의 신관은 다신적 자연신관(自然神觀)이며, 신을 만물 존재 운행의 전능자라 믿는다. 무속에서 신앙하는 신은 자연신 계통과 인신(人神) 계통으로 구분할 수 있다. 신관 형태를 보면 무신은 대체로 인격적으로 현현되지만, 자연신의 경우 자연 그대의 정령(精靈)으로 보는 경우도 있다. 무신은 인간에게 어떠한 이성적인 계시를 통하여 그 능력을 행사하기보다는 무서운 고통을 주는 벌로 신의 의사를 전달하기 때문에 공포의 대상이 된다. 이때의 공포는 신성의 극치이기도 하다. 무신과 인간의 관계를 보면, 무속에서는 인간의 생사, 흥망, 화복, 질병 등의 운명 일체가 신의 의사에 달려 있다고 믿는다.
90. 한국학중앙연구원, "무속신앙의 사고체계," 민간신앙의 우주관은 천상, 지상, 지하로 삼분된다. 이 세 개의 우주층에는 각기 해와 달과 별이 있으며, 천상이나 지하에도 지상과 똑같은 세계가 있다고 믿는다. 천상에는 천신을 비롯한 일신, 월신, 성신과 그 시종들이 살면서 우주의 삼라만상을 지배하며, 지상에는 인간과 새, 짐승, 그리고 산신을 비롯한 일반 자연신이

살고, 지하에는 인간의 사령(死靈)과 그 사령을 지배하는 명부신이 산다고 믿는다.

91. 한국학중앙연구원, "무속신앙의 사고체계," 영혼관은 인간의 정령을 의미하는 넋, 혼, 혼백, 혼령 등의 용어를 포괄하는 개념으로 사용된다. 무속에서는 인간을 육신과 영혼의 이원적 결합체로 보며, 영혼이 육신의 생존적 원력(原力)이라 믿는다. 영혼은 형태가 없는 기운으로서 인간 생명의 근원이며, 인간의 생명 자체를 영혼의 힘으로 믿는다. 영혼은 또 육신이 죽은 뒤에도 새로운 사람으로 이 세상에 다시 태어나거나 내세인 저승으로 들어가서 영생한다고 믿는 불멸의 존재이다. 그리고 무속에서는 영혼을 사령과 생령 2종으로 분류한다. 사령은 죽은 뒤에 저승으로 가는 영혼이고, 생령은 살아 있는 사람의 몸속에 깃들여 있는 영혼이다.

92. 한국학중앙연구원, "무속신앙의 사고체계," 민간신앙의 내세관은 영혼관을 기반으로 하여 사후에 영혼이 가서 영주한다는 곳을 중심으로 설명되고 있다. 내세에 극락과 지옥의 두 가지 형태가 있다고 믿는다. 사람이 죽으면 영혼이 명부로 가서 시왕을 차례로 거치며 생전의 선악을 심판받아서 선한 일을 한 영혼은 극락으로 보내어 영생하게 하고, 악한 일을 한 사람의 영혼은 지옥으로 보내어 영원히 온갖 형벌을 받는다고 믿는다. 이러한 형태의 내세는 불교가 들어온 뒤에 불교의 영향을 받아 변질된 것으로 보인다. 민간신앙의 내세관에는 미래에 대한 종교적 구원 관념이 없다. 기독교나 불교 등의 종교가 신앙과 종교적 구원에 의하여 내세를 가지게 되는 데 반하여, 무속에서는 현세에서의 일정한 신앙이나 종교적 구원과는 무관한 자연적 순환의 의미로 나타난다. 무속의 내세관은 고등종교와 같은 인위적 순환이 가해지기 전의 내세관 본래의 모습을 간직하고 있는 것이다.

93. 김정숙, "제주신화에 내재된 다문화 요소," 〈교육과학연구〉 18/1(2016): 45. '본풀이'는 '본'과 '풀이'의 복합명사이다. '본'은 뿌리, 근본, 원리란 뜻이고, 그 대상을 염두에 두고 말하면 신의 뿌리, 굿의 원리를 뜻한다. '풀이'는 해석하다, 설명하다, 진술하다는 뜻이다. 따라서 본풀이는 신의 출생에서 좌정에 이르기까지의 신의 내력담이 되는 신화이다.

94. 신을 칭송하여 기쁘게 하면 인간들을 지켜 주고 일이 잘되게 도와주지만, 사람은 칭송할 일이 만무하고 흠이 많으므로 문제가 된다는 뜻이다.

95. 진성기, 《제주도학》, 14-15.

96. 진성기, 《제주도학》, 16-17.

97. 자청비는 이 세상에 오곡의 씨를 가져다주고 농사의 신으로 좌정한 여신이다. 또한 세경신으로 인간 세상을 다스리는 여신이기도 하다. 여기서 '세경'은 땅을 뜻한다. 땅이란 말에는 농토와 농사를 포괄하는, 넓은 의미로 '세상'이란 뜻이 포함되어 있다. 또한 제주의 입춘굿에서는 농경신인 자청비 여신이 가장 중요한 신으로 대접받는다. 제주 무속에서 세경신, 자청비는 땅과 바다의 농사뿐 아니라 인간이 태어나서 먹고, 입고, 걸음 걷는 것에서부터 죽어서 땅에 묻히는 것까지 모두를 관장하는 신으로 인식되고 있다. 자청비에게 제주섬의 한 해의 풍요를 기원하는 유교식 제례를 드리기도 한다. 제주의 민간신앙과 유교가 습합된 하나의 사례로 볼 수 있다.

98. 고관용, "제주 지역 분묘와 산담의 법리적 고찰"(건국대학교대학원 박사학위논문, 2014), 18, 36-40.

99. 김성은, "제주도 돌 문화와 조형 디자인에 관한 연구—동자석을 중심으로"(제주대학교대학원 석사학위논문, 2002), 14.

100. 강윤희, "조선시대 제주 지역 동자석 연구"(제주대학교대학원 석사학위논문, 2012), 11-12.

101. 한국학중앙연구원, "동회천 석불단," 《한국향토문화전자대전》(2006).

102. 신라의 용신신앙도 불교의 미륵신앙과 습합된 것이다. 민중의 종교적 에너지는 지배 계층 중심의 미륵신앙을 끌어내려 미륵, 즉 용이라는 신라 특유의 민중미륵신앙을 이루게 하였다. 즉 일반 민중의 현세적 농경신앙에 뿌리를 둔 용신신앙은 불교의 미륵신앙과 결합되어 독특한 신라의 미륵용신신앙으로 형성되어 가고, 다른 한편 불교의 미륵신앙은 농경 용신신앙과의 습합 과정을 통하여 지배 계층의 자리에 머물던 왕이 곧 미륵의 구도로부터 민중의 자리로 내려오게 되었다.

103. "제주특별자치도 제주시 회천동 화천사 동회천 마을 석불제," 〈지역N문화—마을신이 보호하는 우리 마을, 마을신앙〉(nculture.org).

104. 한진오, "제주도 입춘굿에 나타난 전통축제의 원리," 〈역사민속학〉 26(2008): 327-331.

105. 심규호, "입춘굿 탈놀이의 전승과 과제," 〈제주도연구〉 17(2000): 27.

106. 1841년(헌종 7년).

107. 탐라 입춘굿은 농사의 풍요를 기원하고 새로운 봄을 맞이하기 위한 굿이

다. 제주에는 심방청이 있어서 매년 입춘굿을 주관할 심방을 선발한다. 또한 입춘굿은 새로운 임무를 맡아 좌정한 1만 8,000 신들에게 인간의 모든 일을 잘 살펴 달라고 기원하는 굿이다.

108. 1764년(영조 40년).
109. 김운미·김윤지, "섬 문화로 본 제주 춤의 정체성—〈탐라순력도〉와 〈입춘굿 탈놀이〉를 중심으로," 〈한국무용사학〉(2012): 29.
110. '비렴'은 제주의 방언으로 '신에게 빈다'는 뜻을 가지고 있다.
111. 현용준, 《제주도 전설》(서울: 서문당, 1976), 101-102.
112. 김동섭, "제주도 가정신앙의 특징," 《한국의 가정신앙: 제주도 편》(대전: 국립문화재연구소, 2007), 223-233.
113. 김영주, "제주 전통 민가의 공간 배치를 통해 본 제주도민의 종교심에 관한 연구," 〈한중인문학연구〉 53(2016): 35-39.
114. 윤용택, "제주도 '신구간(新舊間)' 풍속의 유래에 대한 고찰," 〈탐라문화〉 28(2006): 173-176.
115. 진성기, 《제주도 민속》, 383-388.
116. 김영주, "제주 전통 민가의 공간 배치를 통해 본 제주도민의 종교심에 관한 연구," 30-35.
117. 김영주, "제주 전통 민가의 공간 배치를 통해 본 제주도민의 종교심에 관한 연구," 37-39.
118. 김동섭, "제주도 가정신앙의 특징," 223.
119. 김동섭, "제주도 가정신앙의 특징," 224-226.
120. 문정옥, "한국 가신의 분류," 〈한국민속학〉 15/1(1982): 33-34.
121. 김태곤, 《한국의 무속신앙》(서울: 집문당, 1985), 99-134.
122. 국사편찬위원회, 《(한국문화사 33) 삶과 생명의 공간, 집의 문화》(파주: 경인문화사, 2010), 188.
123. 국사편찬위원회, 《(한국사 35) 조선 후기의 문화》, 174-175.
124. 이영권, 《제주 역사 기행》, 182.
125. 한국일, "제주 궨당문화와 제주 선교," 390.
126. 임윤택, 《랄프 윈터의 기독교 문명 운동사》(고양: 예수전도단, 2013), 293.
127. 진성기, 《한집 고희 기념집—제주도학》, 15. 제주도 무속사회에서 '무가'는 불교의 '불경'이나 개신교의 '성경'처럼 신앙민의 기본적 법전이자 그 신앙을 형성, 유지하는 바탕이 된다.

3장 제주인의 의식세계 분석

1. 송성대, "제주인의 해민정신, 그 시대적 위상," 〈제주발전포럼〉 52(2015): 63-77(재인용). 국민대학교 국사학과 장석홍 교수가 이끈 이 연구팀은 전국을 15개 역사문화권으로 구분하여 각각의 지역적·문화적 영향을 파악함으로써 제3자의 관점에서 편향 없는 평가와 관찰을 적절히 했다는 평가를 받고 있다.
2. '육지'라는 일반적인 인식과 개념에 대해서는 서론 부분에서 유철인, "제주 사람들의 문화적 정체성"의 글을 인용하여 정리한 바 있다.
3. Zdzislaw Mach, *Symbols, Conflict, and Identity: Essays in Political Anthropology*(NY: SUNY Press, 1993), 6-8.
4. 진성기, 《한집 고희 기념집—제주도학》(서울: 디딤돌, 2006), 23-24, 61-62. 제주도는 아득한 상고 시대에 세 신인이 모흥혈(지금의 삼성혈)에서 태어나 나라를 세운 뒤 삼국시대에 와서는 독립된 섬나라 '탐라'라 불리게 되었다. '탐라'는 '섬나라'라는 뜻이다.
5. 최병길·권귀숙·강상덕·김현돈·한석지·박찬석, "제주섬 정체성 변화에 관한 비교 연구," 〈제주도연구〉 15(1998): 121-122.
6. 정운용, "삼국시대의 탐라 관련 사료," 〈신라사학보〉 49(2020): 155-158.
7. 고려사(高麗史) 권1, 세가1, 태조 8년 11월 기축(己丑). '주기'는 지방행정 관부에 지급한 관인(官印)으로서, 주기를 지니게 되었다는 것은 탐라가 군현 형태의 지방행정 단위로 편제되었음을 의미한다.
8. 고려사(高麗史) 권1, 세가4, 현종 2년 9월 을유(乙酉).
9. 고려사(高麗史) 권57, 지11, 지리(地理)2 전라도(全羅道) 진도현(珍島縣) 탐라현(耽羅縣).
10. 홍영의, "고려시대의 도서(섬)의 인식과 개발," 〈한국학논총〉 48(2017): 37-38.
11. 고려사(高麗史) 권93, 열전 권제6, 제신(諸臣), 최승로(崔承老). 최승로가 성종에게 시무책 28조를 올리다.
12. 이영권, 《제주 역사 기행》(서울: 한겨레신문사, 2012), 127.
13. 김일우, "조선 전기 金淨 著《濟州風土錄》의 수록 내용 성격과 가치," 〈史叢〉 (사총) 103(2021): 89.
14. 이영권, 《제주 역사 기행》, 128.

15. 마치다 타카시, "조선시대 제주도 풍속을 둘러싼 이념과 정책," 〈역사민속학〉 55(2018): 64.
16. 연북은 '북쪽을 사모한다'는 뜻으로 임금에 대한 존경을 담고 있으며, 제주 지방관과 유배객들에게 희망의 등대였다.
17. 마치다 타카시, "조선시대 제주도 풍속을 둘러싼 이념과 정책," 63-64.
18. 김민영·최현, "제주도 이주의 현황과 전망," 〈탐라문화〉 50(2015): 40-79.
19. 염미경, "제주 이주와 지역사회 변화 그리고 대응," 〈제주도연구〉 51(2019): 211(재인용).
20. 차철욱, "지방성 연구의 이론적 검토—지방사 연구를 중심으로," 〈인문과학연구〉 21(2009): 21, 195-222.
21. 제주특별자치도, 〈2019년 제주 사회조사 및 사회지표〉.
22. 한지은 외, "제주 지역 고령의 선주민이 정착이주민에 대해 가지는 태도 연구," 〈조사연구〉 22/4(2021): 33.
23. 김주호·손주영·이은정, "제주 이주민의 성공적인 정착을 위한 문화융합척도 개발의 기초 연구," 〈관광연구〉 35/4(2020): 123-142.
24. 신행철, 《제주 사회론》(서울: 한울, 1998), 86(재인용).
25. 송성대, "제주인의 해민정신, 그 시대적 위상," 68. 조선 정조 때의 규장각 학자 윤행임이 함경도에서 경상도까지 분석한 것에 송성대가 제주의 기풍을 추가했다.
26. 송성대, "제주인의 해민정신, 그 시대적 위상," 67-68.
27. '표한'은 "성질이 급하고 사납다", '방사'는 "제멋대로 행동하며 거리끼고 어려워하는 데가 있다"라는 뜻이다. 국립국어연구원, 《표준국어대사전》.
28. '광풍촉석'(狂風矗石)은 폭풍우가 휘몰아쳐도 '외돌괴'(외돌개)처럼 의연하게 기백을 가져 홀로서기를 하는 모습을 말한다.
29. '분짓'은 제주도 방언으로 '재산을 자손에게 나누어 주는 것'을 뜻한다.
30. '수눌음'은 제주도 방언으로 육지 말로 '품앗이'와 비슷하다. 협업 노동 이상의 의미를 지닌다.
31. 윤용택, "제주 생활문화 의식과 정체성 조사 보고서," 〈제주도연구〉 42(2014): 149-258.
32. 진성기, 《한집 고희 기념집—제주도학》, 38-39.
33. 강봉수, "제주 정체성으로서 '제주정신'에 대한 연구 성과와 제주문화문법," 〈제주도연구〉 50(2018): 186-187.

34. 신행철, 《제주 사회론》, 98-101.
35. '혼저옵서예'는 '어서 오십시오'라는 뜻이다.
36. 신행철, "제주인의 정체성과 일본 속의 제주인의 삶," 〈제주도연구〉 14(1997): 56-57.
37. 신행철, "제주인의 정체성과 일본 속의 제주인의 삶," 59.
38. 윤용택, "제주도민의 정체성과 생활문화 의식," 〈제주도연구〉 43(2015): 203.
39. 윤용택, "제주도민의 정체성과 생활문화 의식," 203.
40. '돗통'은 돼지우리이자 화장실이다. 이곳에서 농작물의 퇴비(거름)를 생산하였다.
41. 윤용택, "제주도민의 정체성과 생활문화 의식," 204.
42. 신행철, "제주인의 정체성과 일본 속의 제주인의 삶," 57-58.
43. 신행철, 《제주 사회와 제주인》(서울: 제주대학교출판부, 2004). 제주 사회는 중앙에 종속된 지위에서 저발전의 사회로 머물게 되었고, 제주 사회는 대체로 관리의 횡포에 시달려 왔다고 말한다.
44. 김영돈, 《제주도 제주 사람》(서울: 민속원, 2000), 312, 321. 김영돈은 제주 역사의 과정에서 제주 사람들의 복잡한 의식을 한마디로 주변성이라는 극히 모호한 개념에 포괄할 수 있기를 기대한다고 말했다.
45. 김동전, "역사적 측면에서 본 제주의 여성," 〈대한토목학회 학술발표회 논문집〉 10(2005): 3299-3303.
46. 김정숙, "제주신화에 내재된 다문화 요소," 〈교육과학연구〉 18/1(2016): 57-58. 김정숙은 제주의 생활체제를 '따로 또 같이'로 정의한다. '자립'하며 '같이' 살아가기 위한 구조라고 말한다. 자립은 필수적이었고 동시에 가난함은 나눔과 배려를 실천하게 했다. 내 밭을 살리고 늙어서도 물질을 하기 위해서는 공동체의 협력과 배려가 꼭 있어야 하는 토대하에서 공동체에 대한 존중은 필수였다. 따로따로 지만씩(각자 자기 방식대로) 살아가면서도 공동체 중심의 신앙으로 같이 마을제를 지내고, 마을 목장, 마을 바당, 마을 묘지, 할망바당 등을 만들어 힘없는 사람들을 소외시키지 않고 공동체의 나눔과 배려와 상호 부조를 실천했다.
47. 신행철, "제주인의 정체성과 일본 속의 제주인의 삶," 59.
48. 진성기, 《한집 고희 기념집—제주도학》, 140-141. 진성기는 "제주도 방언은 어느 다른 지방의 방언과도 달리 제주도만의 독특한 숨결이 살아 용솟

음치고 있어, 우리는 이 방언에서 조상의 웃음과 멋, 그리고 풍부하고도 따스한 인간성을 맛볼 수 있을 것이다"라고 말한다.

49. 문순덕, 《제주어의 문화정책 방안》(서울: 제주발전연구원, 2008), 292-293.
50. 백나용, "제주인의 삶 응축된 제주어, 부활을 꿈꾸다," 〈제주일보〉 2016년 9월 27일 자, http://www.jejunews.com/news/articleView.html?idxno=1997473
51. 《탐라문견론》에 들어 있는 '영해기문'이나 《신증동국여지승람》 권38의 '제주목', 그리고 김정의 '제주풍토록'과 김상헌 '남사록' 등이다.
52. 강문종, "《탐라문견록》(耽羅聞見錄)을 통해 본 18세기 제주인들의 생활상," 〈제주도연구〉 57(2022): 4.
53. 제주산학협력단, "제주 정체성의 정립 및 교육 영역 개발 연구 최종 보고서"(2018), 4.
54. 강봉수, "제주 정체성으로서 '제주정신'에 대한 연구 성과와 제주문화문법," 182.
55. 김항원, 《제주도 주민의 정체성》(제주: 제주대학교출판부, 1998), 18.
56. 제주산학협력단, "제주 정체성의 정립 및 교육 영역 개발 연구 최종 보고서," 5.
57. 강봉수, "제주 정체성으로서 '제주정신'에 대한 연구 성과와 제주문화문법," 183.
58. 강정홍, "도대체 '제주의 정체성'은 우리에게 무엇인가," 〈제주의소리〉 2015년 5월 19일 자, http://www.jejusori.net/news/articleView.html?idxno=162179
59. 강봉수, "제주 정체성으로서 '제주정신'에 대한 연구 성과와 제주문화문법," 183.
60. 윤용택, "제주도민의 정체성과 생활문화 의식," 203(재인용).
61. 윤용택, "제주도민의 정체성과 생활문화 의식," 203.
62. 윤용택, "제주섬 생태문화의 현대적 의의," 〈탐라문화〉 37(2010): 322-343.
63. 윤용택, "제주섬 생태문화의 현대적 의의," 69, 72.
64. 송성대, "제주인의 해민정신, 그 시대적 위상," 66-74.
65. 송성대, "제주인의 해민정신, 그 시대적 위상," 78.
66. 강봉룡, "'섬의 인문학' 담론—섬과 바다의 일체성과 양면성의 문제," 〈도

서문화〉 44(2014): 15.

67. 최병길·권귀숙·강상덕·김현돈·한석지·박찬석, "제주섬 정체성 변화에 관한 비교 연구," 121-122.
68. 이창기, "인구 변동과 제주 여성의 삶,"《제주여성사 II—일제강점기》(제주: 제주발전연구원, 2011), 46-47.
69. 이영권,《제주 역사 기행》, 127.
70. 일본어 사전에는 '시마구니곤조'(島國根性)라는 단어가 있는데, 이는 섬나라 사람들에게 뿌리박힌 성질로 '단결성과 독립성이 강하지만 너그럽지 못하고 배타적이며 옹졸한 성질'이라는 뜻이다. 여느 섬나라 사람들의 일반적인 특징과 동일하다.
71. 석주명,《제주도 수필》(서울: 보진제, 1968), 111. "제주도민의 단점으로는 시의심이 강하고 배타성이 농후하여 투서 같은 일이 심다하여 공존공영의 정신이 적다"라고 지적하였다.
72. 현평효, "탐라 정신 연구,"〈제주대학교 논문집〉 11(1979): 43-44. 현평효는 제주민의 바람직하지 못한 면으로 열등의식과 배타성을 들고 있다.
73. 신행철,《제주 사회와 제주인》, 100.
74. 유철인, "일상생활과 도서성,"〈제주도연구〉 1(1984): 119-144.
75. 신행철,《제주 사회와 제주인》, 101.
76. '고착화된 일반화'란 섬사람들은 텃새가 심하고 옹졸하고 배타적이라는 일반적인 인식을 의미한다.
77. 이화진,《제주 정착주민 실태 조사 및 지원 방안》(제주: 제주여성가족연구원, 2016), 11.
78. 이화진,《제주 정착주민 실태 조사 및 지원 방안》, 12.
79. 이화진,《제주 정착주민 실태 조사 및 지원 방안》, 17-19.
80. 에리히 프롬,《우리는 여전히 삶을 사랑하는가》(서울: 김영사, 2022), 92.
81. 김항원, "제주인의 의식,"〈제주리뷰〉 3(1997): 76.
82. 근거 자료는 신행철, "제주도민의 사회, 문화 의식상의 전통성,"〈제주대 논문집〉 11(1980); 신행철·김진영,〈제주인의 의식구조〉, 제주대 사회발전연구소 조사연구보고서, 1985; 신행철, "제주 사회의 기본적 성격에 관한 서설적 논의,"〈제주도 관광문화〉 1(1991)이다.
83. 신행철,《제주 사회와 제주인》, 102.
84. 신행철,《제주 사회와 제주인》, 104.

85. 신행철,《제주 사회와 제주인》, 106.
86. 배우자를 선택할 수 있는 권한이 상대적으로 자유롭다는 의미이다.
87. 신행철,《제주 사회와 제주인》, 106-107.
88. 신행철,《제주 사회와 제주인》, 76.
89. 김항원, "제주인의 의식," 73-74.
90. 김항원, "제주인의 의식," 76.
91. 허호준, "'제주인'의 정체성이란 무엇인가… 제주사람이 되려면," 〈한겨레신문〉 2016년 10월 18일 자, https://www.hani.co.kr/arti/society/area/766200.html
92. 지역 단위의 공유제는 바다 어장과 목장 등 지역 자원을 공동으로 관리하고 유지하는 것을 말한다. 현대에 와서는 골프장과 개인적 사업에 투자함으로써 개인 사유화가 일어나고 있다.

4장 제주 사회문화의 특이성

1. 이하 '궨당'으로 통일하여 표기하겠다.
2. 6촌에서 12촌 범위에 해당하며, 요람에서 무덤까지 이어지며 상부상조하는 혈연집단이다.
3. 김혜숙,《제주도 가족과 궨당》(제주: 제주대학교출판부, 1999), 449-459.
4. 고재환의《제주속담사전》은 궨당을 "친족과 외척, 고종, 이종 등 멀고 가까운 친척을 두루 일컫는 것으로, 이들은 집안에 혼례나 장례를 비롯해서 관심사가 있을 때는 모여들어 서로 돕고 걱정하며 정분을 돈독히 하는 것이 관습화된 공동체"라고 정의한다.
5. 김희정·최낙진, "지역신문 광고에 나타난 지역사회의 인적 네트워크 특성: 제주 A형 광고를 중심으로," 〈한국광고홍보학보〉 13/3(2011): 270.
6. 진성기,《한집 고희 기념집—제주도학》(서울: 디딤돌, 2006), 96.
7. 이문호, "제주 괸담-괸당에 대한 4차 산업혁명의 사회·물리적 초연결층," 〈한국인터넷방송통신학회 논문지〉 17/3(2017): 72.
8. 김혜숙,《제주도 가족과 궨당》, 449-459.
9. 김영동, "제주도 '궨당문화'에 대한 창조적 긴장의 문화 신학적 선교," 〈장신논단〉 30(2007): 364.

10. 김희정과 최낙진이 말했듯이, 마을마다 본향단(本鄕堂)이 존재하고 그 당(堂)에 참여하는 자들은 마을 친족과 마을 사람들로 구성된 궨당이며, 이들은 마을의 안녕과 복을 기원하는 민간신앙과 유교와 혼합된 구조로 이루어졌다.
11. 조성윤·이상철·하순애, 《제주 지역 민간신앙의 구조와 변용》(서울: 백산서당, 2006), 125.
12. 권귀숙, "제주 궨당," 〈제주의 궨당문화와 제주 선교〉, 제주사랑선교회 심포지엄 자료집, 2007.
13. 황경수, "사회적 자본이 제주 지역 공동체 문화인 괸당문화와 지역 발전에 미치는 영향," 〈한국산학기술학회논문지〉 16/3(2015): 1765.
14. 고재환, 《제주속담사전》(서울: 민속원, 2001), 43.
15. 섬이라는 한정된 공간에서 살아가면서 다양한 인적 네트워크를 형성하고 경조사 및 사업 등에서 영향력을 갖게 되는 사회적 구조를 형성한다.
16. "제주어사전," 276.
17. 제주특별자치도, 제주통계포털, https://www.jeju.go.kr/stats/index.htm(2022년 3월 2일 접속).
18. 지금의 제주국제공항 부지는 과거 일제의 비행장 건설 과정에서 넓은 들판 부지 한가운데에 우물이 있었다고 해서 우물 정(井) 자에 들판을 뜻하는 제주 방언 '드르'가 합쳐져 '정뜨르 비행장'이 됐다. 모슬포에 있는 '알뜨르 비행장'도 작명 원리가 비슷한데, 이쪽은 '아랫쪽 들판'이라는 뜻이다. 1944년 말부터 1945년 초까지도 일본 본토 작전 비행부대의 후방 기지나 일본과 대륙 간 항공로의 연접 기지로서 기능하였다.
19. 김준표, "다문화 사회의 정체성 트러블과 제주의 쿰다 문화," 〈현상과인식〉 44/4(2020): 207-228.
20. 김준표, "다문화 사회의 정체성 트러블과 제주의 쿰다 문화," 207-228.
21. 한민족의 고유한 철학, 홍익인간의 이념 교리를 축약하고 있다.
22. 민영현, "쿰다와 혼, 그리고 21세기," 〈탐라문화〉 68(2021): 133-163.
23. 민영현, "쿰다와 혼, 그리고 21세기," 158.
24. 김준표, "다문화사회의 정체성 트러블과 제주의 쿰다 문화," 221. 모두가 삼촌이 되는 궨당문화에 대하여 김준표는 다음과 같이 정리하고 있다. "관심으로 배려하지 않고 무관심으로 배려하는 방식이 제주의 '드러쌍 내불명'(간섭하지 않고 내버려 둔다) 문화이다." "궨당은 조직화된 실체가 아니

라 개인마다 서로 다르게 가지고 있는 관계망이다"(김창민, 2020: 131, 재인용). "전혀 친인척 관계가 없는 사람일지라도 삼촌으로 부르는 등 부계혈연 의식을 고집하지 않고 폭넓은 궨당관계가 맺어짐으로써 마을 공동체 의식을 형성하게 된다"(김혜숙, 1999: 456, 재인용). "혈연이어서 궨당이 아니라 함께 힘을 나눌 구성원들이어서 궨당이기에 '동네궨당', '갑장궨당'이라 한다"(김창민, 2020: 265).

25. 송성대, "제주도의 지리적 환경과 지역정신," 〈탐라문화〉 18(1997): 256.
26. 조성윤·이상철·하순애, 《제주 지역 민간신앙의 구조와 변용》, 32.
27. 윤일이, 《동중국해 문화권의 민가: 제주도, 규슈, 류큐, 타이완의 전통건축 이해하기》(서울: 산지니, 2017), 81-82.
28. 송성대, "제주인의 해민정신, 그 시대적 위상," 〈제주발전포럼〉 52(2015): 69-72.
29. 송성대, "제주도의 지리적 환경과 지역정신," 257. 균분상속제를 행하였기에 제주 사람들은 부자간, 형제간이 모두 남남이 되었다. 그것은 곧 저마다 자립해야 함을 의미한다.
30. 송성대, "제주도의 지리적 환경과 지역정신," 258. 혼성취락의 전통을 갖기에 공동체 의식을 위해서는 공동의 신앙체계를 가져야 했다. 그렇게 만든 것이 한반도부에서는 전혀 볼 수 없는 마을 내 각 성씨의 입촌 개척시조를 모두 상징적으로 모신 본향단의 문화를 창조했다.
31. 조성윤·이상철·하순애, 《제주 지역 민간신앙의 구조와 변용》, 32.
32. 송성대, "제주도의 지리적 환경과 지역정신," 258.
33. 조성윤·이상철·하순애, 《제주 지역 민간신앙의 구조와 변용》, 32.
34. 송성대, "제주도의 지리적 환경과 지역정신," 258, 261. 중산간 지대는 토양이 척박하여 농경에 불리했기에 불을 놓아 잡목을 태워 청소를 하고 양질의 목초가 자라나면 방목지로 이용하면서 제주에는 사유제보다는 공유제의 문화로 공동 목동이 많이 생겨나게 되었다. 이러한 문화가 제주를 자유, 평등한 삶과 도둑과 거지가 없는 섬으로 만들어 갔다.
35. 조성윤·이상철·하순애, 《제주 지역 민간신앙의 구조와 변용》, 32.
36. 송성대, "제주인의 해민정신, 그 시대적 위상," 261.
37. 송성대, "제주도의 지리적 환경과 지역정신," 261. 영등할망은 음력 2월 초에 제주에 찾아와서 2월 25일에 다시 자신의 거처로 돌아간다는 신이다. 제주에서는 영등할망이 찾아오는 2월을 '영등달'이라고 부른다. '제주의

여러 마을에서는 2월에 영등할머니를 위한 영등굿을 한다. 2월에 날씨가 추우면 옷 좋은 영등할망이 왔다고 하고, 비가 오면 우산을 쓴 영등할망이 왔다고 한다. 영등할망이 나가기 전에는 배를 타고 나가서는 안 되며 빨래도 해서는 안 된다고 믿는데, 이를 어기고 빨래를 하여 풀을 먹이게 되면 집에 구더기가 생긴다고 한다. 제주의 영등할머니(영등할망)은 주로 어업을 수호하는 신으로 인식되면서 마을신으로 모셔지고 있다.

38. '모지지기 정신'은 '한번 먹은 마음이나 뜻을 굳게 다잡는 성질'이 있다는 뜻이다. 철저하고 야무지게 해야 한다는 의미이기도 하다.
39. 신행철, 《제주 사회와 제주인》(서울: 제주대학교출판부, 2004), 19. "도서성은 지리적 고립성, 지역적인 한정성 그리고 협소성으로 특징지어진다"라고 말한다.
40. 이영권, 《제주 역사 기행》(서울: 한겨레출판, 2012), 12. 1-2만 년 전 한반도 주변 지형도를 보면, 당시 제주도는 한반도뿐만 아니라 중국과 일본까지 연결된 대륙의 일부였다고 말한다.
41. 김경주, "고고유물을 통해 본 탐라의 대외 교역," 《탐라사의 재해석》(제주: 도서출판 각, 2013), 124.
42. 3세기경 《삼국지》 〈위서〉 동이전 참고.
43. 최희준, "탐라국의 대외교섭과 항로," 〈탐라문화〉 58(2018): 7.
44. 양진건, "유배문화와 제주도: 제주교육의 기저에 대한 이해를 위해," 〈교육인류학연구〉 4/3(2001): 324.
45. 이영권, 《제주 역사 기행》, 212, 217.
46. 양진건·강동호, "제주 근대교육에 미친 유배인의 영향에 관한 연구," 〈교육사학연구〉 24/1(2014): 55, 57.
47. 마르셀 라크루(Marcel Lacrouts, 1871-1929). 파리 외방선교회 소속 선교사.
48. 귀스타브 뮈텔(Gustave Charles Marie Mutel, 1854-1933). 프랑스 선교사로 1880년부터 1933년까지 조선에 체류하면서 조선 가톨릭교회 확립을 위해 힘썼다.
49. 부산교구사편찬위원회, 《교구 연보 1878-1940》(부산: 천주교부산교구, 1984), 41.
50. 김찬흡, 《20세기 제주인명사전》(제주: 제주문화원, 2000), 333-334.
51. 김찬흡, 《20세기 제주인명사전》, 334.
52. 양진건, "유배문화와 제주도," 333-334.

53. 소설이나 설화와 같이 줄거리를 갖춘 서사 양식에 속하는 무가.
54. 차옥숭, "제주도 신화와 제주도 여성의 정체성," 〈종교연구〉 49(2007): 1.
55. 차옥숭, "제주도 신화와 제주도 여성의 정체성," 17, 21; 김정숙, "제주신화에 내재된 다문화 요소," 〈교육과학연구〉 18/1(2016): 61. 제주의 여신들은 그리스 여신이나 우리나라 다른 지역의 여신이 보여 주는 부차적이고 종속적이며 소극적인 모습과는 달리 모든 삶의 부분에 다양하고 중요한 역할을 해내는 존재로 표상된다.
56. 김정숙, "제주신화에 내재된 다문화 요소," 58.
57. 홍정순·송문석, "혼인지 신화의 현대적 재해석," 〈제주발전연구〉 9(2005): 287-288.
58. 허남춘, "탐라국 건국신화의 주역과 고대 서사시," 〈한국무속학〉 38(2019): 232-233.
59. 홍정순·송문석, "혼인지 신화의 현대적 재해석," 290.
60. 김동전, "역사적 측면에서 본 제주의 여성," 〈대한토목학회 학술발표회 논문집〉 10(2005): 3299.
61. 권태효, "제주도 일반신본풀이에 나타난 여성 신의 성격과 양상," 〈한국무속학〉 23(2011): 23.
62. 말의 갈기나 꼬리 털, 소의 꼬리 털로 만든 갓을 일컫는다.
63. 진관훈, "제주해녀, 구로시오(黑潮)를 타다," 〈불휘공〉 5(2010, 봄호): 55.
64. 1909년 10월, 제주도 최초의 여성교육기관인 신성여학교가 개교되었다. 신성여학교는 라크루(구마슬) 신부가 천주교의 전도를 위해 설립 작업을 담당했지만, 이러한 배경에는 당시 제주도에 유배되어 있던 개화파 박영효가 큰 역할을 했다. 박영효는 1907년 제주에 유배되어 조천리에 거주하였는데, 그는 본래 6세 이상 모든 남녀는 교육을 받아야 한다고 주장했다. 그뿐만 아니라 수신사와 두 차례의 망명을 통한 일본 선진 문물의 경험을 통해 제주 기후에 맞는 원예작물 재배를 권장하였고, 감귤, 양배추, 토마토, 당근 등을 보급하였다.
65. 1911년 2월, 서울에서 경찰의 불심검문을 받은 이승훈은 안중근 의사의 사촌동생인 안명근의 명함을 가졌다는 이유로 검거되어 1년 동안 제주도에 유배를 당한다. 안명근은 독립투사들이 독립군을 양성할 군관학교 설립을 추진하던 중이었다. 이 사건으로 안명근은 종신 징역형을 받았고, 이승훈은 직접적인 관계가 없었기 때문에 유배형을 받았다. 실제로 유배생

활은 5-6개월에 불과하였으나, 그는 제주도에서도 기독교 사상과 신교육, 새로운 정신을 주민들에게 전하며 교육과 문화사업을 일으켰다. 같은 조천리에서 유배 중이던 이승훈과 박영효는 제주읍 성내교회에 출석하면서 부설 영흥(永興)학교 교육 활동에 관여한 것으로 보인다. 짧은 유배 기간 동안 민족운동과 개화주의자의 모습으로 많은 영향을 주었으며, 일본에 의해 제주에 유배된 최초의 인물이자 마지막 유배인으로서, 기나긴 제주도 유배사에 종지부를 찍었다.

66. 강만생, "신식 여성교육기관의 등장,"《제주여성사 II—일제강점기》(제주: 제주발전연구원, 2011), 99-103.

67. 김창후, "여성교육 확산과 유학생의 등장,"《제주여성사 II—일제강점기》(제주: 제주발전연구원, 2011), 146-153, 157-164.

68. 허영선, "항일운동,"《제주여성사 II—일제강점기》(제주: 제주발전연구원, 2011), 239.

69. 김동전, "민족 자각과 독립운동,"《제주여성사 II—일제강점기》(제주: 제주발전연구원, 2011), 179.

70. 제주 하도리에는 일제의 수탈에 항의하여 해녀들이 봉기한 곳에 기념탑이 세워져 있다. 해녀항일운동을 주도했던 부춘화, 김옥련, 부덕량의 조각상이 함께 서 있다.

71. 문혜경, "여성의 의식 변화,"《제주여성사 II—일제강점기》(제주: 제주발전연구원, 2011), 18-19.

72. 문혜경, "여성의 의식 변화," 18.

73. 문혜경, "여성의 의식 변화," 19.

74. 제주도교육위원회,《탐라문헌집》(1976).

75. 이창기, "인구 변동과 제주 여성의 삶,"《제주여성사 II—일제강점기》(제주: 제주발전연구원, 2011), 46-47.

76. 이창기, "인구 변동과 제주 여성의 삶," 50.

77. 양경숙, "제주 해녀의 직업 형성과 발달에 관한 연구"(경기대학교대학원 박사학위논문, 2020), 9; 김나영, "조선시대 제주 지역 포작의 사회적 지위와 직역 변동"(제주대학교대학원 석사학위논문, 2008), 48-52.

78. 박찬식, "제주 해녀의 역사적 고찰,"〈역사민속학〉19(2004): 136.

79. 김동전, "역사적 측면에서 본 제주의 여성," 3299-3301, 3303.

80. 박찬식, "제주 해녀의 역사적 고찰," 145.

81. 유원희·서세진·최병길, "제주해녀의 자아인식, 공동체 의식, 유네스코 등재 인식에 대한 연구,"〈한국전통조경학회지〉 36/1(2018): 89-90.

82. 박정환, "제주도 개신교 자생적 신앙공동체의 생성과 성장에 관한 연구: 1904-1930"(장로회신학대학교대학원 박사학위논문, 2013), 178.

83. 박용규,《제주기독교회사》(서울: 생명의말씀사, 2008), 176.

84. 박용규,《제주기독교회사》, 138.

85. 조성윤, "기독교,"《제주여성사 II—일제강점기》(제주: 제주발전연구원, 2011), 497.

86. 대한예수교장로회 제주노회,《제주 기독교 100년사》(서울: 쿰란출판사, 2016), 166-169. 쉐핑(Elisabeth Johanna Shepping, 1880-1934, 한국명 서서평)은 유대계 독일인으로 코블렌츠에서 태어났다. 1912년에 간호전문선교사로 한국에 오게 되었고, 주로 광주에서 사역하였다. 서서평은 휴가 기간에 제주 사역을 위해 제주도를 찾는 기회가 많았으며, 제주 여러 지역에서 여신도를 대상으로 성경을 가르치다가 1934년 3월 8일에 제주 지역 개신교 여성 신도들과 함께 제주의 '부인조력회'(현 제주노회 여전도회연합회)를 창립하였다. 제주의 부인조력회는 15개 교회에서 230명의 회원으로 조직되었다. 그가 길러 낸 여성 지도자들이 제주 교회의 큰 일꾼이 되었다.

87. 김인애에 대해서는 "5장 제주 기독교 역사의 고찰"에서 제주 기독교 최초의 장로 김재원의 생애를 살필 때 좀 더 구체적으로 설명할 것이다.

88. 차종순,《제주 기독교 100년사》(제주: 대한예수교장로회 제주노회, 2016), 57.

89. '출동'은 조선시대로부터 이어져 온 전통으로, 흔히 마을의 규약을 어긴 자를 마을 사람들이 의논을 거쳐 쫓아내는 일로, 자주 일어나지는 않았다.

90. 조성윤,《제주여성사 II—일제강점기》, 499.

91. 박정환, "제주도 개신교 자생적 신앙공동체의 생성과 성장에 관한 연구: 1904-1930," 185.

92. 조성윤,《제주여성사 II—일제강점기》, 500.

93. 김나홍은 모슬포교회 초대 장로 최정숙의 모친으로, 윤식명 목사가 1918년 법정사 항일항쟁 당시에 시위대와 마주쳤다가 공격을 받을 때에 천아나와 김나홍과 함께 있었다. 또한 가파리 출생인 고 씨는 제주도 여성으로는 처음으로 의사 면허를 취득하였고, 1·4후퇴 때 제주도에 내려와 본격

적인 사회활동을 벌여 1980년 제1회 만덕봉사상을 수상하였다. 당시 훈장은 유교문화를 전파하는 대표적인 인물이었을 것인데, 그 훈장의 부인인 정술생이 1916년에 포슬포교회에서 세례를 받았다.

94. 임희모, "환대의 선교사 서서평(Miss Elisabeth J. Shepping, R. N.)의 무조건적 환대," 〈장신논단〉 51/1(2019): 76, 81. 강계생은 성읍리교회의 중요한 개종 인물 중 하나로 꼽히는 길일석의 처인 강석천의 아우로, 신앙에 입문한 후에 서서평을 통해 이일학교에서 수학하고 강형신으로 개명하였고, 모슬포교회의 전도사로 섬기는 등 제주 교회를 위해 평생 사역하였다.

95. 김명숙 권사는 1896년 신촌리 유교 집안의 5남매 중 셋째 딸로 태어났다. 당시 전도부인(여전도사)으로 지역교회를 순회하며 전도를 통해 교회성장에 많은 공헌을 하였다. 자녀교육과 부인조력회 활동, 애국부인회 활동, 의정활동 등 기독교적 세계관을 가지고 지역사회와 교회를 섬겼다.

96. 강형신은 성읍리에서 4남매 중 둘째 딸로 태어났다. 전도사로 35년 동안 제주노회의 여러 교회를 섬겼다. 1934년 제주 부인조력회가 창립되었는데, 이때 회장으로 선출되어 20년 동안 이끌었다.

97. 조성윤, 《제주여성사 II—일제강점기》, 494.

98. 조성윤, 《제주여성사 II—일제강점기》, 495-502.

99. 조성윤, 《제주여성사 II—일제강점기》, 498. "고산교회 추씨 산옥, 용수교회 이봉춘, 중문교회 강규언의 어머니 등은 모두 교회 건축 과정에서 적극적으로 자신의 재산을 헌납하였다."

100. 박정희, "제주도 여성 문화에 관한 고찰"(제주대학교 교육대학원 석사학위논문, 2004), 1.

101. 이창기, 《제주도의 인구와 가족》(서울: 영남대학교출판부, 1999), 154-162.

102. 제주도 가족제도의 가장 두드러진 특징은 철저한 분가 원칙이다. 분가하지만 한 울타리 안에서 부모와 자식 가족이 따로 살림하면서 부모를 돕는 구조이다.

103. 김혜숙 외, "한국 가족/친족 연구의 쟁점: 도시 중산층과 제주도의 가족/친족에 대한 연구를 중심으로," 〈가족과 문화〉 11(1999): 8-11.

104. 고관용, "제주 지역 분묘와 산담의 법리적 고찰"(건국대학교대학원 박사학위논문, 2014), 45.

5장 제주 사회문화 관점에서 본 개신교와 천주교

1. 배요한, "《수신영약》에 관한 연구—제주 지역의 천주교와 토착종교의 만남이라는 관점에서," 〈장신논단〉 46/4(2014): 449-475(451). 1886년 조불 수호조약 체결 이후 제주도 선교에 대한 필요성이 대두되었고, 조선 교구장 뮈텔 주교는 1899년에 프랑스인 페네(M. Peynet) 신부, 그리고 김원영 신부를 통해 제주 선교를 감당하게 하였다.
2. 제주선교100주년 기념사업 추진위원회, 《제주 천주교회 100년사》(서울: 도서출판 빅벨, 2001). 50-58.
3. 제주선교100주년 기념사업 추진위원회, 《제주 천주교회 100년사》, 64.
4. 제주도 천주교 본당은 1899년에 설립되었고, 이로써 제주 천주교회의 활동이 시작되었다.
5. 유요한, "제주 토착종교와 외래종교의 충돌과 질서 형성 과정에 관한 연구: 개종주의(Proselytism) 비교 전략을 중심으로," 〈종교와 문화〉 22(2012): 19; 이영권, 《제주 역사 기행》(서울: 한겨레신문사, 2012), 210. 제주도의 경우 1899년에 천주교가 들어왔는데, 불과 2년 뒤인 1901년에는 신도 수가 무려 1,300-1,400명에 이를 정도로 확산되었다.
6. 유요한, "제주 토착종교와 외래종교의 충돌과 질서 형성 과정에 관한 연구: 개종주의(Proselytism) 비교 전략을 중심으로", 〈종교와 문화〉 22(2012): 18. 제주 천주교는 제주도를 무당의 폐단이 많은 지역으로 보았고, 신당을 신성시하는 도민들의 정서를 우매하다고 가르쳤다. 신부들로부터 이런 내용의 교육을 받은 신자들은 각 마을로 가서 당을 부수고 유교 제사를 귀신에 대한 제사라고 부정하였다. 이러한 갑작스러운 민간신앙 배격 활동 때문에 도민들 사이에 반천주교 정서가 빠르게 확산되었다. 천주교 신자들과 지역 주민들 간의 갈등이 심해졌으며, 양 세력의 충돌이 민란으로까지 발전했다.
7. 김원영 신부가 제주 입도 2년도 안 되는 시간에 정의군(서귀포시 일부분, 남제주군 남원읍, 표선면 지역), 대정군(서귀포시 일부분, 남제주군 안덕면) 총 39곳으로 확장되었다.
8. 초기란 1899년 제주 천주교 본당이 설립된 후부터 일제강점기까지를 말한다.
9. 현길언, "종교의 권력화와 선교: 제주 신축교난의 선교적 의미," 〈사회이론〉(2016, 가을/겨울호): 176, 178, 202. '이재수의 난'은 1901년에 천주교

인과 제주 주민을 대표하는 제주 민군(民軍) 사이에 일어난 무력 충돌 사건이다. 천주교 입장에서는 '신축교안'(辛丑教案)이라 하고, 제주 사람들의 입장에서는 '이재수 난'이라고 한다. 현길언은 '이재수의 난'이 종교의 권력화와 교인의 세력화로 인해 일어난 사건이라고 결론짓고 있다.

10. 조성윤, "기독교,"《제주여성사 II—일제강점기》(제주: 제주발전연구원, 2011), 490.
11. 유요한, "제주 토착종교와 외래종교의 충돌과 질서 형성 과정에 관한 연구: 개종주의(Proselytism) 비교 전략을 중심으로,"〈종교와 문화〉 22(2012): 18.
12. 고성훈,《민란의 시대》(서울: 가람기획, 2000), 336-339.
13. 제주선교100주년 기념사업 추진위원회,《제주 천주교회 100년사》, 103.
14. 사도행전 16:35-40, 22:24-29 참조.
15. 빌립보서 4:10-20 참조.
16. 한 남자가 여러 명의 아내를 거느리는 풍속과 많은 양의 술을 먹는 것 등이다.
17. 김원영,《수신영약》(1901), 792.
18. 유요한, "제주 토착종교와 외래종교의 충돌과 질서 형성 과정에 관한 연구," 21-22. 김원영은 그가 쓴《수신영약》에서 제주의 토착종교의 의례나 점은 믿을 수도 없고 효과도 전혀 없다고 단언한다. 그리고 심방이 수행한 치병의례 후에 병이 나았다고 주장하지만 사실은 속고 있는 것이라고 말한다. 토착종교 의례를 조목조목 언급하며 각 의례는 신화 및 신화적 사고, 그리고 부정(不淨)의 개념과 정결 규칙까지 강력하게 비판한다. 김원영은 당시 사람들에게 친숙한 신 및 우주에 대한 이해를 이용하여 개종시키고자 하였다.
19. 고민희, "제주 기독교의 선교 양태에 관한 비교 연구: 제주 천주교와 개신교 선교 역사를 중심으로,"〈한국기독교신학논총〉 112(2019): 112. 고민희는 하순애의 글을 인용하여 "현재까지 제주도 내에서 종교적 이유로 신당을 훼손하거나 마을에서 무속식 제의에 대한 제재가 가해지는 경우는 대부분 기독교도에 의한 것이라는 식의 기독교에 대한 인식을 갖도록 영향을 끼쳤다"라고 말한다.
20. 사도행전 17:16-17 참조. "바울이 아덴에서 그들을 기다리다가 그 성에 우상이 가득한 것을 보고 마음에 격분하여 회당에서는 유대인과 경건한 사람들과 또 장터에서는 날마다 만나는 사람들과 변론하니."

21. 사도행전 17:22-24 참조. "바울이 아레오바고 가운데 서서 말하되 아덴 사람들아 너희를 보니 범사에 종교심이 많도다 내가 두루 다니며 너희가 위하는 것들을 보다가 알지 못하는 신에게라고 새긴 단도 보았으니 그런즉 너희가 알지 못하고 위하는 그것을 내가 너희에게 알게 하리라 우주와 그 가운데 있는 만물을 지으신 하나님께서는 천지의 주재시니…."
22. 서정민, "기독교 선교가 제주 지역사회에 미친 영향," 〈신학논단〉 28(2000): 176.
23. 조성윤, "기억의 현재성: 제주민중과 이재수 난," 1901년 제주항쟁 기념사업회, 《진실과 화해》(서울: 도서출판 각, 2003), 136-141.
24. 양진건, "제주도 최초 근대 여학교, 신성여학교 연구," 〈탐라문화〉 18(1997): 429, 434, 440.
25. 조성윤, 《제주여성사 II—일제강점기》, 492.
26. 이사례, 《순교보》(서울: 기독교문사, 1991), 93, 95.
27. 이아브라함병옥, "선교문화방법론으로 본 이기풍의 선교 평가"(서울기독대학교 박사학위논문, 2009), 106-111.
28. 이기풍 목사의 신학적 입장은 평양장로회신학교와 마펫 교장의 영향을 많이 받았다. 성경만이 강조된 신학적 영향하에서 보수적이며 칼뱅주의적인 노선에 있던 선교사들의 영향을 받아 성경의 영감과 권위를 확신하는 동시에 부흥운동에 열려 있는 복음주의에 기초해 있었다고 할 수 있다. 한편 선교적으로는 1920년에 작성되고 채택된 장로회신학교의 교리적 기초와 당시 개신교 선교의 일반적인 경향인 오직 하나님께만 의지하고 그에게만 영광을 돌리는 입장을 보인다.
29. 박용규, 《제주기독교회사》(서울: 생명의말씀사, 2008), 174.
30. 조성윤, 《제주여성사 II—일제강점기》, 486-487.
31. 대한예수교장로회 제주노회, 《제주 기독교 100년사》(서울: 쿰란출판사, 2016), 41-47.
32. 이사례, 《순교보》, 47.
33. 고민희, "제주 기독교의 선교 양태에 관한 비교 연구," 110.
34. 조성윤, 《제주여성사 II—일제강점기》, 493-494.
35. O.R. 애비슨, 박형우 역, 《근대 한국 42년 1893-1935 (하)》(서울: 청년의사, 2010), 310.
36. 조봉호(1884-1920)는 애월읍 귀덕리에서 부농이던 조만형과 김진실 사이

의 2남 1녀 중 장남으로 태어났다.

37. 전택부는 조봉호의 며느리 이응종 권사가 전해 주는 구전을 통해《토박이 신앙산맥 2》에서 다음과 같이 기록했다. "1980년 현재 제주시 사라봉 기슭에 기념탑이 세워져 있다는 것과 본래 부자의 아들로 태어나 일찍이 서울에 가서 공부하다가 예수를 믿었다는 것과 고향에 돌아와 야학을 세우고 전도를 하다가 핍박도 많이 받았다는 것, 어찌나 애국심이 강하고 용감했던지 청년들을 무조건 자기 시아버님을 존경했다는 것 등이다. 그리고《조선예수교장로회사기 (상)》는 전도목사가 이기풍 매서인 김재원이 전도하여 조봉호를 비롯하여 열 사람이 귀도(歸道)하였고 조봉호의 집에서 기도회를 시작했다고 기록했다."
38. 조선예수교장로회,《조선예수교장로회사기 (상)》(서울: 조선예수교장로회, 1928), 265-266.
39. 박정환, "제주도 개신교 자생적 신앙공동체의 생성과 성장에 관한 연구: 1904-1930"(장로회신학대학교대학원 박사학위논문, 2013), 162-166.
40. 아서 F. 글라서, 임윤택 역,《성경에 나타난 하나님의 선교》(서울: 생명의말씀사, 2006), 424.
41. 조성윤,《제주여성사 II—일제강점기》, 495.
42. 한인수,《제주도 선교 100년사》(서울: 도서출판 경건, 2009), 34.
43. 이사례,《순교보》, 67-68.
44. R. Ross A, "Brief Notes on the Meeting of Presbytery," *The Korea Mission Field*, Vol. 6(1911), 312.
45. L. O. McCutchen, "Mission Work of Chulla Presbytery," *The Korea Mission Field*, Vol. 11(1915), 205.
46. 한인수,《제주도 선교 100년사》, 32.
47. 박용규,《제주기독교회사》, 185-186.
48. 마가복음 1:39, "이에 온 갈릴리에 다니시며 그들의 여러 회당에서 전도하시고 또 귀신들을 내쫓으시더라."
49. 조성윤,《제주여성사 II—일제강점기》, 494. 이기풍이 제주의 실정을 파악하려고 도민들과 부딪쳐 보려고 순회할 때, 아무도 그와 접촉하려 하지 않았다. 그러던 어느 날 탈진상태로 해변가를 거닐다 쓰러진 이기풍을 발견한 사람들이 그를 인근 해녀의 집에 데려다 놓았다. 그리고 그곳에 머무는 동안 이기풍은 해녀에게 처음으로 전도하였다.

50. 박정환, "제주도 개신교 자생적 신앙공동체의 생성과 성장에 관한 연구: 1904-1930," 178-181. 윤함애 사모와 이선광 전도인은 '여성을 위한 여성의 선교'에서 롤모델 역할을 감당했다. 윤함애 사모는 사택에서 한글을 가르쳤고 산모의 출산을 도와주었으며, 제주도 여인들에게 위생과 가정 관리에 대해서도 가르쳤다. 또한 이선광 전도인은 실질적으로 선교사 역할을 감당하였으며, 제주도의 토착문화와 사회적 분위기 속에서 여성 현지인들을 교회로 인도하는 데 중요한 역할을 했다.
51. 임희모, "서서평(Elisabeth J. Shepping, R. N.) 선교사의 성육신적 선교," 〈선교와 신학〉 36(2015): 195. 서서평은 제주 여성 선교의 대표적인 인물 가운데 한 사람이다. 서서평 선교사는 제주도를 여섯 번(1917년부터 1933년까지)에 걸쳐 왕래할 정도로 제주에 대해 남다른 애착을 보였다. 그녀는 제주도에서 성경을 가르쳤는데, 1925년 제주도 성읍 출신의 강계생을 만나 이일학교에 입학시키고 훈련시켰다. 강형신으로 개명한 강계생은 훗날 제주도 여전도회 초대 회장으로 활동하면서 제주 복음화에 기여하였다. 이일학교 제자로 강계생 외에 김화남과 오복희도 있다.
52. 사도행전 16:14-15; 롬 16장 참조.
53. 윤용택, "기후 환경적 측면에서 본 제주 민간신앙," 〈제주도연구〉 44(2015): 65.
54. 제주도, 《제주도지》 3권(제주: 제주도지편찬위원회, 2006), 483.
55. 고창석·강만생·박찬식, 《제주사 연표 1》(제주: 제주사정립추진협의회, 2005), 350.
56. 김기석, 《남강 이승훈》(서울: 현대교육총서출판사, 1964), 170-171.
57. 대한예수교장로회 제주노회, 《제주 기독교 100년사》, 73-74.
58. 대한예수교장로회 제주노회, 《제주 기독교 100년사》, 74.
59. 강문호·문태선, 《제주 선교 70년사》(서울: 대한예수교장로회총회, 1978), 46.
60. 대한예수교장로회 제주노회, 《제주 기독교 100년사》, 97.
61. 김찬흡, 《제주항일인사실기》(제주: 북제주문화원, 2005), 422.
62. 이형우, 《모슬포교회 100년사》(서울: 한국기독교장로회 모슬포교회, 2009), 92.
63. 대한예수교장로회 제주노회, 《제주 기독교 100년사》, 136.
64. 제주 사라봉 모충사에는 순국지사 조봉호 기념비가 세워져 있다. 조봉호

는 금성리에 자생적 개신교 신앙 공동체를 세운 인물이며, 이기풍 목사와 동역하여 초기 제주 개신교 성장에도 기여한 중요한 인물이다.

65. 차종순, 《제주 기독교 100년사》(제주: 대한예수교장로회 제주노회, 2016), 129.
66. 조선예수교장로회, "제8회 총회록"(1919), 107, 111.
67. 제주선교100주년 기념사업 추진위원회, 《제주 천주교회 100년사》, 131-132.
68. 제주선교100주년 기념사업 추진위원회, 《제주 천주교회 100년사》, 179-200.
69. 제주선교100주년 기념사업 추진위원회, 《제주 천주교회 100년사》, 188, 210, 230, 258, 269, 292, 319; "조선총독부 통계 연보, 제주도 현황 일반," 〈가톨릭연구〉 3(1936년 4월호): 58; "1935-1936년 교세통계표," 《광주대교구 50년사》, 790.
70. 박용규, 《제주기독교회사》, 636; 대한예수교장로회 제주노회, 《제주 기독교 100년사》, 231-232.
71. 통계청, "2015 인구총조사."
72. 제주선교100주년 기념사업 추진위원회, 《제주 천주교회 100년사》, 169.
73. 제주선교100주년 기념사업 추진위원회, 《제주 천주교회 100년사》, 171, 183.
74. 맥그린치 신부는 1954년 26세 나이에 제주도로 파송되어 제주 가톨릭 선교를 위해 일생을 바쳤다.
75. 제주선교100주년 기념사업 추진위원회, 《제주 천주교회 100년사》, 206. 4H는 머리(head), 가슴(heart), 손(hand), 건강(health)의 영어 머리글자를 따서 붙인 명칭으로, '4H 클럽'은 농촌 젊은이들의 자립을 돕기 위한 단체였다.
76. 제주선교100주년 기념사업 추진위원회, 《제주 천주교회 100년사》, 207, 218.
77. 제주선교100주년 기념사업 추진위원회, 《제주 천주교회 100년사》, 217-218.
78. 제주선교100주년 기념사업 추진위원회, 《제주 천주교회 100년사》, 218.
79. 실제로 한림지역은 제주 어느 지역보다도 가톨릭 신자가 많아서 5,000명이 넘는다.

80. 박용규, 《제주기독교회사》, 451.
81. 박용규, 《제주기독교회사》, 458.
82. 전재민(戰災民) 가운데는 해외의 선진 문물을 접하였을 뿐만 아니라 고학력의 비평적 사고를 지닌 사람이 많았다. 따라서 한국의 정치적 상황에서 사회의 불만 세력에 동조하기 쉬웠을 것으로 보인다. 이러한 상황에서 제주도의 4·3사건이 태동한다.
83. 대한예수교장로회 제주노회, 《제주 기독교 100년사》, 247.
84. 행정안전부 국가기록원, "제주 4·3사건," 2007년 12월 10일. 남로당 제주도당이 당시 도내에서 조직적인 반경 활동을 전개했다. 경찰의 발포에 항의한 '3·10 총파업'은 관공서와 민간기업 등 제주도 전체 직장의 95% 이상이 참여한, 한국에서는 유례가 없는 민·관 합동 총파업이었다. 또한 양진건은 "유배문화와 제주도: 제주교육의 기저에 대한 이해를 위해," 〈교육인류학연구〉 4/3(2001): 333-334에서 탐라국 멸망 이래 제주도의 정신사에 내재되어 있는 탐라의 독립을 갈망하는 현지 주민들의 분리주의적 성향은 비판적 의식과 묘한 조화를 보이면서 이른바 반골정신(제주도 내외에서 가해졌던 여러 수탈과 탄압 그리고 박해와 혼란에서 연유된 일종의 저항정신)을 갖게 되었고, 이는 반체제적 실질로 이어지게 되었다고 말한다. 이영권은 《제주 역사 기행》, 234-235에서 왜 제주도에는 좌파가 그리 강했을까에 대해, 척박한 자연환경과 제주 사회의 강한 공동체 전통도 중요한 원인이며, 제주 인구의 25% 정도가 일본으로 돈 벌러 나갔던 노동운동의 경험도 한 요인으로 본다. 그리고 1925년에 결성된 제주 최초의 사회주의 운동조직인 신인회도 있다. 한국전쟁을 거치면서부터 좌파가 추방되었지만, 그러한 영향이 있었다고 보고 있다.
85. 정한웅, "이승만의 권력 장악 과정에 관한 연구: 대중동원 및 반공 이데올로기의 역할을 중심으로," 〈한국과 국제사회〉 5/2(2021): 13, 22, 28-31.
86. 제주노회 역사위원회, 《제주 교회 인물사》(서울: 평화출판사, 2013), 106-107. "제주도 교회의 재건을 위해 제주도 전역을 순회하며 전도 강연을 하였다. 제주도 지사가 제공한 트럭을 타고 다니며 '기독교와 건국'이라는 강연을 마을과 교회마다 다니며 하였다. 이 시기에 제주도 선교에 큰 도움을 준 선교회가 있었다. 서울에 거주하는 제주 출신 신앙인들의 모임 '일립동신회'는 이도종 목사의 요청으로 1947년에 순회 전도대를 제주도로 파송하여 제주도 전역을 상대로 전도집회를 가졌을 뿐만 아니라 지속적

으로 선교비를 보내어 전도사업을 지속할 수 있도록 협력하였고, 대정·화순교회의 전도목사로 이도종 목사를 적극적으로 후원하기도 하였다."

87. 박용규, 《제주기독교회사》, 462.
88. 대한예수교장로회 제주노회, 《제주 기독교 100년사》, 103.
89. 마태복음 10:16.
90. 박용규, 《제주기독교회사》, 494-495.
91. 대한예수교장로회 제주노회, 《제주 기독교 100년사》, 257.
92. 로마서 5:3-4.
93. 박용규, 《제주기독교회사》, 505.
94. 대한예수교장로회 제주노회, 《제주 기독교 100년사》, 268.
95. 대한예수교장로회 제주노회, 《제주 기독교 100년사》, 268.
96. 박정환, "한국 교회와 제주도 교회," 〈제주복음화연구원자료집〉(2013): 23.
97. 이형우, 《모슬포교회 100년사》, 311.
98. 대한예수교장로회 제주노회, 《제주 기독교 100년사》, 280-286.
99. 임윤택, 《랄프 윈터의 기독교 문명 운동사》(고양: 예수전도단, 2013), 145.
100. 양봉철, "제주 4·3과 서북 기독교," 〈4·3과 역사〉 10(2010): 256. 한경직 목사도 1980년대 초 인터뷰를 통해 '서북청년단'에 대해 다음과 같이 회고했다. "그때 '서북청년회'라고 우리 영락교회 청년들이 중심되어 조직을 했으며, 그 청년들이 제주도 반란사건을 평정하기도 하였다. 그때에 우리 영락교회 청년들이 미움도 많이 샀다."
101. 대한예수교장로회 제주노회, 《제주 기독교 100년사》, 291-298.
102. 고민희, "제주 기독교의 선교 양태에 관한 비교 연구," 107.
103. 통계청, "2015 인구총조사."
104. 송은범, "제주 천주교인 증가 이유 새겨야," 〈한라일보〉 2022년 10월 5일자, http://www.ihalla.com/article.php?aid=1664959649732970044(2023년 1월 20일 접속). 조성윤 제주대학교 사회학과 명예교수는 "제주 사회에 처음 가톨릭이 들어왔을 때는 지역 주민과 부딪혔다. 설득 과정 없이 단순히 '믿어라'고 강요만 했기 때문"이라며 "1901년에는 이재수의 난이라는 비극적인 사건도 발생한 바 있다. 이로 인해 도내 천주교인 숫자는 일제시대 내내 500명을 넘지 못했다"라고 말한다. 그는 "하지만 최근 30-40년 사이 천주교인 숫자가 폭발적으로 늘었고, 현재는 그 숫자가 8만 명을 넘고 있다"라고 밝혔다. 천주교의 영향력이 커진 이유로는 현실에 등 돌리지 않

고, 맞서 싸운 것에 기인한다고 분석했다.

105. 한국천주교중앙협의회, "제2차 바티칸 공의회 문헌"(2007), 1.
106. 한국천주교중앙협의회, "제2차 바티칸 공의회 문헌," 1.
107. 한국천주교주교회의, "한국천주교회통계 2021," 한국천주교중앙협의회, 2022. 관할 지역 인구 대비 신자 비율이 서울, 제주, 인천순으로 높다.
108. 김영동, "제주도 당문화에 대한 창조적 긴장의 문화 신학적 선교," 〈장신논단〉 30(2007): 367-368. 김영동은 제주사랑선교회 심포지엄(2007)에서 권귀숙의 말을 인용하여 제주도의 장례식과 관련하여 다음과 같이 말했다. "제주도에서 가톨릭교회 성장의 주요인으로 가톨릭교회가 제주도 '궨당문화'의 장례식에 적극적이고 능동적으로 참여하는 데 있다고 지적한다. 장례식이 나면 '궨당문화'에 소속된 모든 친인척이 장례절차와 조객대접 등 일체를 담당하는데, 이런 '궨당문화'의 공동체적 봉사의 기능을 가톨릭교회가 그대로 시행함으로써 전통문화에 물든 제주인의 마음 문을 열게 한다고 주장한다. 반면에 개신교는 신자 가정에 장례식이 나더라도 그냥 예배(기도)만 드리고 돌아가기에 제주인의 관점에서 볼 때 무척 섭섭한 행위로 비춰진다고 한다." 유요한의 "제주 토착종교와 외래종교의 충돌과 질서 형성 과정에 관한 연구: 개종주의(Proselytism) 비교 전략을 중심으로," 〈종교와 문화〉 22(2012): 25-26에서 천주교회의 개종의 전략적인 관점에서 장례식에 대해 자세히 설명하고 있다.
109. 사회교리는 천주교회 구성원들이 예수의 가르침에 비추어 사회문제를 해석하고 이에 대응할 수 있도록 설명해 놓은 가르침을 말한다. 제2차 바티칸 공의회, 《현대 세계의 교회에 관한 사목 헌장 기쁨과 희망》.
110. 신강협, "가톨릭교회와 제주 4·3항쟁 그리고 70년," 〈가톨릭뉴스〉 2018년 4월 16일 자, http://www.catholicnews.co.kr/news/articleView.html?idxno=19851(2022년 7월 16일 접속).
111. 제주 4·3사건 때 400여 명의 주민이 희생된 북촌리 양민학살로 덧없이 죽은 어린아이들의 무덤이다. 한기영의 소설 《순이삼촌》의 무대가 된 장소이기도 하다.
112. 한수진, "미국 주교회의 국제정평위, 제주 해군기지 반대운동 지지," 〈가톨릭뉴스〉 2012년 6월 5일 자, https://www.catholictimes.org/article/articleview.php?aid=244569&acid=9(2022년 10월 22일 접속).
113. 박성우, "함께 손 모은 천주교, 청와대 앞서 '제2공항 철회 기도'," 〈제주

의소리〉 2019년 11월 4일 자, http://www.jejusori.net/news/articleView.html?idxno=308437(2022년 7월 16일 접속).

114. 여기서 '개신교'와 '기독교'의 용어를 함께 사용하는 것은 주제에 대한 고유한 용어이기 때문이다.
115. 대한예수교장로회 제주노회, 《제주 기독교 100년사》, 367-368.
116. 제주기독교소아암재단은 제주 지역사회 내에서 소외되고 아픈 자들과 소통하며 후원하고 조력하는 역할을 지속적으로 감당하고 있다.
117. 필자가 속한 대한예수교장로회(통합) 제주노회 유지재단에 직접 방문하여 조사한 내용이다.
118. 한국갤럽, "한국인의 종교 1984-2021"(2021).
119. 김세진, "제주 기독교는 지혜로웠다?" 〈뉴스앤조이〉 2009년 4월 3일 자, https://www.newsnjoy.or.kr/news/articleView.html?idxno=27304(2023년 1월 20일 접속). 천주교가 20년 동안 거의 세 배에 가까운 성장을 하는 동안 기독교는 쇠퇴한 이유가 여기에 있다. 19세기 끊이지 않았던 민란, 이재수의 난, 4·3사건 등에 대해 제주 기독교는 주민을 위로하거나 그들의 아픔을 풀어 주려는 노력을 하지 않았다. 제주의 불교와 천주교는 이 일에 헌신적으로 앞장섰다. 가톨릭교회는 해마다 4·3 추모미사를 비롯해 평화포럼 등을 개최했다. 불교 또한 천도재 등으로 노력했다.
120. 박용규, 《제주기독교회사》, 648.
121. 양동식, "지역사회 정체성 세우는 선교 전략." 2006(2022년 7월 17일 접속).

6장 제주 사회문화 관점에서 본 개신교 선교 방안

1. 1982년 3월에 선교 지도자들이 시카고에 모여서 로잔 전략 실행위원회와 복음주의협의회가 후원하는 모임을 개최했다. 여기서 미전도종족 집단을 가리켜 "종족에게 스스로 복음을 전할 수 있는 그리스도인의 토착 공동체가 내부에 없는 종족 집단을 말한다"라고 정의하였다. 선교학적인 측면에서는 각 종족당 그리스도인이 5% 이하인 종족을 미전도종족의 범위에 포함시킨다.
2. 찰스 크래프트, 김요한·백신종 역, 《말씀과 문화에 적합한 기독교》(서울: 생명의말씀사, 2007), 25. 찰스 크래프트의 '적합한'(appropriate)이라는 단

어의 의미는 '문화적인 상황에 적합한' 것이라고 말하는데, 그때에 그와 더불어 '성경에 적합한' 것도 염두에 두고 이야기할 수도, 그렇지 못할 수도 있다고 말한다. 따라서 찰스 크래프트는 "기독교가 추구하는 것은 '적합한 기독교(appropriate Christianity)로서 그것은 주어진 사회적 상황과 말씀에 동시적으로 적합한 기독교 표현이어야 하기 때문에 그 두 방향의 적절성(appropriateness)이라고 이야기할 수 있다"고 강조한다.

3. 김선필, "종교와 지역사회의 공존—20세기 전반 천주교 선교사들의 제주 문화 인식을 중심으로," 〈종교연구〉 80/1(2020): 43. 천주교는 신축교안 이후 도민들의 목소리에 귀를 기울이기 시작했다. 신축교안 배상금 이자를 도민들에게 돌려주고 '사립 신성여학교'를 통해 교육 수용에 부응하며 도민들로부터 '사회적 공신력'을 얻고자 했다. 필자는 자기 신앙과 다른 지역문화를 존중하고 이해하는 것, 적어도 배격은 하지 않는 것이 지역사회와 공존하기 위해 종교가 가져야 할 태도라는 점을 확인할 수 있다. 필자가 말하는 '공존'이란 제주 천주교와 같이 종교다원주와 혼합주의를 말하는 것도, 천주교와 같이 문명화하려는 것도 아니다. 자기신앙과 다른 지역문화를 존중하고 이해하는 것을 의미하면서 변혁의 관점으로 보는 것이다.
4. 이기풍 목사의 신학적 입장은 앞서 언급했듯이 보수적이며, 칼뱅주의 신학 노선에 있었다. 이기풍 목사의 제주 선교는 자문화 중심, 즉 제주의 사회문화를 전혀 이해하지 못한 채 일방적인 선교적 접근을 보인다.
5. 초기 제주 천주교 선교는 매우 공격적이고 토착신앙 배격 활동 때문에 도민들 사이에 반가톨릭 정서가 빠르게 확산되었다. 천주교와 제주 지역 주민들 간의 갈등이 심해졌으며, 결국 이재수의 난으로 이어졌다. 이 사건으로 1990년 이전까지 제주 천주교는 성장이 멈추고 오랜 침체 가운데 있었다. 그런데 제2차 바티칸 공의회에서 '교회 전통의 요소를 고유문화와 결합시켜 서로 힘을 주고받아 신비체의 생명을 증대시켜야 한다'라고 언급한 이후에 제주 가톨릭은 초기 제주 고유문화를 배격하였던 것을 버리고 제주 사회문화와 함께하는 선교 정책으로 탈바꿈하였다.
6. 고려 문신인 최승로는 "여러 섬의 주민들은 그 조상의 죄 때문에 바다 가운데서 낳고 자랐으나"라고 기록했고, 조선 추사 김정희는 "이곳의 풍토와 인물은 혼돈 상태가 깨쳐지지 않았으니, 그 우둔하고 무지함이 저 일본 북해도 야민인과 무엇이 다르겠습니까?"라고 했으며, 충암 김정은 "글을

아는 자가 매우 적고 인심이 거칠고 혹은 염치와 정의가 무엇인지 알지 못하며"라고 표현했다.

7. 도널드 맥가브란, 최동규 역, 《교회성장이해》 제3판(서울: 대한기독교서회, 2017), 52.
8. 폴 G. 히버트, 김동화·이종도·이현모 역, 《선교와 문화인류학》(서울: 죠이선교회출판부, 2001), 113-118.
9. 폴 G. 히버트, 《선교와 문화인류학》, 117.
10. Irwin T. Hyatt, Jr., *Our Ordered Lives Confess*(Cambridge, MA: Harvard University Press, 1976), 11.
11. 김영동, "제주도 '궨당문화'에 대한 창조적 긴장의 문화 신학적 선교," 〈장신논단〉 30(2007): 350.
12. 에드워드 사이드, 박홍규 역, 《오리엔탈리즘》(서울: 교보문고, 2015).
13. 김선필, "종교와 지역사회의 공존," 43.
14. 데살로니가전서 2:8-12 참조. "우리가 이같이 너희를 사모하여 하나님의 복음뿐만 아니라 우리의 목숨까지도 너희에게 주기를 기뻐함은 너희가 우리의 사랑하는 자 됨이라 형제들아 우리의 수고와 애쓴 것을 너희가 기억하리니 너희 아무에게도 폐를 끼치지 아니하려고 밤낮으로 일하면서 너희에게 하나님의 복음을 전하였노라 우리가 너희 믿는 자들을 향하여 어떻게 거룩하고 옳고 흠 없이 행하였는지에 대하여 너희가 증인이요 하나님도 그러하시도다 너희도 아는 바와 같이 우리가 너희 각 사람에게 아버지가 자기 자녀에게 하듯 권면하고 위로하고 경계하노니 이는 너희를 부르사 자기 나라와 영광에 이르게 하시는 하나님께 합당히 행하게 하려 함이라."
15. 김견수, "제주도 개척교회 선교 방향성 연구"(호서대학교 박사학위논문, 2017), 73.
16. 김선필, "종교와 지역사회의 공존," 70.
17. 윤용택, "제주섬 생태문화의 현대적 의의," 〈탐라문화〉 37(2010): 324.
18. 윤용택, "제주섬 생태문화의 현대적 의의," 347.
19. 김영동, "제주도 '궨당문화'에 대한 창조적 긴장의 문화 신학적 선교," 353.
20. 한국일, "제주 궨당문화와 제주 선교: 에큐메니칼 선교 관점에서," 〈장신논단〉 30(2007): 386.
21. 한국일, "제주 궨당문화와 제주 선교," 383.

22. 찰스 크래프트, 안영권 역, 《기독교 문화인류학》(서울: CLC, 2010), 91.
23. 랄프 윈터·스티븐 호돈, 한철호 역, 《퍼스펙티브스 2: 문화적·전략적 관점》(서울: 예수전도단, 2013), 71.
24. 한국일, "제주 궨당문화와 제주 선교," 382.
25. 고린도전서 9:19-22.
26. 대한예수교장로회 제주노회, 《제주 기독교 100년사》(서울: 쿰란출판사, 2016), 92. "그 후에 2차 제주 사역을 위해 담임목사로 부임했지만 그것도 잠깐이었다."
27. 농어촌선교연구소, 《생명을 살리는 농어촌 교회》(서울: 총회농어촌부 부설 농어촌선교연구소, 2003), 345, 355.
28. 폴 G. 히버트, 《선교와 문화인류학》, 116.
29. 올란도 E. 코스타스, 김승환 역, 《성문 밖의 그리스도》(서울: 한국신학연구소, 1987), 179.
30. 윈터·호돈, 《퍼스펙티브스 2: 문화적·전략적 관점》, 105, 136-142. 브루스터(Brewster) 부부는 '긴밀한 유대와 관계'에 대한 통찰력을 제시하고 있다. 긴밀한 유대라는 아이디어는 선교사가 어떻게 새로운 문화권에서 지역 사람들과 깊은 결속 관계를 맺어 '내부자'가 될 수 있는지 설명해 준다.
31. 주미령, "제주 성이시돌목장 일군 맥그린치 신부 별세," 〈국민일보〉 2018년 4월 23일 자, http://news.kmib.co.kr/article/view.asp?arcid=0923938649&code=11110000&cp=du(2022년 7월 21일 접속).
32. 김견수, "제주도 개척교회 선교 방향성 연구," 60-61.
33. 제주어로 '웃뜨레 마을'은 해안가에 있는 마을이 아니라 중산간 마을을 의미한다.
34. 제주 표선(세화) 출신이며 제주 지역 대학에서 선교단체 사역을 하던 본 연구자의 고향 선배이기도 하다. 대학 사역을 내려놓고 한림(금악)이라는 곳에서 신앙 공동체를 이루고자 이주했다. 그곳에 정착하고 마을 구성원이 되기까지의 이야기를 나눈 적이 있다.
35. 마을공동체(궨당문화)가 이 부부를 받아들이기까지는 최소 3년 이상의 시간이 필요했을 것이다.
36. 마을교육공동체 별밭의 대표는 황호민 목사의 부인(박미란)이다.
37. 제주신광교회는 1989년 설립되었고, 제주시 노형동에 위치하고 있다. 2023년 현재 필자가 시무한 지 13년째이다.

38. 한국일, "제주 궨당문화와 제주 선교," 385.
39. 제주 선교가 토속문화에 대한 이해보다는 교회의 거룩성을 지키기 위해 지나치게 교리적으로 접근함으로써 맥가브란이 말하는 다리를 놓는 데 실패하지 않았는지 생각해 보아야 한다.
40. 제주의 팽나무는 율법을 낭독하고 교제하던 이스라엘의 회당이나 광장처럼 창조적 문화 공간을 창출한다.
41. 앤디 크라우치, 박지은 역, 《컬처 메이킹》(서울: IVP, 2008), 126.
42. 문정준·최경란·박진아, "조선시대 사랑채 유형별 사용자의 영역에 따른 공간 분석," 〈디자인학연구〉 24/3(2011): 83.
43. 제주 지역에는 마을마다 팽나무가 있어서 그 아래 평상을 두고 마을 사람들의 쉼터이자 만남과 놀이의 장소로 이용하고 있다.
44. 창의적 공간이란 비그리스도인과의 접촉과 만남의 기회로서의 공간 창출을 말한다.
45. 서성환, 《제주 선교 100년 어제와 오늘과 내일》(서울: 예영커뮤니케이션, 2008), 52.
46. 한국일, "제주 궨당문화와 제주 선교," 385.
47. 조성돈·정재영, 《시민사회 속의 기독교회》(서울: 예영커뮤니케이션, 2008), 91.
48. 리처드 마우, 홍병룡 역, 《무례한 기독교: 다원주의 사회를 사는 그리스도인의 시민교양》(서울: IVP, 2004), 31.
49. 1992년 한국교회100주년기념관에서 예장(통합) 사회봉사 총람 편찬을 위한 자문회의가 개최되었다. 그 자리에서 개신교의 사회복지 관련 활동을 지칭하는 용어 통일을 위한 논의가 있었다. '사회선교', '기독교 사회복지', '사랑의 실천운동', '교회 사회봉사' 등 다양한 의견이 제시되었다. 교회 내의 봉사활동과 구분하면서 사회복지라는 용어에 대한 교인들의 이해 부족을 고려하여, 그리스도인들이 친근감을 느끼면서 쉽게 부를 수 있는 '교회 사회봉사'로 합의가 이루어졌다.
50. 김영호, 《자원봉사 이론과 실제》(서울: 홍익제, 1991), 11.
51. 조성돈·정재영, 《시민사회 속의 기독교회》, 104.
52. 누가복음 10:25-37 참조. "…어떤 사마리아 사람은 여행하는 중 거기 이르러 그를 보고 불쌍히 여겨 가까이 가서 기름과 포도주를 그 상처에 붓고 싸매고 자기 짐승을 태워 주막으로 데리고 가서 돌보아 주니라 그 이튿

날 그가 주막 주인에게 데나리온 둘을 내어 주며 이르되 이 사람을 돌보아 주라 비용이 더 들면 내가 돌아올 때에 갚으리라 하였으니 네 생각에는 이 세 사람 중에 누가 강도 만난 자의 이웃이 되겠느냐 이르되 자비를 베푼 자니이다 예수께서 이르시되 가서 너도 이와 같이 하라 하시니라."

53. 서성환, 《제주 선교 100년, 어제와 오늘과 내일》, 60.
54. 창세기 50:3 참조. "사십 일이 걸렸으니 향으로 처리하는 데는 이 날수가 걸림이며 애굽 사람들은 칠십 일 동안 그를 위하여 곡하였더라."
55. 요한복음 11:31 참조. "마리아와 함께 집에 있어 위로하던 유대인들은 그가 급히 일어나 나가는 것을 보고 곡하러 무덤에 가는 줄로 생각하고 따라가더니."
56. 폴 G. 히버트, 홍병룡 역, 《21세기 선교와 세계관의 변화》(서울: 복있는사람, 2010), 322, 324.
57. 한국 국적 국제 NGO의 시작은 1991년에 창립된 굿네이버스(구 한국이웃사랑회)이다. 불과 10년 만에 기존 국제 NGO와 경쟁하여 성공하면서 이후 신생 단체가 늘어나게 되었다.
58. 조성돈·정재영, 《시민사회 속의 기독교회》, 143(재인용).
59. 리처드 마우, 《무례한 기독교》, 39-41. 리처드 마우는 공적인 기독교에 대한 몇 가지 기본 사항을 말한다. (1) 하나님은 공적인 의(義)에 관심을 갖고 계신다. (2) 그리스도인은 하나님의 의의 대리자가 되도록 부름받았다. (3) 우리는 의의 대리자로서 하나님의 표준을 공적인 삶에 적용하고자 애써야 한다.
60. 대한예수교장로회 제주노회, 《제주 기독교 100년사》, 392-393. 필자가 기억하는 것은 2010년부터 2012년까지 다섯 번에 걸쳐 진행했던 '제주선교 포럼'이 있다.
61. 서성환, 《제주 선교 100년, 어제와 오늘과 내일》, 64. 서성환은 동일한 관점에서 학술활동 정책을 위한 '전문적인 연구소'를 제안하였다.
62. 농어촌선교연구소, 《생명을 살리는 농어촌 교회》, 73.
63. 랄프 윈터·스티븐 호돈, 《퍼스펙티브스 2》, 204-205.
64. 남기범 정지원, "제주 지역 체류 예멘 난민 신청자를 둘러싼 갈등 요인에 관한 연구," 〈예술인문사회융합멀티미디어논문지〉 9/8(2019): 722-723.
65. 김현, "한국의 난민 정책에 관한 연구: 제주 예멘 난민 사례를 중심으로" (인천대학교대학원 박사학위논문, 2020), 181-182.

66. 제주 가톨릭은 조상제사를 제주 전통 민속문화의 하나로 보는 견해로 제사를 허용하였다.
67. 류대영, 《초기 미국 선교사 연구》(서울: 한국기독교역사연구소, 2001), 195-197.
68. 박정환, "제주도 개신교 자생적 신앙공동체의 생성과 성장에 관한 연구: 1904-1930"(장로회신학대학교대학원 박사학위논문, 2013), 58.
69. 류재민, "가정불화 일으키던 차례상, 유교에서 공식적으로 간소화 추진," 〈서울신문〉 2022년 7월 18일 자, https://www.seoul.co.kr/news/newsView.php?id=20220718500201
70. 제주어로 '정지'는 음식을 만드는 부엌을 말한다.
71. 제주어로 '고팡'은 곡식을 보관·저장하는 곳을 말한다.
72. '올레'는 일반적인 길에서 집마당 안으로 들어오는 돌담으로 된 좁은 길을 의미한다.
73. Donald Anderson McGavran, *The Clash between Christianity and Cultures*(Pasadena: William Carey Library, 1979), 16-17. 기독교1은 하나님, 죄, 성경, 구원, 영생 등에 관한 교리적인 것이고, 기독교2는 윤리적인 차원의 기독교적 가르침이고, 기독교3은 예배, 기도, 헌금, 찬송, 건축, 기구 등 교회 의식과 관습이며, 기독교4는 각 기독교의 지방 관습을 말한다. 위와 같은 4가지 중에서 기독교1은 변할 수 없지만, 기독교2부터 4까지는 변할 수 있다고 보았다.
74. 사도행전 15:20 참조.
75. 찰스 E. 밴 엥겐, 임윤택·서경란 역, 《개혁하는 선교신학》(서울: CLC, 2021), 233-237. '후안 루이스 세군도'(Juan-Luis Segundo)의 방법론에서 특정 아이디어는 '의심의 해석화'(hermeneutics of suspicion)이다. 이 개념은 선교신학자의 관점 반추, 그 상황에 있는 사람들의 관점에 대해 질문을 하게 만드는 상황에 대한 해석학이 된다. 이런 재검토를 통해 얻은 상황에 대한 새로운 통찰력을 바탕으로 선교신학자들은 성경을 다시 읽어야 한다. 이러한 해석학적 순환 과정은 '상황→이데올로기(의심)→성경→상황과의 새로운 만남→상황'이다. 또한 해석학적 순환에 성찰, 재검토, 재고 및 재개념화 단계가 필요하다.
76. 랄프 윈터·스티븐 호돈, 《퍼스펙티브스 2》, 204. 새뮤얼 부히스도 "모든 문화에는 성경의 가르침과 일치하기도 하고 대립할 수도 있는 긍정적 측면

과 부정적 측면이 모두 있음을 알고 분별하는 것이다"라고 말했다.

77. 찰스 크래프트, 《기독교 문화인류학》, 901.
78. 신경규, "능력대결운동의 전개 과정과 최근 동향 및 그 평가," 〈고신선교〉 창간호(2001): 79-80.
79. 전호진, 《종교다원주의와 타종교선교전략》(서울: 개혁주의신행협회, 2010), 142-148.
80. 5장에서 밝힌 것과 같이 제주성 안에 귀신에 들려 도적질을 일삼는 광인의 축사사역과 열한 살 난 절름발이 소년을 치료한 사건 등 마로덕 선교사는 이기풍 목사의 제주도 선교 기간 동안 귀신 들린 수많은 사람과 병든 자를 치료하였다고 한다. 우상숭배와 미신으로 가득 찬 제주 사역에서는 반드시 필요한 대결이다.
81. 박용규는 영적 전투가 극심한 제주에서 성령의 권능을 통한 신유로 기독교 하나님의 우월성을 선포함으로써 종교성이 많은 제주민이 복음에 대해 마음의 문을 열도록 만들었다는 사실을 말한다. 또한 제주 가톨릭도 초기 자문화 중심적 사고에서 벗어나 무속을 우상으로 여기고 외래종교인 불교나 유교에 대해서는 가톨릭 신앙의 우월성을 드러내는 선교의 방향으로 전환하였다. 이와 같이 영적 무지와 오류에 빠진 곳에서 진리 대결은 반드시 필요한 방식이다.
82. 신뢰 대결은 사람들과의 관계로서 이기풍 목사는 초기 신자들과 관계에 집중하였던 것으로 보인다. 왜냐하면 궨당문화에서 외지인 목사를 따르는 초기 젊은 구도자들이 있었다는 것은 관계의 신뢰를 보여 주는 사례이다.
83. 대한예수교장로회 제주노회, 《제주 기독교 100년사》, 69-74. 제주 의료선교 사역에 주도적 사역을 감당했던 사람은 포사이드(William H. Forsythe)와 윌슨(Robert M. Wilson) 선교사이다.
84. 한림읍과 한경면은 제주 여느 지역보다도 천주교 신자 수가 많다. 한림 지역만 보더라도 5,000명이 넘는다.
85. 정용암, "도널드 앤더슨 맥가브란의 삶과 교회성장원리에 관한 연구" (Fuller Theological Seminary, 2014). 112-113.
86. 대한예수교장로회 독노회, 《대한예수교장로회 독노회록》(1908), 7.
87. 대한예수교장로회 독노회, 《대한예수교장로회 독노회록》(1911), 9-10.
88. Charles Allen Clark, *Extending the Firing Line in Korea*(New York: The Board of Foreign Missions of the PCUSA, 1914), 4.

89. 이기풍 목사는 1908년부터 1915년까지 약 7년간의 선교사역을 마치고 제주도를 떠났다. 그 후 1년간의 안식년을 마치고 1916년에 전남 광주 북문안교회 초대 목사로 부임하였다.
90. 한국일, "제주 궨당문화와 제주 선교," 382.
91. 거친 바다 환경과 4·3사건 등으로 남자들의 부재를 경험함으로써 노동과 경제활동에서 여성의 역할이 커질 수밖에 없었다.
92. 김덕삼·최원혁, "제주도 문화의 분석, 확대, 창조에 대한 다각적 고찰," 〈인문연구〉 71(2014): 340.
93. 제주 현지인 여성 사역자 또는 교인으로 김재원의 어머니 김인애, 조천의 천아나, 모슬포의 김나홍, 가파도 출신의 고 씨, 강계생, 김명숙, 강형신 등이 있었다. "제주도 여성 지도자 또는 교인들로 인해 가정의 구성원이 기독교 신앙에 초대되거나 가정 안에 신앙의 맥을 이어 갈 수 있었고 심지어 순회전도 여행에 참여하였으며, 자기의 재산을 헌납하여 교회 건물을 봉헌하기까지 하였다." 초기 제주 선교 역사에서 중요한 역할을 담당한 한 축이 여성 지도자와 여성 교인들이었다.
94. 이덕주·이정숙·송인규, 《한국 교회와 여성》(서울: IVP, 2013), 128.
95. 이덕주·이정숙·송인규, 《한국 교회와 여성》, 153-154.
96. 이덕주·이정숙·송인규, 《한국 교회와 여성》, 238. 송인규는 여성들이 교회에 많이 나오다 보니 여성 위주의 목회 방침이 남성 사역을 소홀히 취급할 수 있다는 점을 지적한다. 그래서 '여성화'에는 최소 두 가지 사항이 포함된다고 말한다. 첫째, 수적으로 여성이 남성을 압도한다. 둘째, 공동체 분위기, 기풍, 풍조(ethos)가 여성 '맞춤형'으로 형성되어 있다.
97. 서선희, "한국 사회에서 '가족중심주의'의 의미와 그 변화," 〈한국가정관리학회지〉 21/4(2003): 2-5.
98. 임희숙, "한국 교회에서 개인주의 담론의 유형과 의미에 대한 연구," 〈신학과 사회〉 34/2(2020): 34.
99. 임희숙, "한국 교회에서 개인주의 담론의 유형과 의미에 대한 연구," 35, 41, 49, 50, 52-57.
100. 임희숙, "한국 교회에서 개인주의 담론의 유형과 의미에 대한 연구," 34, 37.
101. 김세진·윤희윤, "난 이래서 기독교가 싫다," 〈뉴스앤조이〉 2010년 2월 25일 자, http://www.newsm.com/news/articleView.html?idxno=1774(2022

년 12월 23일 접속).

102. 한국갤럽, "한국인의 종교 1984-2021"(2021), 7-9.
103. 디트리히 본회퍼, 손규태·정지련 역, 《저항과 복종》(서울: 대한기독교서회, 2010), 413.
104. 본회퍼, 《저항과 복종》, 305.
105. 이재열, "비대면 시대에서 본회퍼(D. Bonhoeffer)의 성서해석을 중심으로 살펴본 그리스도인의 사회적 책임에 대한 고찰," 〈동서신학〉 3/1(2021): 303.
106. 이재열, "비대면 시대에서 본회퍼(D. Bonhoeffer)의 성서해석을 중심으로 살펴본 그리스도인의 사회적 책임에 대한 고찰," 303.
107. 정원범, "깔뱅에 있어서 그리스도인의 사회적 책임," 〈신학과 문화〉 3(1994): 111.
108. 정원범, "깔뱅에 있어서 그리스도인의 사회적 책임," 115.
109. 로잔 운동, 《케이프타운 서약: 하나님의 선교를 위한 복음주의 헌장》(서울: IVP, 2014), 219.
110. 김회권, "존 스토트의 복음주의와 그 신학적 유산과 영향에 대한 비판적 소고," 〈장신논단〉 49/1(2017): 134.
111. 대한예수교장로회 제주노회, 《제주 기독교 100년사》, 385-389.
112. 대한예수교장로회 제주노회 커뮤니케이션위원회, 《언론인을 위한 제주 기독교 안내서》(제주: 제주노회 커뮤니케이션위원회, 2019).
113. 제주노회 역사위원회, 《제주 교회 인물사》(서울: 평화출판사, 2013).
114. 대한예수교장로회 제주노회, 《제주 기독교 100년사》, 41-47.
115. 대한예수교장로회 제주노회, 《제주 기독교 100년사》, 41-47. "초기 제주 기독교의 김재원, 조봉호, 부상규 장로 등은 지역사회의 리더이자 교회의 리더로서 제주의 신앙의 선각자로 귀감이 되고 있다."
116. 대한예수교장로회 제주노회, 《제주 기독교 100년사》, 333.
117. 대한예수교장로회 제주노회, 《제주 기독교 100년사》, 334.
118. 대한예수교장로회 제주노회, 《제주 기독교 100년사》, 337.
119. 대한예수교장로회 제주노회, 《제주 기독교 100년사》, 339.
120. 성석환, "다원주의 사회에서 기독교의 문화 변혁에 대한 해석학적 연구: 리처드 니버의 '변혁적 문화관'과 현대 삼위일체 신학을 중심으로"(장로회신학대학교대학원 박사학위논문, 2008), 77-91.

121. 김선필, "종교와 지역사회의 공존," 46-47. 1899년 6월 15일경 제주에서 도민 한 명이 선교사에게 처음 세례를 받은 후 제주 지역 천주교 신자의 수는 증가를 거듭하여 2018년 12월 31일 8만 292명(총 도민의 11.6%)에 달하고 있다. 제주도민들은 제주교구장인 강우일 주교를 제주 사회의 진정한 원로 1위로 선정하는 등 천주교에 대해 남다른 신뢰를 보인다. 공존이 불가능할 것 같던 천주교와 제주 사회는 100년의 시간 동안 극적인 반전을 이루고 있다. 무엇이 이러한 변화를 가져오게 만들었을까. 지역사회를 대하는 종교 지도자의 태도는 지역문화에 대한 그들의 인식에서 비롯되므로 종교와 지역사회의 공존을 가능하게 하는 주요 변수가 된다.

122. 문상호, "다문화가정을 위한 지역교회의 선교 프로그램 개발 연구: 주안교회 외국인선교국 선교 프로그램을 중심으로"(장로회신학대학교대학원 박사학위논문, 2013), 77-91.

참고 문헌

국외도서

Clark, Charles Allen. *Extending the Firing Line in Korea*. New York: The Board of Foreign Missions of the PCUSA, 1914.

Hyatt, Irwin T. Jr. *Our Ordered Lives Confess*. Cambridge, MA: Harvard University Press, 1976.

Mach, Zdzislaw. *Symbols, Conflict, and Identity: Essays in Political Anthropology*. NY: SUNY Press, 1993.

McGavran, Donald Anderson. *The Clash between Christianity and Cultures*. Pasadena: William Carey Library, 1979.

국내도서

강만생. "신식 여성교육기관의 등장."《제주여성사 II—일제강점기》. 제주: 제주발전연구원, 2011.

강문호·문태선.《제주 선교 70년사》. 서울: 대한예수교장로회총회, 1978.

강정효.《한라산》. 서울: 돌베개, 2003.
고성훈.《민란의 시대》. 서울: 가람기획, 2000.
고재환.《제주속담사전》. 서울: 민속원, 2001.
고찬화.《제주의 전설과 민요》. 서울: 디딤돌, 2004.
고창석·강만생·박찬식.《제주사 연표 1》. 제주: 제주사정립추진협의회, 2005.
곽차섭.《미시사란 무엇인가》. 서울: 푸른역사, 2000.
국립국어원.《표준국어대사전》, 2016.
국사편찬위원회.《(한국문화사 33) 삶과 생명의 공간, 집의 문화》. 파주: 경인문화사, 2010.
국사편찬위원회.《(한국사 35) 조선 후기의 문화》. 경기: 국사편찬위원회, 2013.
김기석.《남강 이승훈》. 서울: 현대교육총서출판사, 1964.
김동섭. "제주도 가정신앙의 특징."《한국의 가정신앙: 제주도 편》. 대전: 국립문화재연구소, 2007.
김동섭·문순덕·양영자.《한국의 가정신앙》. 대전: 국립문화재연구소, 2007.
김동전. "민족 자각과 독립운동."《제주여성사 II—일제강점기》. 제주: 제주발전연구원, 2011.
김선풍. "민간신앙."《고양시 민속대관 1》, 고양: 고양문화원, 2002.
김영돈.《제주도 제주 사람》. 서울: 민속원, 2000.
김영호.《자원봉사 이론과 실제》. 서울: 홍익제, 1991.
김원영.《수신영약》, 1901.
김일권.《고구려 별자리와 신화》. 서울: 사계절, 2008.
김정. "제주풍토록."《탐라문헌집》. 제주: 제주교육위원회, 1976.
김찬흡.《20세기 제주인명사전》. 제주: 제주문화원, 2000.
김찬흡.《제주항일인사실기》. 제주: 북제주문화원, 2005.
김창민.《호적중초와 19세기 후반 제주도 마을의 사회구조》. 서울: 역락, 2020.
김창후. "여성교육 확산과 유학생의 등장."《제주여성사 II—일제강점기》. 제주: 제주발전연구원, 2011.
김태곤.《한국의 무속신앙》. 서울: 집문당, 1985.
김항원.《제주도 주민의 정체성》. 제주: 제주대학교출판부, 1998.
김혜숙.《제주도 가족과 궨당》. 제주: 제주대학교출판부, 1999.
농어촌선교연구소.《생명을 살리는 농어촌 교회》. 서울: 총회농어촌부 부설 농어촌선교연구소, 2003.

대한예수교장로회 독노회.《대한예수교장로회 독노회록》, 1908.
대한예수교장로회 독노회.《대한예수교장로회 독노회록》, 1911.
대한예수교장로회 제주노회.《제주 기독교 100년사》. 서울: 쿰란출판사, 2016.
대한예수교장로회 제주노회 커뮤니케이션위원회.《언론인을 위한 제주 기독교 안내서》. 제주: 제주노회 커뮤니케이션위원회, 2019.
로잔운동.《케이프타운 서약: 하나님의 선교를 위한 복음주의 헌장》. 서울: IVP, 2014.
류대영.《초기 미국 선교사 연구》. 서울: 한국기독교역사연구소, 2001.
문순덕.《제주어의 문화정책 방안》. 서울: 제주발전연구원, 2008.
문혜경. "여성의 의식 변화."《제주여성사 II—일제강점기》. 제주: 제주발전연구원, 2011.
박용규.《제주기독교회사》. 서울: 생명의말씀사, 2008.
박용식.《한국 말의 원시 종수사상 연구》. 서울: 일지사, 1984.
부산교구사편찬위원회.《교구 연보 1878-1940》. 부산: 천주교부산교구, 1984.
서성환.《제주 선교 100년, 어제와 오늘과 내일》. 서울: 예영커뮤니케이션, 2008.
석주명.《제주도 수필》. 서울: 보진제, 1968.
신행철.《제주 사회와 제주인》. 서울: 제주대학교출판부, 2004.
안승오.《선교사가 그린 선교사 바울의 생애》. 서울: 쿰란출판사, 2002.
윤일이.《동중국해 문화권의 민가: 제주도, 규슈, 류큐, 타이완의 전통건축 이해하기》. 서울: 산지니, 2017.
이덕주·이정숙·송인규.《한국 교회와 여성》. 서울: IVP, 2013.
이사례.《순교보》. 서울: 기독교문사, 1991.
이영권.《제주 역사 기행》. 서울: 한겨레신문사, 2012.
이원규.《종교사회학의 이해》. 서울: 나남, 2006.
이은봉.《한국고대종교사상》. 서울: 집문당, 1999.
이창기. "인구 변동과 제주 여성의 삶."《제주여성사 II—일제강점기》. 제주: 제주발전연구원, 2011.
이창기.《제주도의 인구와 가족》. 서울: 영남대학교출판부, 1999.
이형우.《모슬포교회 100년사》. 서울: 한국기독교장로회 모슬포교회, 2009.
이화진.《제주 정착주민 실태 조사 및 지원 방안》. 제주: 제주여성가족연구원, 2016.
임윤택.《랄프 윈터의 기독교 문명 운동사》. 고양: 예수전도단, 2013.

전호진.《종교다원주의와 타종교선교전략》. 서울: 개혁주의신행협회, 2010.
제주노회 역사위원회.《제주 교회 인물사》. 서울: 평화출판사, 2013.
제주도.《제주도지》3권. 제주: 제주도지편찬위원회, 2006.
제주도교육위원회.《탐라문헌집》, 1976.
제주선교100주년 기념사업 추진위원회.《제주 천주교회 100년사》. 서울: 도서출판 빅벨, 2001.
조선예수교장로회.《조선예수교장로회사기 (상)》. 서울: 조선예수교장로회, 1928.
조성돈·정재영.《시민사회 속의 기독교회》. 서울: 예영커뮤니케이션, 2008.
조성윤. "기독교."《제주여성사 II—일제강점기》. 제주: 제주발전연구원, 2011.
조성윤. "기억의 현재성: 제주민중과 이재수 난." 1901년 제주항쟁 기념사업회.《진실과 화해》. 서울: 도서출판 각, 2003.
조성윤·이상철·하순애.《제주 지역 민간신앙의 구조와 변용》. 서울: 백산서당, 2006.
진성기.《복을 비는 사람들》. 서울: 디딤돌, 2008.
진성기.《제주도 민속》. 제주: 제주민속연구소, 1997.
진성기.《제주도학—진성기의 제주도학 세계》. 서울: 디딤돌, 2006.
진성기.《한집 고희 기념집—제주도학》. 서울: 디딤돌, 2006.
차종순.《제주 기독교 100년사》. 제주: 대한예수교장로회 제주노회, 2016.
한국학중앙연구원. "동회천 석불단."《한국향토문화전자대전》, 2006.
한국학중앙연구원. "무속신앙의 사고체계."《한국향토문화전자대전》, 2012.
한인수.《제주도 선교 100년사》. 서울: 도서출판 경건, 2009.
허영선. "항일운동."《제주여성사 II—일제강점기》. 제주: 제주발전연구원, 2011.
현용준.《제주도 마을 신앙》. 제주: 제주대학교 탐라문화연구소, 2012.
현용준.《제주도 무속과 그 구조》. 서울: 집문당, 2002.
현용준.《제주도 사람들의 삶》. 서울: 민속원, 2009.
현용준.《제주도 신화》. 서울: 서문당, 1974.
현용준.《제주도 전설》. 서울: 서문당, 1976.
황패강.《한국서사문학연구》. 서울: 단국대학교출판부, 1972.

번역서

글라서, 아서 F. 임윤택 역.《성경에 나타난 하나님의 선교》. 서울: 생명의말씀사, 2006.

마우, 리처드. 홍병룡 역.《무례한 기독교: 다원주의 사회를 사는 그리스도인의 시민교양》. 서울: IVP, 2004.

맥가브란, 도널드. 김종일·이요한·전재옥 역.《교회성장이해》. 서울: 한국장로교출판사, 1987.

맥가브란, 도널드. 최동규 역.《교회성장 이해》 제3판. 서울: 대한기독교서회, 2017.

본회퍼, 디트리히. 손규태·정지련 역.《저항과 복종》. 서울: 대한기독교서회, 2010.

사이드, 에드워드. 박홍규 역.《오리엔탈리즘》. 서울: 교보문고, 2015.

스토트, 존. 김성녀 역.《존 스토트의 복음 전도》. 서울: IVP, 1997.

스토트, 존·크리스토퍼 라이트. 김명희 역.《선교란 무엇인가》. 서울: IVP, 2018.

애비슨, O. R. 박형우 역.《근대 한국 42년 1893-1935(하)》. 서울: 청년의사, 2010.

엥겐, 찰스 E. 밴. 임윤택 역.《하나님의 선교적 교회》. 서울: CLC, 2014.

엥겐, 찰스 E. 밴. 임윤택·서경란 역.《개혁하는 선교신학》. 서울: CLC, 2021.

윈터, 랄프·스티븐 호돈. 한철호 역.《퍼스펙티브스 2: 문화적·전략적 관점》. 서울: 예수전도단, 2013.

웨이드, 니콜라스. 이용주 역.《종교유전자》. 서울: 아카넷, 2015.

코스타스, O. E. 김승환 역.《성문 밖의 그리스도》. 서울: 한국신학연구소, 1987.

크라우치, 앤디. 박지은 역.《컬처 메이킹》. 서울: IVP, 2008.

크래프트, 찰스. 김요한·백신종 역.《말씀과 문화에 적합한 기독교》. 서울: 생명의말씀사, 2007.

크래프트, 찰스. 안영권 역.《기독교 문화인류학》. 서울: CLC, 2010.

헤겔, G. W. F. 최신한 역.《종교철학》. 서울: 지식산업사, 1999.

히버트, 폴 G. 김동화·이종도·이현모 역.《선교와 문화인류학》. 서울: 죠이선교회출판부, 2001.

히버트, 폴 G. 홍병룡 역.《21세기 선교와 세계관의 변화》. 서울: 복 있는 사람, 2010.

히사타케, 카토·구보 요이치·고즈 구니오·다카야마 마모루·다키구치 기요에미·야마구치 세이이치. 이신철 역.《헤겔사전》. 서울: 도서출판b, 2009.

국내논문

강문종. "《탐라문견록》(耽羅聞見錄)을 통해 본 18세기 제주인들의 생활상." 〈제주도연구〉 57(2022): 1-17.

강봉룡. "'섬의 인문학' 담론—섬과 바다의 일체성과 양면성의 문제." 〈도서문화〉 44(2014): 7-35.

강봉수. "제주 정체성으로서 '제주정신'에 대한 연구 성과와 제주문화문법." 〈제주도연구〉 50(2018): 181-225.

강윤희. "조선시대 제주 지역 동자석 연구." 제주대학교대학원 석사학위논문, 2012.

강진원. "7세기 고구려 도교의 실상과 배경." 〈한국고대사탐구〉 40(2022): 9-41.

고관용. "제주 지역 분묘와 산담의 법리적 고찰." 건국대학교대학원 박사학위논문, 2014.

고민희. "제주 기독교의 선교 양태에 관한 비교 연구: 제주 천주교와 개신교 선교 역사를 중심으로." 〈한국기독교신학논총〉 112(2019): 93-123.

고윤정. "조선시대 한라산 유산기와 등람 연구." 제주대학교대학원 석사학위논문, 2013.

국가기록원, 행정안전부. "제주 4·3사건." 2007년 12월 10일.

권귀숙. "제주 궨당." 〈제주의 궨당문화와 제주 선교〉 제주사랑선교회 심포지엄 자료집, 2007.

권태효. "제주도 일반신본풀이에 나타난 여성 신의 성격과 양상." 〈한국무속학〉 23(2011): 7-30.

김견수. "제주도 개척교회 선교 방향성 연구." 호서대학교 박사학위논문, 2017.

김나영. "조선시대 제주 지역 포작의 사회적 지위와 직역 변동." 제주대학교대학원 석사학위논문, 2008.

김덕삼·최원혁. "제주도 문화의 분석, 확대, 창조에 대한 다각적 고찰." 〈인문연구〉 71(2014): 317-348.

김동전. "역사적 측면에서 본 제주의 여성." 〈대한토목학회 학술발표회 논문집〉

10(2005): 3299-3303.
김민영·최현. "제주도 이주의 현황과 전망." 〈탐라문화〉 50(2015): 40-79.
김선필. "종교와 지역사회의 공존—20세기 전반 천주교 선교사들의 제주 문화 인식을 중심으로." 〈종교연구〉 80/1(2020): 43-78.
김성은. "제주도 돌 문화와 조형 디자인에 관한 연구—동자석을 중심으로." 제주대학교대학원 석사학위논문, 2002.
김영동. "제주도 '궨당문화'에 대한 창조적 긴장의 문화 신학적 선교." 〈장신논단〉 30(2007): 349-374.
김영주. "제주 전통 민가의 공간 배치를 통해 본 제주도민의 종교심에 관한 연구." 〈한중인문학연구〉 53(2016): 29-50.
김일우. "조선 전기 金淨 著《濟州風土錄》의 수록 내용 성격과 가치." 〈史叢〉(사총) 103(2021): 75-103.
김정숙. "제주신화에 내재된 다문화 요소." 〈교육과학연구〉 18/1(2016): 43-72.
김주호·손주영·이은정. "제주 이주민의 성공적인 정착을 위한 문화융합척도 개발의 기초 연구." 〈관광연구〉 35/4(2020): 123-142.
김준표. "다문화 사회의 정체성 트러블과 제주의 쿰다 문화." 〈현상과인식〉 44/4(2020): 207-228.
김창현. "이기풍 목사의 선교와 신학: 제주 선교를 중심으로." 한남대학교 석사학위논문, 2015.
김태용. "도교의 생명윤리." 〈도교문화연구〉 28(2008): 127-164.
김항원. "제주인의 의식." 〈제주리뷰〉 3(1997): 67-77.
김현. "한국의 난민 정책에 관한 연구: 제주 예멘 난민 사례를 중심으로." 인천대학교대학원 박사학위논문, 2020.
김현석. "한국 SGI 종교조직과 활동에 관한 사회학적 연구: 조직화 과정과 문화회관의 활동을 중심으로." 동서대학교대학원 일반대학원 박사학위논문, 2022.
김혜숙·김은희·김항원·유철인·장현섭. "한국 가족/친족 연구의 쟁점: 도시 중산층과 제주도의 가족/친족에 대한 연구를 중심으로." 〈가족과 문화〉 11(1999): 1-22.
김회권. "존 스토트의 복음주의와 그 신학적 유산과 영향에 대한 비판적 소고." 〈장신논단〉 49/1(2017): 115-145.
김희정·최낙진. "지역신문 광고에 나타난 지역사회의 인적 네트워크 특성: 제주

A형 광고를 중심으로." 〈한국광고홍보학보〉 13/3(2011): 267-297.
문상호. "다문화가정을 위한 지역교회의 선교 프로그램 개발 연구: 주안교회 외국인선교국 선교 프로그램을 중심으로." 장로회신학대학교대학원 박사학위논문, 2013.
문정옥. "한국 가신의 분류." 〈한국민속학〉 15/1(1982): 33-68.
문정준·최경란·박진아. "조선시대 사랑채 유형별 사용자의 영역에 따른 공간 분석." 〈디자인학연구〉 24/3(2011): 79-88.
민영현. "쿰다와 혼, 그리고 21세기." 〈탐라문화〉 68(2021): 133-163.
박정환. "제주도 개신교 자생적 신앙공동체의 생성과 성장에 관한 연구: 1904-1930." 장로회신학대학교대학원 박사학위논문, 2013.
박정환. "한국 교회와 제주도 교회." 〈제주복음화연구원자료집〉, 2013.
박정희. "제주도 여성 문화에 관한 고찰." 제주대학교 교육대학원 석사학위논문, 2004.
박찬식. "제주 해녀의 역사적 고찰." 〈역사민속학〉 19(2004): 135-164.
범선규. "《신증동국여지승람》과 《택리지》가 갖는 기후 및 식생 연구 자료적 의의." 〈한국지역지리학회지〉 16/1(2010): 16-33.
서선희. "한국 사회에서 '가족중심주의'의 의미와 그 변화." 〈한국가정관리학회지〉 21/4(2003): 93-101.
서정민. "기독교 선교가 제주 지역사회에 미친 영향." 〈신학논단〉 28(2000): 173-191.
성석환. "다원주의 사회에서 기독교의 문화 변혁에 대한 해석학적 연구: 리처드 니버의 '변혁적 문화관'과 현대 삼위일체 신학을 중심으로." 장로회신학대학교대학원 박사학위논문, 2008.
송성대. "제주도의 지리적 환경과 지역정신." 〈탐라문화〉 18(1997): 245-273.
송성대. "제주인의 해민정신, 그 시대적 위상." 〈제주발전포럼〉 52(2015): 63-80.
송지원. "조선시대 별에 대한 제사, 영성제와 노인성제 연구." 〈규장각〉 30(2007): 127-151.
신행철. "제주인의 정체성과 일본 속의 제주인의 삶." 〈제주도연구〉 14(1997): 53-80.
심규호. "입춘굿 탈놀이의 전승과 과제." 〈제주도연구〉 17(2000): 27-49.
양경숙. "제주 해녀의 직업 형성과 발달에 관한 연구." 경기대학교대학원 박사학위논문, 2020.
양동식. "지역사회 정체성 세우는 선교 전략." 2006(2022년 7월 17일 접속).
양봉철. "제주 4·3과 서북 기독교." 〈4·3과 역사〉 10(2010): 179-257.
양진건. "유배문화와 제주도: 제주교육의 기저에 대한 이해를 위해." 〈교육인류학연구〉 4/3(2001): 323-334.
양진건. "제주도 최초 근대 여학교, 신성여학교 연구." 〈탐라문화〉 18(1997): 425-442.
양진건·강동호. "제주 근대교육에 미친 유배인의 영향에 관한 연구." 〈교육사학연구〉 24/1(2014): 55-74.
염미경. "제주 이주와 지역사회 변화 그리고 대응." 〈제주도연구〉 51(2019): 181-217.
유요한. "제주 토착종교와 외래종교의 충돌과 질서 형성 과정에 관한 연구: 개종주의(Proselytism) 비교 전략을 중심으로." 〈종교와 문화〉 22(2012): 1-36.
유원희·서세진·최병길. "제주해녀의 자아인식, 공동체 의식, 유네스코 등재 인식에 대한 연구." 〈한국전통조경학회지〉 36/1(2018): 89-96.
유철인. "일상생활과 도서성." 〈제주도연구〉 1(1984): 119-144.
유철인. "제주 사람들의 문화적 정체성." 〈탐라문화〉 5(1986): 71-93.
윤용택. "기후 환경적 측면에서 본 제주 민간신앙." 〈제주도연구〉 44(2015): 65-111.
윤용택. "제주 생활문화 의식과 정체성 조사 보고서." 〈제주도연구〉 42(2014): 149-258.
윤용택. "제주도 '신구간(新舊間)' 풍속의 유래에 대한 고찰." 〈탐라문화〉 28(2006): 173-208.
윤용택. "제주도민의 정체성과 생활문화 의식." 〈제주도연구〉 43(2015): 179-211.
윤용택. "제주섬 생태문화의 현대적 의의." 〈탐라문화〉 37(2010): 317-352.
윤택림. "구술사 연구 방법론." 충북대학교 국가위기관리소, 2008.
이문호. "제주 궨담-궨당에 대한 4차 산업혁명의 사회·물리적 초연결층." 〈한국인터넷방송통신학회 논문지〉 17/3(2017): 71-85.
이아브라함병옥. "선교문화방법론으로 본 이기풍의 선교 평가." 서울기독대학교 박사학위논문, 2009.

이재열. "비대면 시대에서 본회퍼(D. Bonhoeffer)의 성서해석을 중심으로 살펴본 그리스도인의 사회적 책임에 대한 고찰." 〈동서신학〉 3/1(2021): 279-312.
이필영. "민속과 신앙—마을신앙 연구 성과를 중심으로." 〈한국사론〉 29(1999): 161-260.
임희모. "서서평(Elizabeth J. Shepping, R. N.) 선교사의 성육신적 선교." 〈선교와 신학〉 36(2015).
임희모. "환대의 선교사 서서평(Miss Elisabeth J. Shepping, R. N.)의 무조건적 환대." 〈장신논단〉 51/1(2019): 61-91.
임희숙. "한국 교회에서 개인주의 담론의 유형과 의미에 대한 연구." 〈신학과 사회〉 34/2(2020): 33-72.
장석중. "초등 사회과 교과서에 나타난 민간신앙 내용의 분석: 교수요목기부터 제7차 교육과정까지." 서울교육대학교 교육대학원 석사학위논문, 2008.
장정룡·최인학. "민속신앙과 교육." 〈비교민속학〉 25(2003): 131-144.
정성권. "제주도 돌하르방의 기원과 전개." 〈탐라문화〉 50(2015): 205-242.
정운용. "삼국시대의 탐라 관련 사료." 〈신라사학보〉 49(2020): 137-170.
정원범. "깔뱅에 있어서 그리스도인의 사회적 책임." 〈신학과 문화〉 3(1994): 107-137.
정지원·남기범. "제주 지역 체류 예멘 난민 신청자를 둘러싼 갈등 요인에 관한 연구." 〈예술인문사회융합멀티미디어논문지〉 9/8(2019): 715-724.
정한웅. "이승만의 권력 장악 과정에 관한 연구: 대중동원 및 반공 이데올로기의 역할을 중심으로." 〈한국과 국제사회〉 5/2(2021): 5-44.
정희종. "제주도 농촌사회 상례문화의 특징과 변화 연구—표선면 지역을 중심으로." 〈탐라문화〉 35(2009): 325-370.
제주도전통문화연구소. "제주신당조사"(2008-2009).
제주산학협력단. "제주 정체성의 정립 및 교육 영역 개발 연구 최종 보고서"(2018).
조선예수교장로회. "제8회 총회록."(1919).
"조선총독부 통계 연보, 제주도 현황 일반," 〈가톨릭연구〉 3(1936년 4월호): 58
조성윤. "제주의 무속신앙과 신종교." 〈신종교연구〉 9(2003): 23-40.
조성윤. "한일 종교연구 국제학술심포지움 1(天理教編)—한국에서의 천리교 포교와 조직." 〈한국종교사연구〉 13(2005): 390-395.

진관훈. "제주해녀, 구로시오(黑潮)를 타다." 〈불휘공〉 5(2010, 봄호).
차옥숭. "제주도 신화와 제주도 여성의 정체성." 〈종교연구〉 49(2007): 1-30.
차철욱. "지방성 연구의 이론적 검토—지방사 연구를 중심으로." 〈인문과학연구〉 21(2009): 195-222.
최병길·권귀숙·강상덕·김현돈·한석지·박찬석. "제주섬 정체성 변화에 관한 비교 연구." 〈제주도연구〉 15(1998): 113-151.
최종석. "한국불교와 도교신앙의 교섭—산신신앙, 용왕신앙, 칠성신앙을 중심으로." 〈한국불교학〉 61(2011): 7-41.
최종성. "조선전기 종교혼합과 反(반)혼합주의: 유교, 불교, 무속을 중심으로." 〈종교연구〉 47(2007): 37-81.
최현욱. "무속신앙과 불교의 습합에 관한 연구." 대구한의대학교대학원 박사학위논문, 2020.
최희준. "탐라국의 대외교섭과 항로." 〈탐라문화〉 58(2018): 7-32.
타카시, 마치다. "조선시대 제주도 풍속을 둘러싼 이념과 정책." 〈역사민속학〉 55(2018): 55-87.
통계청. "2015 인구총조사."
하순애. "'제주섬 기후환경이 민간신앙에 미친 영향'에 대한 토론문." 〈제주학회 학술발표논문집〉 2014/2(2014): 123-124.
한국갤럽. "한국인의 종교 1984-2021"(2021).
한국일. "제주 궨당문화와 제주 선교: 에큐메니칼 선교 관점에서." 〈장신논단〉 30(2007): 375-413.
한국천주교중앙협의회. "제2차 바티칸 공의회 문헌." 2007.
한지은·김석호·공선희·박효민. "제주 지역 고령의 선주민이 정착이주민에 대해 가지는 태도 연구." 〈조사연구〉 22/4(2021): 31-53.
한진오. "제주도 입춘굿에 나타난 전통축제의 원리." 〈역사민속학〉 26(2008): 323-359.
허남춘. "탐라국 건국신화의 주역과 고대 서사시." 〈한국무속학〉 38(2019): 221-255.
현평효. "탐라 정신 연구." 〈제주대학교 논문집〉 11(1979): 23-50.
호남지방통계청. "2000년 이후 20년간(2000-2019) 제주 인구 이동 추이"(2020).
홍기돈. "제주 공동체문화와 4·3항쟁의 발발 조건." 〈탐라문화〉 49(2015): 123-

160.
홍영의. "고려시대의 도서(섬)의 인식과 개발." 〈한국학논총〉 48(2017): 33-71.
홍정순·송문석. "혼인지 신화의 현대적 재해석." 〈제주발전연구〉 9(2005): 285-296.
황경수. "사회적 자본이 제주 지역 공동체 문화인 궨당문화와 지역 발전에 미치는 영향." 〈한국산학기술학회논문지〉 16/3(2015): 1764-1772.

국외논문

Fromm, E. "Selfishness and Self-Love." *Psychiatry: Journal for the Study of Interpersonal Processes*, 2(1939): 507 – 523.
McCutchen, L. O. "Mission Work of Chulla Presbytery." *The Korea Mission Field*, Vol. 11(1915).
Ross, A. R. "Brief Notes on the Meeting of Presbytery." *The Korea Mission Field*, Vol. 6(1911).
Walraven, Boudewijn. "Popular Religion in a Confucianized Society." In *Culture and ther state in Choson Korea*. Cambridge, Mass.: Harvard University Asia Center, 1999.

신문기사

강영홍. "도대체 '제주의 정체성'은 우리에게 무엇인가." 〈제주의소리〉 2015년 5월 19일 자. http://www.jejusori.net/news/articleView.html?idxno=162179
권향락. "외국계 종교, 국내 교세 급신장 중." 〈매일종교신문〉 2013년 7월 14일 자. http://www.dailywrn.com/179(2022년 4월 27일 접속).
김관모. "제주도민 4명 중 1명은 이주민." 〈제주투데이〉 2018년 4월 23일 자. http://www.ijejutoday.com/news/articleView.html?idxno=208257(2022년 12월 10일 접속).
김세진. "제주 기독교는 지혜로웠다?" 〈뉴스앤조이〉 2009년 4월 3일 자. https://www.newsnjoy.or.kr/news/articleView.html?idxno=27304(2023년 1월

20일 접속).
류재민. "가정불화 일으키던 차례상, 유교에서 공식적으로 간소화 추진." 〈서울신문〉 2022년 7월 18일 자. https://www.seoul.co.kr/news/newsView.php?id=20220718500201
박성우. "함께 손 모은 천주교, 청와대 앞서 '제2공항 철회 기도'." 〈제주의소리〉 2019년 11월 4일 자. http://www.jejusori.net/news/articleView.html?idxno=308437(2022년 7월 16일 접속).
백나용. "제주인의 삶 응축된 제주어, 부활을 꿈꾸다." 〈제주일보〉 2016년 9월 27일 자. http://www.jejunews.com/news/articleView.html?idxno=1997473
백상현. "목회는 믿음의 관계학… 은혜가 곳곳으로 흘러가게 해야—제주선교 100주년준비위원장 지낸 박창건 동홍교회 목사." 〈국민일보〉 2021년 8월 10일 자. https://news.kmib.co.kr/article/view.asp?arcid=0924204189
송은범. "제주 천주교인 증가 이유 새겨야." 〈한라일보〉 2022년 10월 5일 자. http://www.ihalla.com/article.php?aid=1664959649732970044(2023년 1월 20일 접속).
신강협. "가톨릭 교회와 제주 4·3항쟁 그리고 70년." 〈가톨릭뉴스〉 2018년 4월 16일 자. http://www.catholicnews.co.kr/news/articleView.html?idxno=19851(2022년 7월 16일 접속).
운영자. "감소하던 교세 반등됐다 전년도 비해 180명 증가." 〈제주기독신문〉 2020년 10월 16일 자. http://www.jejugidok.com/mobile/wpbbs/view.php?wpboard=news&bno=5679(2022년 8월 10일 접속).
유경진·장창일. "'기독교 배타적'… 호감도 25% 그쳐." 〈국민일보〉 2022년 4월 27일 자. https://m.kmib.co.kr/view.asp?arcid=0924242493
윤희윤·김세진. "난 이래서 기독교가 싫다." 〈뉴스앤조이〉 2010년 2월 25일 자. http://www.newsm.com/news/articleView.html?idxno=1774(2022년 12월 23일 접속).
이원범. "한국 내 일본계 종교의 현황." 창가학회 홈페이지(https//www.sokagakkai.jp/global/). 《한국 속 일본계 종교의 현황》. 서울: 대왕사, 2008.
제주기독신문. "통합 전체 교인 수 4834명 줄어 10년 전 교세 3만 2539명 수준." 2021년 8월 27일 자. http://www.jejugidok.com/kor/wpbbs/view.php?wpboard=news&bno=5982&p=10&cate=(2022년 3월 28일 접속).
제주통계청. 제주 인구 현황 제주 통계 포털. http://www.jeju.go.kr/stats/stats/

population.htm?year=2022(2022년 2월 5일 접속).
제주특별자치도. 제주통계포털. https://www.jeju.go.kr/stats/index.htm(2022년 3월 2일 접속).
주미령. "제주 성이시돌목장 일군 맥그린치 신부 별세." 〈국민일보〉 2018년 4월 23일 자. http://news.kmib.co.kr/article/view.asp?arcid=0923938649&code=11110000&cp=du(2022년 7월 21일 접속).
한수진. "미국 주교회의 국제정평위, 제주 해군기지 반대운동 지지." 〈가톨릭뉴스〉 2012년 6월 5일 자. https://www.catholictimes.org/article/article-view.php?aid=244569&acid=9(2022년 10월 22일 접속).
허호준. "'제주인'의 정체성이란 무엇인가… 제주사람이 되려면." 〈한겨레신문〉 2016년 10월 18일 자. https://www.hani.co.kr/arti/society/area/766200.html
한국민족문화대백과사전. 검색어 "남환박물." http://encykorea.aks.ac.kr/

사회문화 관점에서 본 제주 기독교와 선교

상생과 공존을 위한 제주 개신교 선교 방안

초판 1쇄 발행 2023년 7월 20일

지은이 고창진
펴낸이 이현주
책임편집 이지든 이현주
디자인 김진성
펴낸곳 사자와어린양
출판등록 2021년 5월 6일 제2021-000059호
주소 (03140) 서울시 종로구 삼일대로 428, 5층 500-28호(낙원동, 낙원상가)
전화 010-2313-9270 **팩스** 02)747-9847
이메일 sajayang2021@gmail.com **홈페이지** https://sajayang.modoo.at

ISBN 979-11-976063-9-7 03230

✣ 사자와 어린 양이 뛰놀고 어린이가 함께 뒹구는 그 나라의 책들 ✣